Die deliktische Grundanknüpfung im IPR und IZVR

Schriften zum Verfahrensrecht

Herausgegeben von
Peter Gottwald und Ulrich Haas

Band 38

PETER LANG
Frankfurt am Main · Berlin · Bern · Bruxelles · New York · Oxford · Wien

Ulrich Hönle

Die deliktische Grundanknüpfung im IPR und IZVR

Auswirkungen der Kollisionsrechtsvereinheitlichung auf europäischer Ebene

PETER LANG
Internationaler Verlag der Wissenschaften

Bibliografische Information der Deutschen Nationalbibliothek
Die Deutsche Nationalbibliothek verzeichnet diese Publikation in der Deutschen Nationalbibliografie; detaillierte bibliografische Daten sind im Internet über http://dnb.d-nb.de abrufbar.

Zugl.: Regensburg, Univ., Diss., 2010

Gedruckt auf alterungsbeständigem, säurefreiem Papier.

D 355
ISSN 1619-344X
ISBN 978-3-631-61809-7

www.peterlang.de

Vorwort

Die vorliegende Arbeit wurde im Wintersemester 2010/2011 von der Juristischen Fakultät der Universität Regensburg als Dissertation angenommen. Die Arbeit wurde im März 2010 fertiggestellt. Nach diesem Zeitpunkt erschienene Literatur wurde soweit wie möglich berücksichtigt.

An dieser Stelle möchte ich allen Personen meinen Dank aussprechen, die zum Gelingen des Promotionsvorhabens beigetragen haben. Vor allem gilt dieser meinem Doktorvater, Herrn Prof. Dr. Dr. h.c. Peter Gottwald, für die Anregung des Themas der Arbeit, die Betreuung während der Zeit der Anfertigung, die zügige Erstellung des Erstgutachtens und die Aufnahme der vorliegenden Arbeit in die Schriftenreihe zum Verfahrensrecht. Herzlich zu danken habe ich auch Herrn Prof. Dr. Dr. h.c. mult. Dieter Henrich für die rasche Erstellung des Zweitgutachtens.

Besonderer Dank gilt ferner den Freunden und Kollegen, die die Mühe des Korrekturlesens auf sich genommen haben.

Der größte Dank gebührt aber meinen Eltern, die mir das Studium ermöglicht und mich in jeder erdenklichen Weise gefördert haben. Ohne ihre liebevolle Unterstützung wäre die Erstellung dieser Arbeit nicht denkbar gewesen. Meinen Eltern ist diese Arbeit deshalb gewidmet.

Regensburg, Januar 2011 *Ulrich Hönle*

Inhaltsverzeichnis

Literaturverzeichnis

Anwaltkommentar zum BGB, Band 1: Allgemeiner Teil mit EGBGB, Heidel, Thomas/Hüßtege, Rainer/Mansel, Heinz-Peter/Noack, Ulrich (Hrsg.), Bonn 2005

Bamberger, Heinz Georg/Roth, Herbert (Hrsg.), Kommentar zum Bürgerlichen Gesetzbuch, §§ 1297 - 2385, EGBGB, Band 3, 2. Aufl., München 2008

Bar, Christian von, Die Funktionen des Gemeinsamen Referenzrahmens aus der Sicht der Verfasser des wissenschaftlichen Entwurfs, in: Schmidt-Kessel, Martin (Hrsg.), Der Gemeinsame Referenzrahmen. Entstehung, Inhalte, Anwendung, München 2009, S. 23–33

Ders., Internationales Privatrecht. Besonderer Teil, Band 2, München 1991

Ders., Grundfragen des Internationalen Deliktsrechts, JZ 1985, S. 961–969

Bar, Christian von/Clive, Eric/Schulte-Nölke, Hans (Hrsg.), Principles, Definitions and Model Rules of European Private Law. Draft Common Frame of Reference (DCFR), Outline Edition, München 2009

Basedow, Jürgen, The Recent Development of the Conflict of Laws, in: Basedow, Jürgen/Baum, Harald/Nishitani, Yuko (Hrsg.), Japanese and European Private International Law in Comparative Perspective, Tübingen 2008, S. 3–18

Ders., Das Internationale Privatrecht in Zeiten der Globalisierung, in: Hohloch, Gerhard/Frank, Rainer/Schlechtriem, Peter (Hrsg.), Festschrift für Hans Stoll zum 75. Geburtstag, Tübingen 2001, S. 405–416

Benecke, Martina, Auf dem Weg zu „Rom II". Der Vorschlag für eine Verordnung zur Angleichung des IPR der außervertraglichen Schuldverhältnisse, RIW 2003, S. 830–837

Binder, Heinz, Zur Auflockerung des Deliktsstatuts, RabelsZ 20 (1955), S. 401–499.

Bischoff, Jan Asmus, Die Europäische Gemeinschaft und die Haager Konferenz für Internationales Privatrecht, ZEuP 2008, S. 334–354

Blaurock, Uwe, Vermutungen und Ausweichklausel in Art. 4 EVÜ. Ein tauglicher Kompromiss zwischen starren Anknüpfungsregeln und einem flexible approach?, in: Hohloch, Gerhard/Frank, Rainer/Schlechtriem, Peter (Hrsg.), Festschrift für Hans Stoll zum 75. Geburtstag, Tübingen 2001, S. 463-480

Brière, Carine, Le règlement (CE) n° 864/2007 du 11 juillet 2007 sur la loi applicable aux obligations non contractuelles ("Rome II"), Clunet 135 (2008), S. 31–74

Buchner, Benedikt, Kläger- und Beklagtenschutz im Recht der internationalen Zuständigkeit. Lösungsansätze für eine zukünftige Gerichtsstands- und Vollstreckungskonvention. Tübingen 1998

Bücken, Alexander, Intertemporaler Anwendungsbereich der Rom II-VO, IPRax 2009, S. 125–128

Buermeyer, Ulf, Die Vereinheitlichung des Deliktskollisionsrechts in Europa durch die Verordnung "Rom II", in: Kosmehl, Guido/Pabst, Steffen (Hrsg.), Liber Amicorum: Thomas Rauscher zum 50. Geburtstag, Leipzig/Weißenfels 2005, S. 15–25

Caemmerer, Ernst von (Hrsg.), Vorschläge und Gutachten zur Reform des deutschen internationalen Privatrechts der außervertraglichen Schuldverhältnisse, Tübingen 1983

Coester-Waltjen, Dagmar, Internationale Zuständigkeit bei Persönlichkeitsrechtsverletzungen, in: Geimer, Reinhold (Hrsg.), Wege zur Globalisierung des Rechts. Festschrift für Rolf A. Schütze zum 65. Geburtstag, München 1999, S. 175–185

Dickinson, Andrew, The Rome II Regulation. The Law Applicable To Non-contractual Obligations, Oxford 2008

Dornis, Tim, "When in Rome, do as the Romans do?". A Defense of the Lex Domicilii Communis in the Rome II-Regulation, EuLF 2007, S. I-152-I-159

Ebner, Martin, Markenschutz im internationalen Privat- und Zivilprozessrecht, Köln 2004

Ehrenzweig, Albert, Private International Law, Band 1, Leyden 1967

Eidenmüller, Horst/Faust, Florian/Grigoleit, Hans Christoph/Jansen, Nils/Wagner, Gerhard/Zimmermann, Reinhard, Der Gemeinsame Referenzrahmen für das Europäische Privatrecht. Wertungsfragen und Kodifikationsprobleme, JZ 2008, S. 529–550

Erman, Bürgerliches Gesetzbuch, Handkommentar, Westermann, Peter (Hrsg.), Band 2, §§ 812-2385; EGBGB; ErbbauVO; HausratsVO; LPartG; ProdhaftG; VAHRG; WEG, 12. Aufl., Köln 2008

Ernst, Wolfgang, Der "Common Frame of Reference" aus juristischer Sicht, AcP 208 (2008), S. 248–282

EuGH, Gutachten 1/03 vom 7. 2. 2006, EuLF 2005, S. 312–320

European Group on Tort Law (Hrsg.), Principles of European Tort Law, Wien 2005

Fallon, Marc, The Law Applicable to Specific Torts in Europe, in: Basedow, Jürgen/Baum, Harald/Nishitani, Yuko (Hrsg.), Japanese and European Private International Law in Comparative Perspective, Tübingen 2008, S. 261–297

Ferrari, Franco/Leible, Stefan (Hrsg.), Ein neues Internationales Vertragsrecht für Europa. Der Vorschlag für eine Rom I-Verordnung, Jena 2007

Frankenstein, Ernst, Projet d'un Code Européen de droit international privé, Leyden 1950

Fuchs, Angelika, Zum Kommissionsvorschlag einer Rom II-Verordnung, in: GPR 2003-2004, S. 100–105
Garcimartín Alférez, Francisco, The Rome II Regulation: On the way towards a European Private International Law Code, in: EuLF 2007, S. I-77-I-91.
Garriga, Georgina, Relationship between Rome II and Other International Instruments. A Commentary on Article 28 of the Rome II Regulation, Yearbook of Private International Law 2007, S. 137–148
Geimer, Reinhold/Geimer, Ewald/Geimer, Gregor, Internationales Zivilprozeßrecht. 5. Aufl., Köln 2005
Geimer, Reinhold/Schütze, Rolf, Europäisches Zivilverfahrensrecht. Kommentar zur EuGVVO, EuEheVO, EuZustellungsVO, zum Lugano-Übereinkommen und zum nationalen Kompetenz- und Anerkennungsrecht, 2. Aufl., München 2004
Glöckner, Jochen, Keine klare Sache: Der zeitliche Anwendungsbereich der Rom II-Verordnung, IPRax 2009, S. 121–125
Gutzwiller, Max, Der Einfluss Savignys auf die Entwicklung des Internationalprivatrechts, Freiburg i.Ü 1923
Hähnchen, Susanne, Die Rechtsform des CFR und die Frage nach der Kompetenz, in: Schmidt-Kessel, Martin (Hrsg.), Der Gemeinsame Referenzrahmen. Entstehung, Inhalte, Anwendung, München 2009, S. 147–171
Hamburg Group for Private International Law, Comments on the European Commission's Draft Proposal for a Council Regulation on the Law Applicable to Non-Contractual Obligations, RabelsZ 67 (2003), S. 1–56
Handig, Christian, Neues im Internationalen Wettbewerbsrecht. Auswirkungen der Rom II-Verordnung, GRUR Int. 2008, S. 24–31
Hartwieg, Oskar/Korkisch, Friedrich, Die geheimen Materialien zur Kodifikation des deutschen internationalen Privatrechts 1881-1896, Tübingen 1973
Hein, Jan von, Of Older Siblings and Distant Cousins: The Contribution of the Rome II Regulation to the Communitarisation of Private International Law, RabelsZ 73 (2009), S. 461-508
Ders., Europäisches Internationales Deliktsrecht nach der Rom II-Verordnung, ZEuP 2009, S. 6–33.
Ders., Die Ausweichklausel im europäischen Internationalen Deliktsrecht, in: Baetge, Dietmar/Hein, Jan von/Hinden, Michael von (Hrsg.), Die richtige Ordnung. Festschrift für Jan Kropholler zum 70. Geburtstag, Tübingen 2008, S. 553–571
Ders., Die culpa in contrahendo im europäischen Privatrecht. Wechselwirkungen zwischen IPR und Sachrecht, GPR 2007, S. 54–61
Ders., Die Kodifikation des europäischen IPR der außervertraglichen Schuldverhältnisse vor dem Abschluss? Zum gegenwärtigen Stand der Arbeiten an der Rom-II-Verordnung, VersR 2007, S. 440–452

Ders., Die Kodifikation des europäischen Internationalen Deliktsrechts. Zur geplanten EU-Verordnung über das auf außervertragliche Schuldverhältnisse anzuwendende Recht, ZVglRWiss 2003, S. 528–562

Ders., Das Günstigkeitsprinzip im Internationalen Deliktsrecht, Tübingen 1999

Heinze, Christian, Bausteine eines Allgemeinen Teils des europäischen Internationalen Privatrechts, in: Baetge, Dietmar/Hein, Jan von/Hinden, Michael von (Hrsg.), Die richtige Ordnung. Festschrift für Jan Kropholler zum 70. Geburtstag, Tübingen 2008, S. 105–127

Heiss, Helmut/Loacker, Leander, Die Vergemeinschaftung des Kollisionsrechts der außervertraglichen Schuldverhältnisse durch Rom II, JBl 2007, S. 613–646

Heldrich, Andreas, Internationale Zuständigkeit und anwendbares Recht. Berlin 1969

Henk, Alexander, Die Haftung für culpa in contrahendo im IPR und IZVR, Berlin 2007

Herkner, Wolf Richard, Die Grenzen der Rechtswahl im internationalen Deliktsrecht, Frankfurt am Main 2003

Hess, Burkhard, Methoden der Rechtsfindung im Europäischen Zivilprozessrecht, IPRax 2006, S. 348–363

Heyn, Hanns-Christian, Die "Doppel-" und "Mehrfachqualifikation" im IPR, Frankfurt am Main 1986

Hirse, Thomas, Die Ausweichklausel im Internationalen Privatrecht. Methodentheoretische und -kritische Gedanken zur Konkretisierung einer besonderen kollisionsrechtlichen Generalklausel, Tübingen 2006

Hoffmann, Bernd von, Internationales Haftungsrecht im Referentenentwurf des Bundesjustizministeriums vom 1.12.1993, IPRax 1996, S. 1–8

Hoffmann, Nadja, Die Koordination des Vertrags- und Deliktsrechts in Europa. Eine rechtsvergleichende Untersuchung zum Kollisionsrecht, Sachrecht und zum UN-Kaufrecht, Tübingen 2006

Hohloch, Gerhard, Place of Injury, Habitual Residence, Closer Connection and Substantive Scope. The Basic Principles, Yearbook of Private International Law 2007, S. 1–18

Ders., Kollisionsrecht in der Staatengemeinschaft. Zu den Strukturen eines internationalen Privat- und Verfahrensrechts in der Europäischen Union, in: Hohloch, Gerhard/Frank, Rainer/Schlechtriem, Peter (Hrsg.), Festschrift für Hans Stoll zum 75. Geburtstag, Tübingen 2001, S. 533–551

Ders., Das Deliktsstatut. Grundlagen und Grundlinien des internationalen Deliktsrechs, Frankfurt am Main 1984

House of Lords, European Union Committee, European Union, Eighth Report: Rome II Regulation, HL 66, Session 2003-2004, abrufbar unter www.publications.parliament.uk/pa/ld200304/ldselect/ldeucom/66/6602.htm (Stand 1.10.2009)

Huber, Peter, Anmerkung zu EuGH, Urteil vom 7.3.1995, Rs. C-68/93 (Shevill), ZEuP 1996, S. 295–313
Huber, Peter/Bach, Ivo, Die Rom II-VO. Kommissionsentwurf und aktuelle Entwicklungen, IPRax 2002, S. 73–88
Jansen, Nils, Principles of European Tort Law? Grundwertungen und Systembildung im europäischen Haftungsrecht, RabelsZ 70 (2006), S. 732–770
Jayme, Erik, Die Kodifikationsidee am Beispiel der kollisionsrechtlichen Parteiautonomie, in: Jud, Brigitta/Rechberger, Walter H./Reichelt, Gerte (Hrsg.), Kollisionsrecht in der Europäischen Union. Neue Fragen des Internationalen Privat- und Zivilverfahrensrechtes, o.O. 2008, S. 63–75.
Ders., Entwurf eines EU-Übereinkommens über das auf außervertragliche Schuldverhältnisse anwendbare Recht. Tagung der Europäischen Gruppe für Internationales Privatrecht in Luxemburg, IPRax 1999, S. 298
Jayme, Erik/Kohler, Christian, Europäisches Kollisionsrecht 2007. Windstille im Erntefeld der Integration, IPRax 2007, S. 493–506
Dies., Europäisches Kollisionsrecht 2006. Eurozentrismus ohne Kodifikationsidee?, IPRax 2006, S. 537–550
Dies., Europäisches Kollisionsrecht 2005. Hegemonialgesten auf dem Weg zu einer Gesamtvereinheitlichung, IPRax 2005, S. 481–493.
Dies., Europäisches Kollisionsrecht 2004. Territoriale Erweiterung und methodische Rückgriffe, IPRax 2004, S. 481–493
Dies., Europäisches Kollisionsrecht 2003. Der Verfassungskonvent und das Internationale Privat- und Verfahrensrecht, IPRax 2003, S. 485–495
Dies., Europäisches Kollisionsrecht 2002. Zur Wiederkehr des Internationalen Privatrechts, IPRax 2002, S. 461–471
Dies., Europäisches Kollisionsrecht 2001. Anerkennungsprinzip statt IPR?, IPRax 2001, S. 501–514
Dies., Europäisches Kollisionsrecht 2000. Interlokales Privatrecht oder universelles Gemeinschaftsrecht, IPRax 2000, S. 454–465
Dies., Europäisches Kollisionsrecht 1999. Die Abendstunde der Staatsverträge, IPRax 1999, S. 401–413
Dies., Europäisches Kollisionsrecht 1998. Kulturelle Unterschiede und Parallelaktionen, IPRax 1998, S. 417–429
Dies., Europäisches Kollisionsrecht 1997. Vergemeinschaftung durch „Säulenwechsel„?, IPRax 1997, S. 385–401
Dies., Europäisches Kollisionsrecht 1996. Anpassung und Transformation der nationalen Rechte, IPRax 1996, S. 377–389
Dies., Europäisches Kollisionsrecht 1995. Der Dialog der Quellen, IPRax 1995, S. 343–354
Dies., Europäisches Kollisionsrecht 1994. Quellenpluralismus und offene Kontraste, IPRax 1994, S. 405–415

Dies., Das Internationale Privat- und Verfahrensrecht der EG 1993. Spannungen zwischen Staatsverträgen und Richtlinien, IPRax 1993, S. 357–371
Dies., Das Internationale Privat- und Verfahrensrecht der EG nach Maastricht, IPRax 1992, S. 346–356
Dies., Das Internationale Privat- und Verfahrensrecht der EG 1991. Harmonisierungsmodell oder Mehrspurigkeit des Kollisionsrechts, IPRax 1991, S. 361–369
Dies., Das Internationale Privat- und Verfahrensrecht der EG auf dem Wege zum Binnenmarkt, IPRax 1990, S. 353–361
Dies., Das Internationale Privat- und Verfahrensrecht der EG. Stand 1989, IPRax 1989, S. 337–346
Dies., Das Internationale Privat- und Verfahrensrecht der Europäischen Gemeinschaft. Jüngste Entwicklungen, IPRax 1988, S. 133–140
Dies., Zum Stand des internationalen Privat- und Verfahrensrecht der Europäischen Gemeinschaft, IPRax 1985, S. 65–71
Juenger, Friedrich, Amerikanische Praxis und europäische Übereinkommen. Bemerkungen zur transatlantischen Internationalprivatrechtsvergleichung, in: Basedow, Jürgen/Hopt, Klaus/Kötz, Hein (Hrsg.), Festschrift für Ulrich Drobnig zum siebzigsten Geburtstag, Tübingen 1998, S. 299–314
Ders., Zum Wandel des Internationalen Privatrechts, Karlsruhe 1974
Junker, Abbo, Der Reformbedarf im Internationalen Deliktsrecht der Rom II-Verordnung drei Jahre nach ihrer Verabschiedung, RIW 2010, S. 257-268
Ders., Das Internationale Privatrecht der Straßenverkehrsunfälle nach der Rom II-Verordnung, JZ 2008, S. 169–178
Ders., Die Rom II-Verordnung. Neues Internationales Deliktsrecht auf europäischer Grundlage, NJW 2007, S. 3675–3682
Ders., Das Internationale Unfallrecht nach der IPR-Reform von 1999, JZ 2000, S. 477–486
Kadner Graziano, Thomas, Das auf außervertragliche Schuldverhältnisse anzuwendende Recht nach Inkrafttreten der Rom II-Verordnung, RabelsZ 73 (2009), S. 1–76
Ders., General Principles of Private International Law of Tort in Europe, in: Basedow, Jürgen/Baum, Harald/Nishitani, Yuko (Hrsg.), Japanese and European Private International Law in Comparative Perspective, Tübingen 2008, S. 243–259
Ders., Europäisches Internationales Deliktsrecht. Ein Lehr- und Studienbuch, Tübingen 2003
Ders., Gemeineuropäisches Internationales Privatrecht. Harmonisierung des IPR durch Wissenschaft und Lehre (am Beispiel der außervertraglichen Haftung für Schäden), Tübingen 2002
Kegel, Gerhard, Internationales Privatrecht, 7. Aufl., München 1995

Ders., Begriffs- und Interessenjurisprudenz im internationalen Privatrecht, in: Gerwig, Max/Simonius, August (Hrsg.), Festschrift Hans Lewald. Bei Vollendung des 40. Amtsjahres als ordentlicher Professor im Oktober 1953, Basel 1953, S. 259–288

Kegel, Gerhard/Schurig, Klaus, Internationales Privatrecht, 9. Aufl., München 2004

Kohler, Christian, Die Formung europäischen Kollisionsrechts durch den Gerichtshof der Europäischen Gemeinschaften, in: Reichelt, Gerte (Hrsg.), Europäisches Kollisionsrecht. Die Konventionen von Brüssel, Lugano und Rom, Frankfurt am Main 1993, S. 15–31

Kosmehl, Guido, Welchen Wert hat der Gerichtsstand der unerlaubten Handlung im europäischen Zivilprozeßrecht?, in: Kosmehl, Guido/Pabst, Steffen (Hrsg.), Liber Amicorum: Thomas Rauscher zum 50. Geburtstag, Leipzig/Weißenfels 2005, S. 79–94

Kötz, Hein/Wagner, Gerhard, Deliktsrecht, 10. Aufl., Neuwied 2006

Koziol, Helmut, Die "Principles of European Tort Law" der "European Group on Tort Law", ZEuP 2004, S. 234–259

Koziol, Helmut/Thiede, Thomas, Kritische Bemerkungen zum derzeitigen Stand des Entwurfs einer Rom II-Verordnung, ZVglRWiss 2007, S. 235–247

Kozyris, Phaedon John, Rome II: Tort Conflicts on the Right Track! A Postscript to Symeon Symeonides' "Missed Opportunity", American Journal of Comparative Law 2008, S. 471–498

Kreuzer, Karl, Was gehört in den Allgemeinen Teil eines Europäischen Kollisionsrechtes?, in: Jud, Brigitta/Rechberger, Walter H./Reichelt, Gerte (Hrsg.), Kollisionsrecht in der Europäischen Union. Neue Fragen des Internationalen Privat- und Zivilverfahrensrechtes, o.O. 2008, S. 1–62

Ders., Zu Stand und Perspektiven des Europäischen Internationalen Privatrechts. Wie europäisch soll das Europäische Internationale Privatrecht sein?, RabelsZ 70 (2006), S. 1–88

Ders., Die Vergemeinschaftung des Kollisionsrechts für außervertragliche Schuldverhältnisse (Rom II), in: Reichelt, Gerte/Rechberger, Walter Hans (Hrsg.), Europäisches Kollisionsrecht, Wien 2004, S. 13–62

Ders., Internationales Privatrecht und Europäische Integration. Von der Statutentheorie zum gemeineuropäischen Kollisionsrecht, in: Brieskorn, Norbert/Mikat, Pauk/Müller, Daniela/Willoweit, Dietmar (Hrsg.), Vom mittelalterlichen Recht zur neuzeitlichen Rechtswissenschaft: Bedingungen, Wege und Probleme der europäischen Rechtsgeschichte. Winfried Trusen zum 70. Geburtstag, Paderborn 1994, S. 543–559

Ders., Zur Funktion von kollisionsrechtlichen Berichtigungsnormen, ZfRV 33 (1992), S. 168–192

Ders., Apfelschorf im "Alten Land". Kollisionsrechtliche Probleme der Produkthaftung. Anmerkung zu BGH, 17.3.1981, VI ZR 286/78, IPRax 1982, S. 1–5

Kreuzer, Karl/Klötgen, Paul, Die Shevill-Entscheidung des EuGH: Abschaffung des Deliktsortsgerichtsstands des Art. 5 Nr. 3 EuGVÜ für ehrverletzende Streudelikte, IPRax 1997, S. 90–96

Kropholler, Jan, Internationales Privatrecht. Einschließlich der Grundbegriffe des Internationalen Zivilverfahrensrechts, 6. Aufl., Tübingen 2006

Ders., Europäisches Zivilprozeßrecht. Kommentar zu EuGVO, Lugano-Übereinkommen und Europäischem Vollstreckungstitel, 8. Aufl., Frankfurt am Main 2005

Ders., Das Unbehagen am forum shopping, in: Henrich, Dieter/Hoffmann, Bernd von (Hrsg.), Festschrift für Karl Firsching zum 70. Geburtstag, München 1985, S. 165–173

Ders., Ein Anknüpfungssystem für das Deliktsstatut, RabelsZ 33 (1969), S. 601–652

Kropholler, Jan/Blobel, Felix, Unübersichtliche Grundlagen im IPR durch EG-Verordnungen und Staatsverträge. Dargestellt am Beispiel des Internationalen Unterhaltsvollstreckungsrechts, in: Coester, Michael/Martiny, Dieter/Prinz von Sachsen Gessaphe, Karl August (Hrsg.), Privatrecht in Europa. Vielfalt, Kollision, Kooperation. Festschrift für Hans Jürgen Sonnenberger zum 70. Geburtstag, München 2004, S. 453–479

Kubis, Sebastian, Internationale Zuständigkeit bei Persönlichkeits- und Immaterialgüterrechtsverletzungen, Bielefeld 1999

Lando, Ole, The EC Draft Convention on the Law Applicable to Contactual and Non-Contractual Obligations, RabelsZ 38 (1974), S. 6–56

Larenz, Karl/Canaris, Claus-Wilhelm, Lehrbuch des Schuldrechts. Band 2. Besonderer Teil. Halbband 2, 13. Aufl., München 1994

Lehmann, Matthias, Der Anwendungsbereich der Rom I-Verordnung. Vertragsbegriff und vorvertragliche Rechtsverhältnisse, in: Ferrari, Franco/Leible, Stefan (Hrsg.), Ein neues Internationales Vertragsrecht für Europa. Der Vorschlag für eine Rom I-Verordnung, Jena 2007, S. 17–40

Leible, Stefan, Rechtswahl im IPR der außervertraglichen Schuldverhältnisse nach der Rom II-Verordnung, RIW 2008, S. 257–264

Ders., Der Beitrag der Rom II-Verordnung zu einer Kodifikation der allgemeinen Grundsätze des Europäischen Kollisionsrechts, in: Reichelt, Gerte (Hrsg.), Europäisches Gemeinschaftsrecht und IPR. Ein Beitrag zur Kodifikation der Allgemeinen Grundsätze des Europäischen Kollisionsrechts, Wien 2007, S. 31–54

Ders., Internationales Vertragsrecht, die Arbeiten an einer Rom I-Verordnung und der Europäische Vertragsgerichtsstand, IPRax 2006, S. 365–371

Ders., Kollisionsrechtlicher Verbraucherschutz im EVÜ und in EG-Richtlinien, in: Schulte-Nölke, Hans/Schulze, Reiner (Hrsg.), Europäische Rechtsangleichung und nationale Privatrechte, Baden-Baden 1999, S. 353–392

Leible, Stefan/Engel, Andreas, Der Vorschlag der EG-Kommission für eine Rom II-Verordnung, EuZW 2004, S. 7–17

Leible, Stefan/Lehmann, Matthias, Die Verordnung über das auf vertragliche Schuldverhältnisse anzuwendende Recht ("Rom I"), RIW 2008, S. 528–544

Dies., Die neue EG-Verordnung über das auf außervertragliche Schuldverhältnisse anzuwendende Recht ("Rom II"), RIW 2007, S. 721–735

Löffler, Severin, Mediendelikte im IPR und IZPR. Persönlichkeitsverletzungen durch Medien im Spiegel des deutschen, französischen, schweizerischen und österreichischen Rechts unter besonderer Berücksichtigung des Internets und des Gegendarstellungsanspruchs, Frankfurt am Main 2000

Looschelders, Dirk, Internationales Privatrecht. Art. 3-46 EGBGB, Berlin 2004

Ders., Die Anpassung im Internationalen Privatrecht. Zur Methodik der Rechtsanwendung in Fällen mit wesentlicher Verbindung zu mehreren nicht miteinander harmonierenden Rechtsordnungen, Heidelberg 1995

Lorenz, Werner, Die allgemeine Grundregel betreffend das auf die außervertragliche Schadenshaftung anzuwendende Recht, in: Caemmerer, Ernst von (Hrsg.), Vorschläge und Gutachten zur Reform des deutschen internationalen Privatrechts der außervertraglichen Schuldverhältnisse, Tübingen 1983, S. 97–159

Lück, Dorothea, Neuere Entwicklungen des deutschen und europäischen Internationalen Deliktsrechts, Hamburg 2006

Lüderitz, Alexander, Internationales Privatrecht, Neuwied 1987

Lüttringhaus, Jan, Das internationale Privatrecht der culpa in contrahendo nach den EG-Verordnungen "Rom I" und "Rom II", RIW 2008, S. 193-199

Magnus, Ulrich/Mankowski, Peter, Brussels I Regulation, München 2007

Mancini, Pasquale Stanislao, De l'utilité de rendre obligatoires pour tous les Etats, sous la forme d'un ou de plusieurs traités internationaux, un certain nombre de règles généraux du droit international privé pour assurer la décision uniforme des conflits entre les différences législations civiles et criminelles, Clunet 1 (1874), S. 221-239, 285-304

Mankowski, Peter, Ausgewählte Einzelfragen zur Rom II-VO: Internationales Umwelthaftungsrecht, internationales Kartellrecht, renvoi, Parteiautonomie, IPRax 2010, S. 389–402

Ders., CFR und Rechtswahl, in: Schmidt-Kessel, Martin (Hrsg.), Der Gemeinsame Referenzrahmen. Entstehung, Inhalte, Anwendung, München 2009, S. 389–432

Ders., Der Vorschlag für die Rom I-Verordnung, IPRax 2006, S. 101–113

Ders., Entwicklungen im Internationalen Privat- und Prozessrecht 2004/2005 (Teil 1), RIW 2005, S. 481–499

Ders., Entwicklungen im Internationalen Privat- und Prozessrecht 2004/2005 (Teil 2), RIW 2005, S. 561–579

Ders., Internationale Zuständigkeit und anwendbares Recht. Parallelen und Divergenzen, in: Lorenz, Stephan/Trunk, Alexander/Eidenmüller, Horst/Wendehorst, Christiane/Adolff, Johannes (Hrsg.), Festschrift für Andreas Heldrich zum 70. Geburtstag, München 2005, S. 867–897

Ders., Entwicklungen im Internationalen Privat- und Prozessrecht 2003/2004 (Teil 1), RIW 2004, S. 481–497

Ders., Entwicklungen im Internationalen Privat- und Prozessrecht 2003/2004 (Teil 2), RIW 2004, S. 587–602

Ders., Die Qualifikation der culpa in contrahendo. Nagelprobe für den Vertragsbegriff des europäischen IZPR und IPR. Anmerkung zu EuGH, 17.9.2002 – Rs. C-334/00 (Tacconi/ Wagner), IPRax 2003, S. 127–135

Ders., Internet und Internationales Wettbewerbsrecht, GRUR Int. 1999, S. 909–921

Mansel, Heinz-Peter/Thorn, Karsten/Wagner, Rolf, Europäisches Kollisionsrecht 2008. Fundamente der Europäischen IPR-Kodifikation, IPRax 2009, S. 1–23

Martiny, Dieter, Europäisches Internationales Vertragsrecht in Erwartung der Rom I-Verordnung, ZEuP 2008, S. 79–108

Ders., Gemeinschaftsrecht, ordre public, zwingende Bestimmungen und Exklusivormen, in: Bar, Christian von (Hrsg.), Europäisches Gemeinschaftsrecht und Internationales Privatrecht. Tagung des Instituts für Internationales Privatrecht und Rechtsvergleichung des Fachbereichs Rechtswissenschaften der Universität Osnabrück am 6. und 7. April 1990 in Osnabrück, Köln 1991, S. 211–242

Max Planck Institute for Comparative and International Private Law, Comments on the European Commission´s Proposal for a Regulation of the European Parliament and the Council on the law applicable to contractual obligations (Rome I), RabelsZ 71 (2007), S. 225–344

Michaels, Ralf, Die europäische IPR-Revolution. Regulierung, Europäisierung, Mediatisierung, in: Baetge, Dietmar/Hein, Jan von/Hinden, Michael von (Hrsg.), Die richtige Ordnung. Festschrift für Jan Kropholler zum 70. Geburtstag, Tübingen 2008, S. 151–173

Morris, J. H. C., The Proper Law of a Tort, Harvard Law Review 54 (1951), S. 881–895

Mörsdorf-Schulte, Juliana, Spezielle Vorbehaltsklauseln im Europäischen Internationalen Deliktsrecht, ZVglRWiss 2005, S. 192–256

Müller-Freienfels, Wolfram, Übernationales Ziel und nationale Kodifikation internationalen Privatrechts heute, in: Böckli, Peter/Eichenberger, Kurt

(Hrsg.), Festschrift für Frank Vischer zum 60. Geburtstag, Zürich, S. 223–256
Münchener Kommentar zum Bürgerlichen Gesetzbuch, Rebmann, Kurt/Säcker, Franz Jürgen/Rixecker, Roland (Hrsg.),
Band 10: Internationales Privatrecht, Rom I-Verordnung, Rom II-Verordnung, Einführungsgesetz zum Bürgerlichen Gesetzbuche (Art. 1-24), 5. Aufl., München 2010
Band 10: Einführungsgesetz zum Bürgerlichen Gesetzbuch (Art. 1-46). Internationales Privatrecht, 4. Aufl., München 2006
Band 10: Einführungsgesetz zum Bürgerlichen Gesetzbuch (Art. 1-38). Internationales Privatrecht, 3. Aufl., München 1998
Band 11: Internationales Wirtschaftsrecht. Einführungsgesetz zum Bürgerlichen Gesetzbuch (Art. 50-245), 4. Aufl., München 2006
Münchener Kommentar zur Zivilprozessordnung, Rauscher, Thomas/Wax, Peter/Wenzel, Joachim (Hrsg.),
Band 3: §§ 946-1086, EGZPO-GVG-EGGVG-UKlaG, Internationales Zivilprozessrecht, 3. Aufl., München 2008
Band 1: §§ 1-510c, 3. Aufl., München 2008
Nagel, Heinrich/Gottwald, Peter, Internationales Zivilprozessrecht, 6. Aufl., Köln 2007
Niemeyer, Theodor, Zur Vorgeschichte des Internationalen Privatrechts im Deutschen Bürgerlichen Gesetzbuch, München 1915
Nußbaum, Arthur, Deutsches internationales Privatrecht, Tübingen 1932
Ofner, Helmut, Die Rom II-Verordnung. Neues Internationales Privatrecht für außervertragliche Schuldverhältnisse in der Europäischen Union, ZfRV 49 (2008), S. 13–24
Oppermann, Thomas, Europarecht, 3.Aufl., München 2005
Overbeck, Alfred von/Volken, Paul, Das internationale Deliktsrecht im Vorentwurf der EWG, RabelsZ 38 (1974), S. 56–78
Palandt, Otto (Begr.), Bürgerliches Gesetzbuch, 70. Aufl., München 2011
Ders. (Begr.), Bürgerliches Gesetzbuch, 69. Aufl., München 2010
Pfeiffer, Thomas, Neues Internationales Vertragsrecht. Zur Rom I-Verordnung, EuZW 2008, S. 622–629
Ders., Internationale Zuständigkeit und prozessuale Gerechtigkeit. Die internationale Zuständigkeit im Zivilprozess zwischen effektivem Rechtsschutz und nationaler Zuständigkeitspolitik, Frankfurt am Main 1995
Pinkel, Tobias, Das Buch VI des Entwurfs eines Gemeinsamen Referenzrahmens (DCFR). Nichtvertragliche Schuldverhältnisse aus Schädigung Dritter, Bremen 2008
Posch, Willibald, The “Draft Regulation Rome II” in 2004. Its Past and its Future Perspectives, Yearbook of Private International Law 2004, S. 129–153

Puttfarken, Hans-Jürgen, Was lange währt, wird endlich (R/r-)echt?, RIW 1999, Heft 10, S. I
Rabel, Ernst, The Conflict of Laws. A Comparative Study. Band 2, 2. Aufl., Ann Arbor 1969
Rauscher, Thomas (Hrsg.), Europäisches Zivilprozessrecht, 2. Aufl., München 2006
Rauscher, Thomas, Anmerkung zu EuGH, Urteil vom 7.3.1995, Rs. C-68/93 (Shevill), ZZP Int. 1996, S. 145–166
Reber, Ulrich, Die internationale gerichtliche Zuständigkeit bei grenzüberschreitenden Urheberrechtsverletzungen, ZUM 2005, S. 194–203
Reichelt, Gerte (Hrsg.), Das Herkunftslandprinzip im Europäischen Gemeinschaftsrecht. Symposium Wien 18. November 2005, Wien 2006
Remien, Oliver, European Private International Law, the European Community and Its Emerging Area of Freedom, Security and Justice, Common Market Law Review 38 (2001), S. 53–86
Renfert, Markus, Über die Europäisierung der ordre public Klausel, Frankfurt am Main 2003
Riegl, Werner, Streudelikte im Internationalen Privatrecht, Augsburg 1986
Riesenhuber, Karl, Systembildung durch den CFR. Wirkungen auf die systematische Auslegung des Gemeinschaftsrechts, in: Schmidt-Kessel, Martin (Hrsg.), Der Gemeinsame Referenzrahmen. Entstehung, Inhalte, Anwendung, München 2009, S. 173–216
Rittner, Fritz, Das Gemeinschaftsprivatrecht und die europäische Integration, JZ 1995, S. 849–858
Rohe, Mathias, Zu den Geltungsgründen des Deliktsstatuts. Anknüpfungsgerechtigkeit unter Berücksichtigung rechtshistorischer und rechtsvergleichender Erkenntnisse mit Einschluß gegenwärtiger Reformvorschläge, Tübingen 1994
Roth, Günter, Zulässiges forum shopping? Anmerkung zu BGH, 22.6.1983 - VIII ZB 14/82, IPRax 1984, S. 183–185
Roth, Isabel, Die internationale Zuständigkeit deutscher Gerichte bei Persönlichkeitsrechtsverletzungen im Internet, Frankfurt am Main 2007
Roth, Wulf-Henning, Methoden der Rechtsfindung und Rechtsanwendung im Europäischen Kollisionsrecht, IPRax 2006, S. 338–347
Rühl, Gisela, Rechtswahlfreiheit im europäischen Kollisionsrecht, in: Baetge, Dietmar/Hein, Jan von/Hinden, Michael von (Hrsg.), Die richtige Ordnung. Festschrift für Jan Kropholler zum 70. Geburtstag, Tübingen 2008, S. 187–209
Savigny, Carl Friedrich von, System des heutigen Römischen Rechts, Band 8, Berlin 1849
Schack, Haimo, Internationales Zivilverfahrensrecht, 4. Aufl., München 2006

Ders., Die EG-Kommission auf dem Holzweg nach Amsterdam, ZEuP 1999, S. 805–808
Schilling, Katrin, Binnenmarktkollisionsrecht, Berlin 2006
Schlosser, Peter, EU-Zivilprozessrecht, 3. Aufl., München 2009
Ders., Europäisch-autonome Interpretation des Begriffs "Vertrag oder Ansprüche aus Vertrag" i.S.v. Art. 5 Nr. 1 EuGVÜ? Anmerkung zu EuGH, 22.3.1983, Rs. 34/82, IPRax 1984, S. 65–68
Schmidt-Kessel, Martin (Hrsg.), Der Gemeinsame Referenzrahmen. Entstehung, Inhalte, Anwendung, München 2009
Ders., Zur culpa in contrahendo im Gemeinschaftsprivatrecht. Anmerkung zu EuGH, Urteil vom 17.9.2002 (Tacconi/Wagner), ZEuP 2004, S. 1019–1033
Schröder, Jochen, Internationale Zuständigkeit. Entwurf eines Systems von Zuständigkeitsinteressen im zwischenstaatlichen Privatverfahrensrecht aufgrund rechtshistorischer, rechtsvergleichender und rechtspolitischer Betrachtungen, Opladen 1971
Schulze, Reiner, The Academic Draft of the CFR and the EC Contract Law, in: Schulze, Reiner (Hrsg.), Common Frame of Reference and Existing EC Contract Law, München 2008, S. 3-23
Schurig, Klaus, Ein ungünstiges Günstigkeitsprinzip. Anmerkungen zu einer mißlungenen gesetzlichen Regelung des internationalen Deliktsrechts, in: Schack, Haimo (Hrsg.), Gedächtnisschrift für Alexander Lüderitz, München 2000, S. 699–711
Ders., Kollisionsnorm und Sachrecht. Zu Struktur, Standort und Methode des Internationalen Privatrechts, Berlin 1981
Schwander, Ivo, Wie kann nationales IPR zu vermehrt internationaler Optik gelangen?, in: Basedow, Jürgen/Meier, Isaak/Schnyder, Anton/Einhorn, Talia/Girsberger, Daniel (Hrsg.), Private Law in the International Arena. From National Conflict Rules Towards Harmonization and Unification. Liber Amicorum: Kurt Siehr, Den Haag 2000, S. 673–684
Siehr, Kurt, Die Kodifikation des Europäischen IPR. Hindernisse, Aufgaben und Lösungen, in: Jud, Brigitta/Rechberger, Walter H./Reichelt, Gerte (Hrsg.), Kollisionsrecht in der Europäischen Union. Neue Fragen des Internationalen Privat- und Zivilverfahrensrechtes, o.O. 2008, S. 77–95
Ders., Kollisionen des Kollisionsrechts, in: Baetge, Dietmar/Hein, Jan von/Hinden, Michael von (Hrsg.), Die richtige Ordnung. Festschrift für Jan Kropholler zum 70. Geburtstag,Tübingen 2008, S. 211–226
Ders., Internationales Privatrecht, Heidelberg 2001
Ders., Zum Vorentwurf eines EWG-Übereinkommens über das Internationale Schuldrecht, AWD 1973, S. 569–587
Sonnenberger, Hans Jürgen, Randbemerkungen zum Allgemeinen Teil eines europäisierten IPR, in: Baetge, Dietmar/Hein, Jan von/Hinden, Michael

von (Hrsg.), Die richtige Ordnung. Festschrift für Jan Kropholler zum 70. Geburtstag, Tübingen 2008, S. 227–246

Ders., Europarecht und Internationales Privatrecht, ZVglRWiss 1996, S. 3–47

Sonnentag, Michael, Zur Europäisierung des Internationalen außervertraglichen Schuldrechts durch die geplante Rom II-Verordnung, ZVglRWiss 2006, S. 256–312

Spickhoff, Andreas, Anspruchskonkurrenzen, Internationale Zuständigkeit und Internationales Privatrecht. Anmerkung zu BGH, 27.5.2008 - VI ZR 69/07, OLG Koblenz, 25.6.2007 - 12 U 1717/05 und OLG Stuttgart, 28.4.2008 - 5 U 6/08, IPRax 2009, S. 128–134

Ders., Die Entwicklung des Arztrechts 2007/2008, NJW 2008, S. 1636–1643

Ders., Die Produkthaftung im Europäischen Kollisions- und Zivilverfahrensrecht, in: Baetge, Dietmar/Hein, Jan von/Hinden, Michael von (Hrsg.), Die richtige Ordnung. Festschrift für Jan Kropholler zum 70. Geburtstag, Tübingen 2008, S. 671–689

Ders., Das Internationale Privatrecht der sog. Internet-Delikte. Art. 40-42 EGBGB, „Rom II" und das Herkunftslandprinzip, in: Leible, Stefan (Hrsg.), Die Bedeutung des Internationalen Privatrechts im Zeitalter der neuen Medien, Stuttgart 2003, S. 89–120

Ders., Die Tatortregel im neuen Deliktskollisionsrecht, IPRax 2000, S. 1–8

Ders., Die Restkodifikation des Internationalen Privatrechts. Außervertragliche Schuldverhältnisse und Sachenrecht, NJW 1999, S. 2209–2215

Ders., Der ordre public im Internationalen Privatrecht. Entwicklung, Struktur, Konkretisierung, Neuwied 1989

Ders., Zur Reform des deutschen internationalen Deliktsrechts, VersR 1985, S. 124–125

Staudinger, Ansgar, Existenzvernichtender Eingriff und Haftung des Gesellschafters, AnwBl 2008, S. 316–326

Ders., Das Konkurrenzverhältnis zwischen dem Haager Straßenverkehrsübereinkommen und der Rom II-VO, in: Baetge, Dietmar/Hein, Jan von/Hinden, Michael von (Hrsg.), Die richtige Ordnung. Festschrift für Jan Kropholler zum 70. Geburtstag, Tübingen 2008, S. 691–713

Ders., Rechtsvereinheitlichung innerhalb Europas: Rom I und Rom II, AnwBl 2008, S. 8–16

Staudinger, Julius von (Begr.), Kommentar zum Bürgerlichen Gesetzbuch mit Einführungsgesetz und Nebengesetzen,

Internationales Wirtschaftsrecht, Neubearbeitung 2006, Berlin 2006

Einführungsgesetz zum Bürgerlichen Gesetzbuche/IPR. Art 38-42 EGBGB, Neubearbeitung 2001, Berlin 2001

Einführungsgesetz zum Bürgerlichen Gesetzbuche/IPR. Art 38 EGBGB, 13. Bearbeitung, Berlin 1998

Stoll, Hans, Kollisionsrechtliche Fragen der Haftung für culpa in contrahendo, in: Stathopoulos, Michael/Beys, Kostas/Doris, Philippos/Karakostas, Ioannis (Hrsg.), Festschrift für Apostolos Georgiades zum 70. Geburtstag, München 2006, S. 941–962

Ders., Sturz vom Balkon auf Gran Canaria. Akzessorische Anknüpfung, deutsches Deliktsrecht und örtlicher Sicherheitsstandard. Anmerkung zu BGH, 25.2.1988 - VII ZR 348/86, IPRax 1989, S. 89–93

Stürner, Michael/Brinkmann, Moritz, The Draft Common Frame of Reference. Tagung der Europäischen Rechtsakademie am 6. und 7.3.2008 in Trier, IPRax 2008, S. 366–368

Symeonides, Symeon, The American Revolution and the European Evolution in Choice of Law. Reciprocal Lessons, Tulane Law Review 2008, S. 1741–1799

Ders., Rome II and Tort Conflicts. A Missed Opportunity, American Journal of Comparative Law 2008, S. 173–222

Ders., Tort Conflicts and Rome II. A View from Across, in: Mansel, Heinz-Peter/Pfeiffer, Thomas/Kronke, Herbert (Hrsg.), Festschrift für Erik Jayme, Band 1, München 2004, S. 935–954

Ders., Material Justice and Conflicts Justice in Choice of Law, in: Borchers, Patrick/Zekoll, Joachim (Hrsg.), International Conflict of Laws for the Third Millennium. Essays in Honor of Friedrich K. Juenger, Ardsley 2001, S. 125–140

Thiede, Thomas/Kellner, Markus, "Forum shopping" zwischen dem Haager Übereinkommen über das auf Verkehrsunfälle anzuwendende Recht und der Rom-II-Verordnung. Eine Fallstudie, VersR 2007, S. 1624–1628

Vischer, Frank, Bemerkungen zum Verhältnis von internationaler Zuständigkeit und Kollisionsrecht, in: Stoffel, Walter/Volken, Paul (Hrsg.), Conflits et harmonisation. Mélanges en l'honneur d'Alfred E. von Overbeck à l'occasion de son 65ème anniversaire, Fribourg 1990, S. 349–377

Volders, Bart, Culpa in contrahendo in the conflict of laws. A commentary on article 12 of the Rome II Regulation, Yearbook of Private International Law 2007, S. 127–135

Volxem, Henrik van, Die unerlaubte Nutzung von Domain-Namen. Internationale Zuständigkeit und IPR aus deutscher und englischer Sicht, Hamburg 2008

Wächter, Carl Georg von, Über die Collision der Privatrechtsgesetze verschiedener Staaten, AcP 24 (1841), S. 230-311, AcP 25 (1842), S. 1-60, 161-200, 361-419

Wagner, Gerhard, Die neue Rom II-Verordnung, IPRax 2008, S. 1–17

Ders., Internationales Deliktsrecht, die Arbeiten an der Rom II-Verordnung und der Europäische Deliktsgerichtsstand, IPRax 2006, S. 372–390

Ders., Ehrenschutz und Pressefreiheit im europäischen Zivilverfahrens- und Internationalen Privatrecht, RabelsZ 62 (1998), S. 243–285

Wagner, Rolf, Änderungsbedarf im autonomen deutschen internationalen Privatrecht aufgrund der Rom II-Verordnung? Ein Überblick über den Regierungsentwurf eines Gesetzes zur Anpassung der Vorschriften des Internationalen Privatrechts an die Rom II-Verordnung, IPRax 2008, S. 314–318

Ders., Vereinheitlichung des Internationalen Privat- und Zivilverfahrensrechts neun Jahre nach Inkrafttreten des Amsterdamer Vertrags, NJW 2008, S. 2225–2229

Ders., Das Vermittlungsverfahren zur Rom II-Verordnung, in: Baetge, Dietmar/Hein, Jan von/Hinden, Michael von (Hrsg.), Die richtige Ordnung. Festschrift für Jan Kropholler zum 70. Geburtstag, Tübingen 2008, S. 715–731

Ders., Zur Vereinheitlichung des Internationalen Privat- und Zivilverfahrensrechts acht Jahre nach Inkrafttreten des Amsterdamer Vertrags, EuZW 2007, S. 626–631

Ders., Zur Vereinheitlichung des Internationalen Privat- und Zivilverfahrensrechts sieben Jahre nach In-Kraft-Treten des Amsterdamer Vertrags, EuZW 2006, S. 424–428

Ders., Zur Vereinheitlichung des Internationalen Privat- und Zivilverfahrensrechts sechs Jahre nach In-Kraft-Treten des Amsterdamer Vertrags, NJW 2005, S. 1754–1757

Ders., EG-Kompetenz für das Internationale Privatrecht in Ehesachen?, RabelsZ 68 (2004), S. 119–153

Ders., Zur Vereinheitlichung des Internationalen Privat- und Zivilverfahrensrechts fünf Jahre nach In-Kraft-Treten des Amsterdamer Vertrags, NJW 2004, S. 1835–1838

Ders., Zur Vereinheitlichung des internationalen Zivilverfahrensrechts vier Jahre nach In-Kraft-Treten des Amsterdamer Vertrags, NJW 2003, S. 2344–2348

Ders., Die Bemühungen der Haager Konferenz für Internationales Privatrecht um ein Übereinkommen über die gerichtliche Zuständigkeit und ausländische Entscheidungen in Zivil- und Handelssachen, IPRax 2001, S. 533–547

Ders., Zum Inkrafttreten des Gesetzes zum Internationalen Privatrecht für außervertragliche Schuldverhältnisse und für Sachen, IPRax 1999, S. 210–212

Walter, Christoph von, Die Konkurrenz vertraglicher und deliktischer Schadensersatznormen im deutschen, ausländischen und internationalen Privatrecht, Dissertation, Universität Regensburg 25.2.1977

Wandt, Manfred, Internationale Produkthaftung, Heidelberg 1995

Ders., Zur Europäisierung des Internationalen Deliktsrechts, in: DVS Deutscher Versicherungs-Schutzverband e.V. (Hrsg.), Zukunft der Wirtschaft. Versicherung der Zukunft. 1901 – 2001. Festschrift zum 100-jährigen Bestehen des DVS, Bonn 2001, S. 127–139

Wilderspin, Michael, Der Vergemeinschaftung des internationalen Schuldrechts (Rom I, Rom II). Stand und Perspektiven, in: Baur, Jürgen/Mansel, Heinz-Peter (Hrsg.), Systemwechsel im europäischen Kollisionsrecht. Fachtagung der Bayer-Stiftung für Deutsches und Internationales Arbeits- und Wirtschaftsrecht am 17. und 18. Mai 2001, München 2002, S. 77–87

Zimmermann, Reinhard, Principles of European Contract Law and Principles of European Tort Law. Comparison and Points of Contact, in: Koziol, Helmut/Steininger, Barbara (Hrsg.), European Tort Law 2003, Wien 2004, S. 2–31

Ders., Textstufen in der modernen Entwicklung des europäischen Privatrechts, EuZW 2009, S. 319–323

I. Einleitung

1. Das Thema

Gegenstand der vorliegenden Untersuchung ist die deliktische Grundanknüpfung im IPR und IZVR. In beiden Rechtsgebieten dominiert seit jeher das Tatortprinzip die juristische Diskussion. Ein erneuter Blick auf diese Materie ist angesichts der aktuellen Entwicklungen dennoch lohnenswert.

Das internationale Deliktsrecht ist in jüngerer Zeit stark im Umbruch begriffen.[1] Die erstmalige Kodifizierung dieses Rechtsgebiets in Deutschland durch das Gesetz zum Internationalen Privatrecht für außervertragliche Schuldverhältnisse und Sachen vom 21. 5. 1999[2], welches am 1. 6. 1999 in Kraft trat und die richter- und gewohnheitsrechtlichen Grundsätze auf eine positivrechtliche Grundlage stellte, erlebt bereits ihre Abendstunde. Seit dem 11. 1. 2009 ist nämlich die Verordnung (EG) Nr. 864/2007 des Europäischen Parlaments und des Rates vom 11. 7. 2007 über das auf außervertragliche Schuldverhältnisse anzuwendende Recht („**Rom II-Verordnung**"; kurz „**Rom II-VO**")[3] anwendbar. Damit wurden die Grenzen der Nationalität des internationalen Deliktsrechts gesprengt. Die Bestimmung des Deliktsstatuts findet nunmehr auf der europäischen Bühne statt. Mit diesem Rechtsakt ist ein Ende der Entwicklung auf dem Gebiet des internationalen Deliktsrechts allerdings nicht in Sicht. Die Rom II-Verordnung enthält in Art. 30 Abs. 2 Rom II-VO eine Überprüfungsklausel hinsichtlich des bislang ausgeklammerten Persönlichkeitsrechtsschutzes. Daher ist

---

1 Eine bis ins Jahr 1985 zurückreichende Serie von Jahresberichten zum Europäischen Kollisionsrecht publizieren *Jayme/Kohler*, ab dem Jahr 2008 fortgeführt von *Mansel/Thorn/R. Wagner*. Bereits die Untertitel der jeweiligen Berichte illustrieren die wechselvolle, dynamische Entwicklung dieses Rechtsgebiets. Vgl. *Mansel/Thorn/R. Wagner*, IPRax 2009, 1; *Jayme/Kohler*, IPRax 2007, 493; 2006, 537; 2005, 481; 2004, 481; 2003, 485; 2002, 461; 2001, 501; 2000, 454; 1999, 401; 1998, 417; 1997, 385; 1996, 377; 1995, 343; 1994, 405; 1993, 357; 1992, 346; 1991, 361; 1990, 353; 1989, 337; 1988, 133; 1985, 64. Siehe ferner die Berichte von *Mankowski*, RIW 2004, 481 ff.; 587 ff.; RIW 2005, 481 ff.; 561 ff.; sowie die jährlichen Bestandsaufnahmen zur Vereinheitlichung des Internationalen Privat- und Zivilverfahrensrechts von *R. Wagner*, NJW 2008, 2225; EuZW 2007, 626; EuZW 2006, 424; NJW 2005, 1754; NJW 2004, 1835; NJW 2003, 2344.

2 BGBl. I 1999, S. 1026-1028.

3 ABl. EU Nr. L 199 vom 31.7.2007, S. 40.

davon auszugehen, dass auch für diesen Bereich das Kollisionsrecht innerhalb der Europäischen Gemeinschaft mittelfristig vereinheitlicht wird.[4]

Auch das IZVR speist sich seit einiger Zeit aus einer Rechtsquelle des sekundären Gemeinschaftsrechts, nämlich aus der Verordnung (EG) Nr. 44/2001 vom 22. 12. 2000 über die gerichtliche Zuständigkeit und die Anerkennung und Vollstreckung von Entscheidungen in Zivil- und Handelssachen („**EuGVO**").[5]

Aus dieser Supranationalität der einschlägigen Rechtsquellen ergeben sich neue Fragestellungen, etwa im Zusammenspiel mit den Restbereichen nationalen Kollisionsrechts, mit Staatsverträgen oder mit den weiterhin nationalautonomen Sachrechten. Vor dem Hintergrund der enormen Umwälzungen in jüngerer Zeit bietet es sich an, ein zwischenzeitliches Fazit hinsichtlich der deliktischen Grundanknüpfung im IPR und im internationalen Verfahrensrecht zu ziehen. Eine Momentaufnahme des geltenden Rechts soll nutzbar gemacht werden für eine kritische Hinterfragung des Stands und des künftigen Kurses des europäischen Vereinheitlichungsprozesses. Während vor etwas mehr als 20 Jahren noch Resignation ob der stagnierenden Vereinheitlichung verbreitet war[6], so werden heute Bedenken laut, eine unkoordinierte Aufbruchsstimmung könnte in einer komplexen Materie wie dem internationalen Deliktsrecht mehr schaden als nützen.[7] Ob in Anbetracht der Rom II-Verordnung diese Zweifel berechtigt sind, soll untersucht werden.

2. Fragestellungen und Struktur der Arbeit

Diskussionsgegenstand soll die „deliktische Grundanknüpfung" sein. Dieser Begriff muss zunächst präzisiert werden. Vorliegend soll er auf der Ebene des IPR entsprechend dem Wortsinne als *Grund*anknüpfung im Gegensatz zu Ausnahmeregeln verstanden werden. Eine negative Abgrenzung muss also gegenüber der subjektiven Anknüpfung, d.h. der Parteiautonomie, und gegenüber weiteren

---

4 *R. Wagner*, IPRax 2008, 314, 317; *Leible/Lehmann*, RIW 2007, 721, 724.

5 ABl. EG Nr. L 12 vom 16.1.2001, S. 1.

6 Vgl. *Hohloch*, Deliktsstatut, S. 5: Zur Kollisionsrechtsvereinheitlichung „[...] ist in absehbarer Zeit wenig zu erwarten"; siehe auch *Kohler*, in: Europäisches Kollisionsrecht (1993), S. 15, 23.

7 Deutlich *Jayme/Kohler*, IPRax 2000, 454, 465 a.E.: „Das europäische Kollisionsrecht steht so unter dem Eindruck einer unkoordinierten Aufbruchstimmung. Wie angesichts dessen die Herausforderungen bestanden werden, die sich mit der Vergemeinschaftung des EVÜ und der Ausarbeitung eines Rechtsakts über das Delikts-IPR stellen, kann nur mit Skepsis abgewartet werden."; ferner *Kegel/Schurig*, IPR, § 4 II, S. 219 und § 4 III, S. 226 f.; *Kreuzer/R. Wagner*, in: Dauses (Hrsg.): Hdb. EU-Wirtschaftsrecht, R. 1., Rn. 83; *Kreuzer*, in: FS Trusen, S. 543, 558; *Spickhoff*, NJW 1999, 2209, 2214 f.

Auflockerungen des Deliktsstatuts getroffen werden. Nicht unmittelbar von der hiesigen Fragestellung werden daher die Ausweichklausel, sowie der Vorrang des gemeinsamen gewöhnlichen Aufenthaltsrechts erfasst. Ebenso sind Fragen des Allgemeinen Teils des IPR nicht primärer Gegenstand dieser Arbeit. Auf die genannten Aspekte wird daher nur eingegangen, soweit sie im Einzelfall einen relevanten Bezug zum Behandelten aufweisen. Sachbereichsspezifische Sonderanknüpfungen, sogenannte Sonderkollisionsnormen, werden dagegen als direkt vom Thema erfasst angesehen. Sie normieren für den jeweiligen Bereich gerade die Grundregel und stehen ihrerseits teilweise unter dem Vorbehalt gewisser Auflockerungen. Diese Normen stellen nicht eine Ausnahme vom Tatortprinzip dar, sondern lediglich dessen Konkretisierung oder Modifikation für besondere Deliktstypen. Im zur Verfügung stehenden Rahmen kann allerdings nicht auf Einzelheiten zu sämtlichen Deliktstypen eingegangen werden. Daher wird der Schwerpunkt vorliegend auf die theoretische Rechtfertigung von Sonderkollisionsnormen als rechtstechnisches Instrument gelegt.

Allgemein sieht die Arbeit ihre Aufgabe darin, die Implikationen zu beleuchten, die sich aus dem gemeinschaftsrechtlichen Charakter der Rom II-Verordnung im Gegensatz zur bisher rein national-autonomen Rechtsnatur der Art. 40-42 EGBGB ergeben. Vielfach wird gerade daraus das entscheidende Argument gewonnen werden können. Insofern mag man einen Ausweg aus dem Dilemma des IPR gefunden haben, welches *Kegel* am prägnantesten formulierte: Es ist der „Krebsschaden des IPR: es ist staatliches Recht“.[8]

Das zweite Hauptanliegen der vorliegenden Arbeit ist es, die Rolle der Rom II-Verordnung im rechtlichen Gesamtgefüge zu betrachten. Hier sind Rechtsakte auf drei Ebenen zu berücksichtigen. Einmal ist die internationale Zuständigkeit dem IZVR zu entnehmen. Andererseits darf das IPR der Rom II-Verordnung auch das Sachrecht nicht unbeachtet lassen. Zum Dritten konkurriert die Verordnung mit weiteren Rechtsakten des Deliktskollisionsrechts und muss darüber hinaus mit dem Vertragsstatut koordiniert werden.

3. Gang der Untersuchung

Zunächst soll angesichts der wechselvollen Geschichte ein kurzer Überblick über die historische Entwicklung der deliktischen Grundanknüpfung auf den Gebieten des IPR und des IZVR gegeben werden (Teil **II.**).

Im Anschluss wird vertieft das internationale Deliktsrecht der Rom II-Verordnung thematisiert (Teil **III.**). Dabei wird nach einer Darstellung der Cha-

8 *Kegel*, IPR, 7. Auflage 1995, § 2 II 3 a, S. 112.

rakteristika der Verordnung schwerpunktmäßig die Konkretisierung der Tatortregel bei Distanz- und Streudelikten untersucht (Teil **III.4.a**). Hiernach werden Sonderkollisionsnormen behandelt, wobei das Hauptaugenmerk auf deren theoretische Rechtfertigung gelegt wird (Teil **III.6.c**).

Im zweiten Hauptteil wird versucht, die Tatortregel in der Prägung der Rom II-Verordnung in den Gesamtzusammenhang zu rücken (Teil **IV.**). In Bezug auf das IZVR wird zunächst die dortige deliktische Grundanknüpfung dargestellt (Teil **VI.1.a**). Im Anschluss daran wird ausführlich zu der künftigen Rolle der sogenannten *Shevill*-Doktrin Stellung genommen (Teil **IV.1.b**). Auf kollisionsrechtlicher Ebene wird weiterhin das Zusammenspiel der Rom II-Verordnung mit dem Vertragsstatut untersucht, wobei der vorvertraglichen Haftung besondere Beachtung zukommt(Teil **IV.2.a**). Dem Verhältnis zu kollisionsrechtlichen Staatsverträgen nimmt sich der folgende Abschnitt an (Teil **IV.2.b**). Im letzten Punkt des zweiten Hauptteils wird das Zusammenwirken der Rom II-Verordnung mit dem materiellen Recht untersucht (Teil **IV.3**). Dabei werden auch die möglichen Auswirkungen der gegenwärtigen Bestrebungen zur Sachrechtsvereinheitlichung in der Europäischen Gemeinschaft problematisiert (Teil **IV.3.d**).

Zum Abschluss findet sich eine thesenhafte Zusammenfassung der Ergebnisse der Arbeit (Teil **V.1**). Zuletzt folgt das Schlusswort, welches auch einen kurzen Ausblick zur Problematik des unübersichtlichen Rechtsquellengeflechts auf dem Gebiet des Kollisionsrechts enthält (Teil **V.2**).

II. Entwicklung der deliktischen Grundanknüpfung im IPR und IZVR

1. Die deliktische Grundanknüpfung in Deutschland

a. Rechtsentwicklung vor 1896

Das Deliktsstatut nach heutigem Verständnis, insbesondere die Tatortregel, hat eine vergleichsweise überschaubare Geschichte.[9] Erst mit Überwindung der Statutentheorie im 19. Jahrhundert entstand das Kollisionsrecht heutiger Prägung.[10] Von Rechtssystemen aus der Antike bis hinein ins 18. Jahrhundert können für die Zwecke der vorliegenden Arbeit keine wesentlichen Erkenntnisse gezogen werden. Ein rein zivilrechtliches Kollisionsrecht im heutigen Sinne existierte nicht. Zwischen Deliktskollisionsrecht und Internationalem Strafrecht wurde nicht unterschieden und eher die strafrechtliche Sanktion in den Vordergrund gerückt.[11] Es fand sich weniger Kollisions-, als vielmehr Fremdenrecht[12]. Ferner war die Anknüpfung personal geprägt. Die verschiedenen Rechte haben immer an die jeweilige Staatsbürgerschaft angeknüpft, sodass sich im internationalen Deliktsrecht die Frage nach dem Tatortrecht überhaupt nicht stellen konnte. In Betracht kamen so nur entweder das Recht des Täters oder das Recht des Geschädigten.[13]

Nach Überwindung der Statutenlehre im 19. Jahrhundert durch *Friedrich Carl von Savigny*[14], nach Vorarbeit von *Carl Georg von Wächter*[15] hat sich das Deliktskollisionsrecht erst als eigenständige Materie vom Internationalen Strafrecht emanzipiert.[16] *Savigny* und *Wächter* waren sich im Ergebnis einig, dass die

---

9 Einen fundierten Überblick über die Geschichte des Deliktsstatuts bietet *Hohloch*, Deliktsstatut, S. 7 ff; ferner Münchener Kommentar/*Junker*, Vor Art. 38 EGBGB, Rn 1 ff.; Staudinger/*von Hoffmann*, Vor Art. 38 ff. EGBGB, Rn 1 ff.

10 *Hohloch*, Deliktsstatut, S. 7 ff.

11 *Hohloch*, Deliktsstatut, S. 9 f. und 17.

12 Zum Unterschied etwa *von Hoffmann/Thorn*, IPR, § 1 VIII, Rn. 130; *Kegel/Schurig*, IPR, § 1 VIII, S. 64.

13 Vgl. *Hohloch*, Deliktsstatut, S. 9 f.

14 *Savigny*, System des heutigen Römischen Rechts, Band 8 (1849).

15 *Wächter*, Über die Collision der Privatrechtsgesetze verschiedener Staaten, AcP 24 (1841), 230-311 und 25 (1842), 1-60, 161-200, 361-419.

16 *Hohloch*, Deliktsstatut, S. 30; *Rohe*, Geltungsgründe, S. 157.

lex fori auf deliktische Ansprüche anzuwenden sei.[17] Durchgesetzt hat sich in der Praxis allerdings die *lex loci delicti commissi*, also das Tatortrecht.[18] Erwähnenswert ist in diesem Zusammenhang die ausdrückliche Kodifikation der Tatortregel in einer bayerischen Verordnung vom 11. 6. 1816[19], dort allerdings nur für unerlaubte Handlungen von Militärpersonen. Doch die Praxis hat das in der Verordnung niedergelegte Tatortrecht weit über den eigentlichen Anwendungsbereich hinaus als Ausdruck eines allgemeinen Anknüpfungsprinzips aufgefasst und sich davon leiten lassen.[20]

b. Kodifikation des Art. 12 EGBGB i.d.F. vom 18. 8. 1896

Damit war der Boden dafür bereitet, die Tatortregel als Gewohnheitsrecht in die Kodifikation des EGBGB[21] einfließen zu lassen. Ein im Einzelnen wechselvoller Kodifikationsprozess führte letztlich aber dazu, dass das internationale Deliktsrecht nur fragmentarischen Eingang in das EGBGB gefunden hat.[22] Lediglich Art. 12 EGBGB a.F. beschäftigte sich mit der Materie und enthielt seinem Wortlaut nach eine spezielle *ordre public*-Klausel zur Einschränkung der *lex loci deliciti commissi*, die eine Haftungsbegrenzung zugunsten deutscher Staatsangehöriger vorsah, das sogenannte *privilegium germanicum.* Ohne es ausdrücklich zu normieren, gingen die Verfasser des EGBGB damit aber von der Tatortregel als Anknüpfungsprinzip im internationalen Deliktsrecht aus.[23]

c. Rechtsanwendungsverordnung vom 7. 12. 1942

Um eine weitere Auflockerung wurde das Deliktsstatut durch die Verordnung über die Rechtsanwendung bei Schädigungen deutscher Staatsangehöriger außerhalb des Reichsgebiets vom 7. 12. 1942[24] ergänzt. Hiernach sollte das gemeinsame deutsche Personalstatut der an einer Auslandstat Beteiligten die *lex*

17 Allerdings mit Unterschieden in der Begründung, vgl. *Hohloch*, Deliktsstatut, S. 41 f.

18 *Hohloch*, Deliktsstatut, S. 43 f.

19 RegBl. 1816, S. 388.

20 *Hohloch*, Deliktsstatut, S. 36.

21 Einführungsgesetz zum BGB vom 18.8.1896, RGBl. 1896, S. 604.

22 Zum Gesetzgebungsverfahren *Hartwieg/Korkisch*, Die geheimen Materialien zur Kodifikation des deutschen internationalen Privatrechts 1881-1896 (1973); *Hohloch*, Deliktsstatut, S. 49 ff.; *Niemeyer*, Zur Vorgeschichte des Internationalen Privatrechts im Deutschen Bürgerlichen Gesetzbuch (1915).

23 *Hohloch*, Deliktsstatut, S. 48; *Rohe*, Geltungsgründe, S. 174.

24 RGBl. 1942, S. 706.

loci delicti commissi verdrängen. Die Norm war formuliert als einseitige Auflockerung zugunsten des gemeinsamen deutschen Staatsangehörigkeitsrechts. Sie wurde allerdings in der gerichtlichen Praxis, auch auf Kritik des Schrifttums[25] hin, zunehmend allseitig ausgebaut und das Anknüpfungsmerkmal der Staatsangehörigkeit wurde von dem gemeinsamen gewöhnlichen Aufenthalt abgelöst.[26]

d. Fehlende Ratifikation der Haager Übereinkommen

Die in den 1970er-Jahren entstandenen Haager Übereinkommen zu Straßenverkehrsunfällen[27] und zur Produkthaftung[28] regeln spezielle Teilbereiche des Deliktskollisionsrechts. Sie blieben für Deutschland allerdings ohne Auswirkungen, da sie nicht ratifiziert worden sind.

e. Erste IPR-Reform vom 25. 7. 1986

An der Rechtslage änderte sich inhaltlich auch nichts durch die „große" IPR-Reform vom 25. 7. 1986[29]. Das Bundesjustizministerium erarbeitete 1984 zwar einen Referentenentwurf[30] zur Neuregelung des Kollisionsrechts der außervertraglichen Schuldverhältnisse, welcher sich eng an die Vorschläge des Deutschen Rats für IPR von 1983[31] hielt. Beide Dokumente konnten aber keinen maßgeblichen Einfluss auf die IPR-Reform zeitigen. Lediglich das *privilegium germanicum* erhielt eine neue Position als Art. 38 EGBGB i.d.F. vom 25. 7. 1986.

f. Zweite IPR-Reform vom 21. 5. 1999

Einen Quantensprung für das Deliktsstatut stellt sodann die zweite IPR-Reform durch das Gesetz zum IPR für außervertragliche Schuldverhältnisse und für Sa-

---

25 Vgl. nur *Kropholler*, RablesZ 33 (1969), 601, 624 f.

26 *Rohe*, Geltungsgründe, S. 188 f.

27 Haager Übereinkommen vom 4.5.1971 über das auf Verkehrsunfälle anzuwendende Recht.

28 Haager Übereinkommen vom 2.10.1973 über das auf die Produkthaftung anzuwendende Recht.

29 Gesetz zur Neuregelung des Internationalen Privatrechts, BGBl. I 1986, S. 1142.

30 Abdruck der ersten Fassung bei *Spickhoff*, VersR 1985, 124; siehe dazu *von Hoffmann*, IPRax 1996, 1 f.; *Spickhoff*, IPRax 2000, 1.

31 von Caemmerer (Hrsg.), Vorschläge und Gutachten zur Reform des deutschen internationalen Privatrechts der außervertraglichen Schuldverhältnisse (1983).

chen vom 21. 5. 1999[32] dar. Erstmals wurde das internationale Deliktsrecht vollständig in Gestalt der Art. 40-42 EGBGB positiviert. Dem Gesetz vorangegangen war ein Referentenentwurf aus dem Jahre 1993[33], welcher als Regierungsentwurf aus dem Jahre 1998[34] in das Gesetzgebungsverfahren eingebracht wurde. Der Entwurf passierte den Bundestag ohne wesentliche Änderungen erstaunlich schnell und trat als Gesetz am 1. 6. 1999 in Kraft. Vor dem Hintergrund des schon einsetzenden Vereinheitlichungsprozesses des Kollisionsrechts auf Gemeinschaftsebene erstaunt diese zweite IPR-Reform zunächst, drohte ihr Schicksal doch gleichsam direkt von der Wiege ins Grab zu führen.[35] Tatsächlich wurde die Reform aber gerade deswegen mit Hochdruck vorangetrieben, um im Wettbewerb um die beste Lösung noch Einfluss auf die erwarteten gemeinschaftlichen Rechtsinstrumente zu entfalten.[36] Inhaltlich brachte die Reform von 1999 für das internationale Deliktsrecht ein dreigliedriges Anknüpfungssystem. Als Grundregel war das Tatortrecht berufen, Art. 40 Abs. 1 EGBGB. Aufgelockert wurde das Tatortrecht durch die *lex communis domicilii*, Art. 40 Abs. 2 EGBGB, sowie durch eine wesentlich engere Verbindung, Art. 41 EGBGB. Die nachträgliche Rechtswahl eröffnete Art. 42 EGBGB.[37]

g. Rom II-Verordnung vom 11. 7. 2007

Die weitere Entwicklung des Deliktsstatuts vollzog sich sodann auf der Gemeinschaftsebene.[38] Das vorläufige Endprodukt liegt nach einem langwierigen Gesetzgebungsverfahren mittlerweile in Form der Rom II-Verordnung vor. Deren Entstehungsgeschichte soll im Folgenden kurz beleuchtet werden.

32 BGBl. I 1999, S. 1026.

33 Vom 1.12.1993, abgedruckt bei Münchener Kommentar/*Junker*, 3. Auflage, Vor Art. 38 EGBGB, Rn. 6.

34 Vom 4.9.1998, BR-Drucks. 759/98.

35 *Spickhoff*, NJW 1999, 2209, 2214 f.

36 *Handig*, GRUR Int. 2008, 24; Staudinger/*von Hoffmann*, Vor Art. 38 ff. EGBGB, Rn 5; *Spickhoff*, NJW 1999, 2209, 2215; *G. Wagner*, IPRax 2006, 372 f.; Anwaltkommentar BGB/*G. Wagner*, Art. 40 EGBGB, Rn. 2;

37 Zu Einzelheiten siehe etwa die Kommentierungen bei Staudinger/*von Hoffmann*, Vor Art. 40 EGBGB; Münchener Kommentar/*Junker*, Art. 40 EGBGB; Bamberger/Roth/*Spickhoff*, Art. 40 EGBGB.

38 Zum Überblick sei erneut auf die oben, Fn. 1, nachgewiesenen Jahresbereichte verwiesen.

aa. Der Entwurf Frankensteins von 1950

Der erste Vorläufer der Rom II-Verordnung stammt bereits aus dem Jahre 1950.[39] Die Rede ist von *Ernst Frankensteins* im englischen Exil erarbeiteten Entwurf eines umfassenden europäischen Gesetzbuchs zum Internationalen Privat- und Zivilverfahrensrecht.[40] Dieser Entwurf fand indes wenig Echo in der Wissenschaft und blieb ohne bleibenden Einfluss auf den weiteren Fortgang der Europäisierung des Kollisionsrechts.[41]

bb. Entwicklung in den 1970er-Jahren

Der eigentliche europäische Vereinheitlichungsprozess des Kollisionsrechts für außervertragliche Schuldverhältnisse lässt sich bis in die frühen 1970er-Jahre zurückverfolgen.[42] Bereits 1972 legte die Kommission der Europäischen Gemeinschaften auf der Grundlage des Art. 220 EGV a.F. (später Art. 293 EGV[43]) einen ersten Vorentwurf eines Übereinkommens betreffend das Internationale Privatrecht der vertraglichen und außervertraglichen Schuldverhältnisse[44] vor.[45] Die rechtstechnische Handlungsform einer staatsvertraglichen Vereinheitlichung war den damaligen rechtlichen Rahmenbedingungen geschuldet. Die Option einer Verordnung mit unmittelbarer Wirkung in allen Vertragsstaaten im Bereich des Internationalen Privatrechts stand der EWG damals noch nicht zur Verfügung.[46] Der Entwurf konnte allerdings nur zum Teil verwirklicht werden, da im

39 Auf staatsvertraglicher Basis wurde die Vereinheitlichung des Kollisionsrechts bereits von *Mancini* angemahnt, Clunet 1 (1874), 221-239 und 285-304.

40 *Frankenstein*, Projet d'un Code Européen de droit international privé (1950).

41 *Kreuzer*, in: Europäisches Kollisionsrecht (2004), S. 13, 18.

42 Den ersten Anstoß lieferte eine Anregung der Beneluxstaaten zur Vereinheitlichung des Internationalen Privatrechts aus dem Jahre 1967, vgl. Staudinger/*von Hoffmann*, Vor Art. 38 ff. EGBGB, Rn. 11; *von Overbeck/Volken*, RabelsZ 38 (1974), 56.

43 Vertrag zur Gründung der Europäischen Gemeinschaft, konsolidierte Fassung, ABl. EU Nr. C 325 vom 24.12.2002, S. 33; nunmehr umbenannt in Vertrag über die Arbeitsweise der Europäischen Union (AEUV), konsolidierte Fassung, ABl. EG Nr. C 115 vom 9.5.2008, S. 47.

44 Abgedruckt in RabelsZ 38 (1974), 211 ff.

45 Staudinger/*von Hoffmann*, Vor Art. 38 ff. EGBGB, Rn. 11; zum Entwurf siehe *Lando*, RabelsZ 38 (1974), 6 ff.; *von Overbeck/Volken*, RabelsZ 38 (1974), 56 ff.; *Siehr*, AWD 1973, 569 ff.

46 Erst seit dem 1.5.1999, dem Zeitpunkt des Inkrafttretens des Amsterdamer Vertrags, kann das Internationale Privatrecht durch unmittelbar wirksame Verordnungen oder durch Richtlinien gemeinschaftsweit vereinheitlicht oder harmonisiert werden, siehe zu diesem sog. Säulenwechsel sogleich unter II.1.g.cc.

Laufe des Verfahrens die außervertraglichen Schuldverhältnisse von diesem Vorhaben ausgeklammert wurden. Das letztlich am 19. 6. 1980 unterzeichnete Übereinkommen über das auf vertragliche Schuldverhältnisse anzuwendende Recht, das sogenannte Europäische Schuldvertragsübereinkommen („**EVÜ**")[47], wurde mit geringfügigen Änderungen in Form der Art. 27-37 in das deutsche EGBGB inkorporiert. Für den Bereich der außervertraglichen Schuldverhältnisse schien eine Vereinheitlichung des Kollisionsrechts zunächst wieder in weite Ferne gerückt.[48]

cc. Wiederaufgreifen in den späten 1990er-Jahren

Mitte der neunziger Jahre des vergangenen Jahrhunderts wurde das Unternehmen, das Kollisionsrecht der außervertraglichen Schuldverhältnisse zu vereinheitlichen, erneut in Angriff genommen. Aufwind bot nun die im Vertrag von Amsterdam[49] vorgesehene verbesserte justizielle Zusammenarbeit zwischen den Mitgliedstaaten.[50] Dadurch wurde auch die Kompetenz für den Bereich des Internationalen Privatrechts von der intergouvernementalen dritten in die supranationale erste Säule der Europäischen Union überführt und somit „vergemeinschaftet".[51] Dieser Säulenwechsel eröffnete der Kollisionsrechtsvereinheitlichung ein neues Arsenal an Handlungsformen gem. Art. 249 EGV (jetzt Art. 288 AEUV). Nun war es erstmals möglich den Vereinheitlichungsprozess mittels einer gemeinschaftsrechtlichen Verordnung, Art. 249 Abs. 2 EGV (Art. 288 Abs. 2 AEUV), effektiv fortzusetzen.[52]

Die Europäische Kommission erarbeitete daraufhin 1999 einen internen Vorentwurf zur Regelung des Internationalen Privatrechts für außervertragliche

---

47 BGBl. II 1986, S. 810.

48 *Heiss/Loacker*, JBl 2007, 613, 615; Staudinger/*von Hoffmann*, Vor Art. 38 ff. EGBGB, Rn. 13.

49 Unterzeichnet am 2.10.1997; ABl. EG Nr. C 340 vom 10.11.1997, S. 1; in Kraft getreten am 1.5.1999; BGBl. II 1999, S. 296.

50 *Heiss/Loacker*, JBl 2007, 613, 615; Staudinger/*von Hoffmann*, Vor Art. 38 ff. EGBGB, Rn. 14.

51 Art. 61 lit. c EGV in Verbindung mit Art. 65 lit. b EGV; vgl. *Heiss/Loacker*, JBl 2007, 613, 615; Staudinger/*von Hoffmann*, Vor Art. 38 ff. EGBGB, Rn. 14; *Lück*, Neuere Entwicklungen, S. 164 f.; *Schack*, ZEuP 1999, 805, 806; *Wandt*, in: FS 100 Jahre DVS, S. 127; *Schilling*, Binnenmarktkollisionsrecht, S. 395; *Widerspin*, in: Systemwechsel im europäischen Kollisionsrecht, S. 77, 80.

52 Staudinger/*von Hoffmann*, Vor Art. 38 ff. EGBGB, Rn 14; *Huber/Bach*, IPRax 2005, 73.

Schuldverhältnisse.[53] Parallel dazu entwickelte auch die *Groupe Européen de Droit International Privé* einen Konventionsentwurf.[54] Auf dieser Grundlage leitete die Kommission am 3. 5. 2002 eine öffentliche Konsultation über einen Vorentwurf für eine Verordnung „Rom II" ein, die zahlreiche kritische Stellungnahmen hervorbrachte.[55] Das formelle Rechtsetzungsverfahren wurde daraufhin von der Kommission am 22. 7. 2003 mit einem gründlich überarbeiteten und abgeänderten Entwurf („**ursprünglicher Kommissionsentwurf**")[56] eröffnet. Wie sich dem Entwurf entnehmen lässt, waren seine Verfasser der Ansicht, dass die Verordnung nach Annahme durch das Europäische Parlament und den Rat der Europäischen Union bereits zum 1. 1. 2005 in Kraft treten könnte.[57] Es sollte sich jedoch bald zeigen, dass die Rom II-Verordnung im Laufe des Gesetzgebungsverfahrens erbitterte Widerstände überwinden müssen würde.

dd. Formelles Gesetzgebungsverfahren[58]

Gem. Art. 65, 67 Abs. 5 Spiegelstrich 2, 251 EGV war für das Vorhaben „Rom II" das sogenannte Mitentscheidungsverfahren einschlägig. Die Kommission ergriff mit ihrem Vorschlag von 2003 die Initiative. Das Europäische Parlament befasste sich mit dem Entwurf in erster Lesung und veröffentlichte am 6. 7. 2005 eine Legislative Entschließung mit einer Reihe von Änderungsvorschlägen („**Parlamentsentwurf**")[59]. Diese Stellungnahme nahm die Europäische Kommission zum Anlass, am 21. 2. 2006 einen revidierten Vorschlag für eine Rom II-Verordnung zu unterbreiten („**revidierter Kommissionsentwurf**")[60]. Der Rat konnte sich allerdings nicht allen Änderungen anschließen und erarbeitete in der

---

53 Abgedruckt bei Staudinger/*von Hoffmann*, Vor Art. 38 ff. EGBGB, Rn 16.

54 Abgedruckt in IPRax 1999, 286 ff.; dazu der Bericht von *Jayme*, IPRax 1999, 298.

55 Die umfangreiche Stellungnahme der *Hamburg Group for Private International Law* ist abgedruckt in RabelsZ 67 (2003), 1-56.

56 Ursprünglicher Kommissionsentwurf, KOM (2003) 427 endg.; abrufbar unter http://europa.eu/eur-lex/de/com/pdf/2003/com2003_0427de01.pdf (1.11.2010); abgedruckt in IPRax 2005, 174 ff.

57 KOM (2003) 427 endg., S. 43; vgl. auch *Benecke*, RIW 2003, 830, 831.

58 Eine Übersicht zum Rechtsetzungsverfahren und sämtlichen damit zusammenhängenden Dokumenten ist abrufbar unter: http://ec.europa.eu/prelex/-detail_dossier_real.cfm?CL=de&DosId=184392 (1.11.2010).

59 Dokument P6_TA(2005)0284 (KOM(2003)0427 – C5-0338/2003 – 2003/0168(COD)), abrufbar unter: http://www.europarl.europa.eu/sides/getDoc.do?pubRef=-//EP//TEXT-+TA+P6-TA-2005-0284+0+DOC+XML+V0//DE (1.11.2010); abgedruckt in IPRax 2006, 413 ff.

60 KOM (2006) 83 endg.

Folge einen Gemeinsamen Standpunkt gem. Art. 251 Abs. 2 Unterabsatz 2 Spiegelstrich 3 EGV („**Gemeinsamer Standpunkt**")[61], welcher am 25. 9. 2006 veröffentlicht wurde, nachdem zuvor ein Konsens[62] im Rat gefunden und dieser durch eine politische Einigung[63] bestätigt worden war. Der Gemeinsame Standpunkt wurde daraufhin in zweiter Lesung im Europäischen Parlament diskutiert. Am 18. 1. 2007 fasste das Parlament sodann eine Legislative Entschließung, worin sich Änderungsvorschläge vor allem für die Bereiche des Lauterkeits- und des Immaterialgüterrechts finden.[64] Gemäß dem Gang des Kodezisionsverfahrens hatte daraufhin der Rat, nach Einholung der Stellungnahme[65] der Kommission, über die in zweiter Lesung erarbeiteten Änderungsvorschläge des Parlaments zu beschließen, Art. 251 Abs. 3 EGV. Erneut kam es nicht zu einer unbedingten Billigung sämtlicher Abänderungen des Parlaments. Die Einberufung eines Vermittlungsausschusses war damit unausweichlich.[66] Im Vermittlungsausschuss wurde eine Einigung am 15. 5. 2007 erzielt[67] und eine gemeinsame Fassung des Verordnungsentwurfs beschlossen.[68] Nun mussten als letzte Hürden noch die abschließenden zustimmenden Stellungnahmen von Rat[69] und Parlament[70] gem. Art. 251 Abs. 5 EGV genommen werden. Endlich konnte die Rom II-Verordnung verkündet werden.[71]

---

61 Gemeinsamer Standpunkt des Rates vom 25.9.2006, ABl. EU Nr. C 289 E vom 28.11.2006, S. 68 ff.

62 Vgl. I/A-Punkt-Vermerk des Generalsekretariats des Rates vom 19.5.2006, Dok. 9417/06 JUSTCIV 125 CODEC 485, S. 2.

63 Diese wurde erzielt auf der Sitzung des Rates in Luxemburg am 1./2.6.2006, vgl. Mitteilung an die Presse, Nr. 9409/06 (Presse 144), S. 34.

64 Dokument P6_TA(2007)0006 (9751/7/2006 – C6-0317/2006 –2003/0168 (COD)); abrufbar unter: http://www.europarl.europa.eu/sides/getDoc.do?pubRef=-//EP//TEXT+TA+P6-TA-2007-0006+0+DOC+XML+V0//DE (1.11.2010).

65 KOM (2007) 126 endg.

66 Ausführlich zum Vermittlungsverfahren *R. Wagner*, in: FS Kropholler, S. 715 ff.

67 Vgl. Mitteilung an die Presse, Nr. 9713/07 (Presse 111), S. 1.

68 Dokument PE-CONS 3619/2007 – C6-0142/2007 – 2003/0168(COD) vom 22.6.2006, abrufbar unter: http://www.europarl.europa.eu/sides/getDoc.do?pubRef=-//EP//-NONSGML+JOINT-TEXT+C6-2007-0142+0+DOC+PDF+V0//DE&language=DE (1.11.2010).

69 Der Rat nahm die Fassung des Vermittlungsausschusses in seiner Sitzung am 28.6.2007 in Luxemburg an, vgl. Mitteilung an die Presse, Nr. 11130/07 (Presse 150), S. 1.

70 Das Parlament befand in dritter Lesung positiv über den Verordnungsentwurf am 10.7.2007, siehe Dokument P6_TA(2007)0317 (PE-CONS 3619/2007 – C6-0142/2007 – 2003/0168(COD)).

71 ABl. EU Nr. L 199 vom 31.7.2007, S. 40.

Das lange und komplizierte Hin- und Her[72] im Gesetzgebungsverfahren resultierte aus Reibungen und Meinungsverschiedenheiten zwischen den Organen.[73] Verschiedene Bereiche deliktischer Haftung waren davon besonders betroffen. Zu nennen sind etwa Straßenverkehrsunfälle, Personenschäden im Allgemeinen, unlauterer Wettbewerb und wettbewerbseinschränkendes Verhalten.[74] Besonders erhitzten sich die Gemüter allerdings im Hinblick auf die Verletzung von Persönlichkeitsrechten. Im Ergebnis konnte hier keine Einigung erzielt werden, sodass dieser Teilbereich, der Kommission folgend und letztlich auf Druck der Presselobby[75], vom Anwendungsbereich der Rom II-Verordnung ausgeschlossen und lediglich zum Gegenstand einer Überprüfungsklausel gemacht wurde, vgl. Art. 1 Abs. 2 lit. g, 30 Abs. 2 Rom II-VO.

h. Ausblick

aa. Weiterführung der Kollisionsrechtsvereinheitlichung

Die deliktische Grundanknüpfung im Internationalen Privatrecht hatte, wie dargestellt, eine wechselvolle Geschichte. Zunächst existierte sie lediglich als reines Richterrecht bis sie im Rahmen der IPR-Reform von 1999[76] ihren positivrechtlichen Niederschlag in Art. 40 EGBGB gefunden hat. Bereits eine knappe Dekade später, seit dem 11. 1. 2009, hat sie im Zuge der europäischen Kollisionsrechtsvereinheitlichung ihre neue Heimstatt in Art. 4 Rom II-VO gefunden. Ob dieser Standort von Dauer sein wird, ist derzeit noch nicht absehbar. Der europäische Vereinheitlichungsprozess auf dem Gebiet des Internationalen Privat- und Prozessrechts hat auch mit Verkündung der Rom II-Verordnung nichts von seiner Schwungkraft verloren – eher das Gegenteil trifft zu. Das Projekt „Rom II" ist integraler Bestandteil des Großprojekts zur Vereinheitlichung des Internationalen Privat- und Prozessrechts in Europa.[77] Zusammen mit der Rom II-Verordnung wird der Bereich des gesamten internationalen Schuldrechts durch

72 Das Inkrafttreten der Verordnung hat sich während des formellen Gesetzgebungsverfahrens insgesamt um mehr als vier Jahre verschoben.

73 *Heiss/Loacker*, JBl 2007, 613, 614; *G. Wagner*, IPRax 2008, 1; vgl. auch *Sonnentag*, ZVglRWiss 2006, 256, 259 f.; *G. Wagner*, IPRax 2006, 372, 373 ff.

74 Zu den Unterschieden in den Vorentwürfen von Kommission und Parlament siehe *G. Wagner*, IPRax 2006, 372, 373 ff.

75 Vgl. *Junker*, NJW 2007, 3675, 3677; Palandt/*Thorn*, Art. 1 Rom II-VO, Rn. 15; *G. Wagner*, IPRax 2006, 372, 383 f.

76 Siehe dazu oben unter B.I.6; Gesetz vom 21.5.1999, BGBl. I 1999, S. 1026-1028.

77 Vgl. das Haager Programm vom 5.11.2004, ABl. EU Nr. C 53 vom 3.3.2005, S. 1 ff.; *Heiss/Loacker*, JBl 2007, 613, 615.

die Verordnung (EG) Nr. 593/2008 des Europäischen Parlaments und des Rates vom 17. 6. 2008 über das auf vertragliche Schuldverhältnisse anzuwendende Recht („**Rom I-Verordnung**"; kurz „**Rom I-VO**")[78] abgedeckt. Mittel- und langfristig ergeben sich noch weitergehende Perspektiven. Die mittlerweile zahlreichen, verschiedenen Rechtsakte auf dem Gebiet des europäischen Internationalen Privat- und Zivilverfahrensrechts können als Module einer künftigen Gesamtkodifikation der Gemeinschaft für diesen Bereich begriffen werden.[79] Ein umfassendes europäisches Gesetzbuch zum Internationalen Prozess- und Privatrecht, eine Art „Rom 0-Verordnung", wird folglich bereits erwogen.[80] Vor allzu übereilter Euphorie muss indes schon aufgrund des vorläufigen Scheiterns der Verhandlungen über eine Rom III-Verordnung für das IPR in Ehesachen gewarnt werden.[81]

Auf der anderen Seite sind auch neue Staatsverträge denkbar, die von der Gemeinschaft selbst abgeschlossen werden. Soweit nämlich die Gemeinschaft von ihrer Binnenkompetenz zur Regelung des Internationalen Privatrechts Gebrauch gemacht hat, steht ihr auch die korrespondierende Außenkompetenz zu.[82] Der hier zu behandelnde Bereich der deliktischen Grundanknüpfung im IPR und IZVR ist Gegenstand der EuGVO und der Rom II-Verordnung. Für den Abschluss völkerrechtlicher Verträge gem. Art. 300 EGV (jetzt Art. 218 AEUV) auf diesem Gebiet ist daher künftig die Europäische Gemeinschaft zuständig.[83]

---

78 ABl. EU Nr. L 177 vom 4.7.2008, S. 6 ff.

79 Eine spätere Verschmelzung dieser Rechtsakte zu einer einheitlichen Kodifikation erscheint denkbar, vgl. *Mansel/Thorn/R. Wagner*, IPRax 2009, 1 f.; *Kreuzer*, RabelsZ 70 (2006), 1, 88 hält künftig ein Europäisches IPR-Gesetzbuch sogar für „unabweislich", zumal viele Bausteine bereits vorhanden seien.

80 Vgl. etwa *Kreuzer*, in: Kollisionsrecht in der Europäischen Union, S. 1 ff., der sich bereits konkrete Gedanken zum Inhalt des Allgemeinen Teils eines Europäischen Kollisionsrechts macht; ebenso *Heinze*, in: FS Kropholler, S. 105 ff.; siehe ferner *Jayme*, in: Kollisionsrecht in der Europäischen Union, S. 63; *Kreuzer*, RabelsZ 70 (2006), 1, 32 und 87 f.; *Siehr*, in: Kollisionsrecht in der Europäischen Union, S. 77, 78.

81 Vgl. Pressemitteilung des Europäischen Rates vom 2./25.7.2008; ferner *Mansel/Thorn/R. Wagner*, IPRax 2009, 2.

82 Grundlegend die „AETR"-Entscheidung, EuGH 31.3.1971, Rs. 22/70, *Kommission./.Rat – AETR*, Slg. 1971, 263; siehe ferner *EuGH*, Gutachten 1/03 vom 7.2.2006, abgedruckt in EuLF 2005, I 312 ff.; *Oppermann*, Europarecht, § 39, Rn. 19, S. 642; *Staudinger*, in: FS Kropholler, S. 691, 705. Vgl. auch Erwägungsgrund Nr. 37 Rom II-VO.

83 Beachte aber auch das Dokument KOM (2008) 893 endg. vom 23.12.2008, welches den in Erwägungsgrund Nr. 37 Rom II-VO erwähnten Vorschlag für eine „Verordnung zur Einführung eines Verfahrens für die Aushandlung und den Abschluss sektorspezifischer bilateraler Abkommen zwischen Mitgliedstaaten und Drittländern, die Fragen des auf

Die Europäische Gemeinschaft ist seit dem 3. 4. 2007 sogar selbst[84] Mitglied der Haager Konferenz für Internationales Privatrecht[85], sodass der Abschluss neuer Konventionen zwischen der Gemeinschaft und Drittstaaten möglich erscheint. Die „Abendstunde der Staatsverträge“[86] hat also trotz des europäischen Vereinheitlichungsprozesses auf dem Gebiet des Internationalen Privat- und Zivilverfahrensrechts noch nicht zwangsläufig geschlagen.

bb. Vereinheitlichung des materiellen Rechts

Langfristig könnte das Deliktskollisionsrecht jedenfalls im innergemeinschaftlichen Verkehr obsolet werden, wenn die stillschweigende Prämisse des Kollisionsrechts entfällt, nämlich unterschiedliche materielle Rechtssysteme.[87] Zwar kann noch keinesfalls von einem gemeinschaftsweiten, kohärenten System des harmonisierten Sachrechts gesprochen werden;[88] die Vereinheitlichung des materiellen Rechts wird aber künftig weiter voranschreiten.[89] Erste Schritte in diese Richtung wurden bereits unternommen, wie sich an harmonisierten oder vereinheitlichten Teilbereichen ablesen lässt. Insbesondere auf das Produkthaftungsgesetz[90], die Gemeinschaftsmarke[91] und das Gemeinschaftsgeschmacksmuster[92] ist hier zu verweisen.

Für den Bereich des materiellen Deliktsrechts existieren ferner nunmehr zwei wissenschaftliche Modellgesetze. Einerseits gibt es die „Principles of European Tort Law“ der *European Group on Tort Law*[93] in der Fassung von

---

vertragliche und außervertragliche Schuldverhältnisse anzuwendenden Rechts behandeln,“ enthält.

84 Und nicht lediglich jeder ihrer Mitgliedstaaten; siehe *Bischoff*, ZEuP 2008, 334.

85 Beschluss des Rates 2006/719/EG vom 5.10.2006, ABl. EU Nr. L 297 vom 26.10.2006; vgl. auch *Bischoff*, ZEuP 2008, 334.

86 Diesen Begriff verwenden *Jayme/Kohler*, IPRax 1999, 401.

87 *Siehr*, in: Kollisionsrecht in der Europäischen Union, S. 77, 94.

88 *Siehr*, in: Kollisionsrecht in der Europäischen Union, S. 77, 85; *Rittner*, JZ 1995, 849, 851.

89 *Schack*, IZPR, Rn. 107h.

90 Gesetz über die Haftung für fehlerhafte Produkte vom 15.12.1989, BGBl. I 1989, S. 2198; beruhend auf Art. 19 Abs. 1 der EG-Richtlinie 85/374/EWG, ABl. EG Nr. L 210 vom 7.8.1985, S. 29 ff.

91 Verordnung (EG) Nr. 40/94 des Rates vom 20.12.1993 über die Gemeinschaftsmarke, ABl. EG Nr. L 11 vom 14.1.1994, S. 1 ff.

92 Verordnung (EG) Nr. 6/2002 des Rates vom 12.12.2001 über das Gemeinschaftsgeschmacksmuster, ABl. EG Nr. L 3 vom 5.1.2002, S. 1 ff.

93 http://www.egtl.org/.

2005.[94] Andererseits liegt seit Kurzem der sogenannte Draft Common Frame of Reference vor, zu deutsch der Entwurf eines Gemeinsamen Referenzrahmens ("**DCFR**")[95], welcher auch außervertragliche Schuldverhältnisse behandelt. Für diesen Entwurf zeichnen die *Study Group on a European Civil Code*[96] sowie die *Research Group on EC Private Law (Acquis Group)*[97] verantwortlich. Als Endstufe dieser Vereinheitlichungsbemühungen ist ein (materiell-rechtliches) europäisches Zivilgesetzbuch vorstellbar, freilich derzeit allenfalls schemenhaft und in sehr langfristiger Perspektive.[98] Auf Einzelheiten und mögliche Auswirkungen des Projekts eines DCFR wird noch ausführlicher einzugehen sein.[99]

Trotz einer turbulenten Geschichte ist der aktuelle Standort der deliktischen Grundanknüpfung in der Rom II-Verordnung also nicht zwingend die letzte Stufe der kollisionsrechtlichen Evolution. Es bleibt abzuwarten, welche Früchte die mit Hochdruck betriebenen Arbeiten zur Vereinheitlichung des Rechts innerhalb der Europäischen Gemeinschaft noch tragen werden.

2. Entwicklung auf dem Gebiet des internationalen Zivilverfahrensrechts

Auch auf verfahrensrechtlicher Ebene verläuft die Entwicklung der deliktischen Grundanknüpfung nicht ausschließlich auf der nationalen Ebene. Ebenso wie im Kollisionsrecht ist hier eine Vereinheitlichungstendenz im europäischen Kontext zu beobachten.

a. Autonomes deutsches Recht

Im autonomen deutschen Recht ist die internationale Zuständigkeit für deliktische Sachverhalte in § 32 ZPO enthalten. Der Wortlaut der Norm bezieht sich zwar ausdrücklich nur auf die örtliche Zuständigkeit; dennoch hat der Gesetzge-

94 European Group on Tort Law (Hrsg.), Principles of European Tort Law: Text and Commentary (2005); dazu *Koziol*, ZEuP 2004, 234 ff.; *Zimmermann*, in: European Tort Law 2003, S. 2 ff.; *Jansen*, RabelsZ 70 (2006), 732 ff.

95 von Bar/Clive/Schulte-Nölke (Hrsg.), Draft Common Frame of Reference, Outline Edition (2009); Full Edition (2010).

96 http://www.sgecc.net/.

97 http://www.acquis-group.org/.

98 *Buermeyer*, in: FS Rauscher, S. 15; *von Hein*, ZVglRWiss 2003, 528, 538; *Kreuzer/R. Wagner*, in: Dauses (Hrsg.), Hdb. EU-Wirtschaftsrecht, R. 1., Rn. 42; *Rittner*, JZ 1995, 849.

99 Siehe unten unter IV.3.d.

ber der ZPO schon 1877 die Frage der Abgrenzung der deutschen gegenüber ausländischer Gerichtsbarkeit zumindest mitbedacht.[100] Der Grundsatz der Doppelfunktionalität der örtlichen Zuständigkeitsnormen ist daher anerkannt.[101] Gem. § 32 ZPO gilt somit auch auf der Zuständigkeitsebene als deliktische Grundregel das Tatortprinzip.[102]

b. Das EuGVÜ und das LugÜ

Durch den eben angesprochenen Vereinheitlichungsprozess wurde § 32 ZPO als internationaler deliktischer Gerichtsstand aber weitgehend verdrängt. Einen Meilenstein stellte hierbei das EWG-Übereinkommen über die gerichtliche Zuständigkeit und die Vollstreckung gerichtlicher Entscheidungen in Zivil- und Handelssachen („**EuGVÜ**") vom 27. 9. 1968[103] dar. Das EuGVÜ ist ein selbstständiger völkerrechtlicher Vertrag zwischen den EWG-Staaten, der zwar eng mit der EU verknüpft, aber kein primäres oder sekundäres Gemeinschaftsrecht ist.[104] Um eine einheitliche Auslegung des EuGVÜ in seinem räumlichen Geltungsgebiet zu fördern, wurde durch das Luxemburger Auslegungsprotokoll vom 3. 6. 1971[105] die oberste Auslegungskompetenz des Gerichtshofes der Europäischen Gemeinschaften begründet.[106] Als Staatsvertrag ging das EuGVÜ dem autonomen deutschen Recht vor, allerdings wurde inhaltlich für den deliktischen Gerichtsstand am Tatortprinzip festgehalten, Art. 5 Nr. 3 EuGVÜ.

Der große Erfolg ließ in weiterer Folge auch Nicht-EU-Staaten Anschluss an das EuGVÜ suchen. Dies hat am 16. 9. 1988 zu einem Parallelübereinkommen über die gerichtliche Zuständigkeit und die Vollstreckung gerichtlicher Entscheidungen in Zivil- und Handelssachen („**LugÜ**")[107] geführt. Im Jahre 2007 wurde eine Revisionsfassung[108] dieses Übereinkommens in Lugano unterzeichnet.

---

100 Münchener Kommentar-ZPO/*Patzina*, § 12 ZPO, Rn. 90; *Schack*, IZPR, Rn. 236.

101 Münchener Kommentar-ZPO/*Gottwald*, IZPR, Einführung, Rn. 24; Münchener Kommentar-ZPO/*Patzina*, § 12 ZPO, Rn. 89.

102 *Schack*, IZPR, Rn. 289.

103 ABl. EG Nr. L 299 vom 31.12.1972, S. 32.

104 *Schack*, IZPR, Rn. 78.

105 BGBl. II 1972, S. 846, in Kraft seit dem 1.9.1975.

106 *Schack*, IZPR, Rn. 85.

107 ABl. EG Nr. L 319 vom 25.11.1988, S. 9.

108 ABl. EG Nr. L 339 vom 21.12.2007, S.5; für Deutschland ratifiziert mit Gesetz vom 10.12.2008 BGBl. I 2008, S. 2399.

c. Überführung in echtes Gemeinschaftsrecht

Der oben bereits erwähnte Säulenwechsel der Kompetenzen durch den Vertrag von Amsterdam vom 2. 10. 1997 hat auch im Bereich des internationalen Verfahrensrechts den Vereinheitlichungsprozess zusätzlich befördert. Auf der neuen Grundlage des Amsterdamer Vertrags sollte die Schaffung eines Raums der Freiheit, der Sicherheit und des Rechts in der Europäischen Union angestrebt werden. Zu diesem Zwecke wurde in Wien am 3. 12. 1998 von Rat und Kommission ein Aktionsplan angenommen.[109] Auch der Europäische Rat hat sich auf seiner Sondersitzung in Tampere am 15./16. 10. 1999 jene Ziele als Eckstein der justiziellen Zusammenarbeit zu Eigen gemacht und hielt es in diesem Zusammenhang für erforderlich, einen „echten europäischen Rechtsraum" zu schaffen, um dadurch den Einzelpersonen und Unternehmen „besseren Zugang zum Recht in Europa" zu eröffnen.[110] Präzisiert und fortgeschrieben wurden diese rechtspolitischen Leitgedanken in einem Maßnahmenprogramm des Rates zur Umsetzung des Grundsatzes der gegenseitigen Anerkennung gerichtlicher Entscheidungen in Zivil- und Handelssachen vom 24. 11. 2000[111] und schließlich im Haager Programm zur Stärkung von Freiheit, Sicherheit und Recht in der Europäischen Union vom 4./5. 11. 2004[112]. Einen weiteren Aktionsplan[113] zur Umsetzung dieser rechtspolitischen Zielsetzungen haben Rat und Kommission am 17. 6. 2005 gebilligt.[114]

Bei solchen rechtspolitischen Interessensbekundungen ist es indes nicht geblieben. Insgesamt hat die Europäisierung des internationalen Zivilverfahrensrechts bis zum heutigen Zeitpunkt bereits eine beträchtliche Fülle an Rechtsinstrumenten hervorgebracht und den grenzüberschreitenden Rechtsverkehr innerhalb der Gemeinschaft erheblich erleichtert.[115] Flaggschiff der Verfahrensrechtsvereinheitlichung ist dabei die oben bereits erwähnte EuGVO, die am 1. 3. 2002 in Kraft getreten ist und in der Form „echten" sekundären Gemeinschafts-

---

109 ABl. EG Nr. C 19 vom 23.1.1999, S. 1.

110 Siehe die „Schlussfolgerungen des Vorsitzes", dort unter B.V., abrufbar unter: http://www.europarl.europa.eu/summits/tam_de.htm (1.11.2010); abgedruckt in NJW 2000, 1925.

111 ABl. EG Nr. C 12 vom 15.1.2001, S. 1.

112 ABl. EU Nr. C 53 vom 3.3.2005, S. 1.

113 ABl. EU Nr. C 198 vom 12.8.2005, S. 1.

114 *Nagel/Gottwald*, IZPR, § 1, Rn. 58, S. 24.

115 Vgl. etwa die Übersichten bei *Geimer*, IZPR, Rn. 245c, S. 87 ff.; *Kropholler,* EuZPR, Einl., Rn. 1-5; *Nagel/Gottwald*, IZPR, S. XLVII-LIII. Vgl. auch die oben, Fn. 1, nachgewiesenen Jahresberichte.

rechts das EuGVÜ ersetzte. In Art. 5 Nr. 3 EuGVO findet sich nunmehr – mit unmittelbarer Geltung in allen Mitgliedstaaten gem. Art. 288 Abs. 2 AEUV (ex-Art. 249 Abs. 2 EGV) – der deliktische Gerichtsstand, freilich auch hier unter der Ägide des Tatortprinzips.

d. Ausblick

In globaler Perspektive ist für den internationalen deliktischen Gerichtsstand in absehbarer Zukunft wenig zu erwarten. Ein potentiell weltweit geltendes Haager Übereinkommen über die internationale Zuständigkeit und Anerkennung gerichtlicher Entscheidungen in Zivil- und Handelssachen ist vor einigen Jahren leider gescheitert.[116]

Was die künftige Entwicklung innerhalb der Gemeinschaft angeht, kann auf die oben bereits erwähnte Idee einer Bündelung vorhandener Rechtsakte zu einer Gesamtkodifikation des Internationalen Privat- und Zivilverfahrensrechts verwiesen werden.[117]

Insgesamt kann daher auch in Ansehung der deliktischen Grundanknüpfung im internationalen Verfahrensrecht eine deutliche Strömung weg von der rein nationalen Ebene und hin zu einer gesamteuropäischen Lösung festgestellt werden.

---

116 *Kreuzer*, RabelsZ 70 (2006), 1, 70; *Nagel/Gottwald*, IZPR, § 3, Rn. 513, S. 213; zum Entwurf *R. Wagner*, IPRax 2001, 533 ff.

117 Siehe oben unter II.1.h.aa.

III. Die deliktische Grundregel in der Rom II-Verordnung

Die Rom II-Verordnung[118] ist mittlerweile unmittelbar geltendes Recht in den Mitgliedstaaten der Gemeinschaft. Vorrangig ist das Deliktsstatut daher diesem Rechtsakt zu entnehmen. Um die deliktische Grundanknüpfung der Rom II-Verordnung aber fundiert beurteilen zu können, ist auch deren systematisches Umfeld von Interesse. Daher soll zunächst auf einige Charakteristika der gemeinschaftsrechtlichen Verordnung eingegangen werden, bevor dezidiert zu Regelungstechnik und Inhalt der deliktischen Grundanknüpfung Stellung genommen wird.[119]

1. Zielsetzung des Projekts „Rom II“

Das Projekt „Rom II“ ist eine flankierende Maßnahme zur Erleichterung der Umsetzung des Grundsatzes der gegenseitigen Anerkennung von Urteilen und anderen Entscheidungen von Justizbehörden in Zivil- und Handelssachen, welche auf eine Sondertagung des Europäischen Rates im Oktober 1999 in Tampere zurückgeht.[120] Von der Vereinheitlichung der Kollisionsnormen erhofft man sich positive Effekte auf die Vorhersehbarkeit des auf einen Rechtsstreit anwendbaren Rechts, sowie auf dessen Ausgang. Auch der freie Verkehr gerichtlicher Entscheidungen soll dadurch gefördert werden.[121] Unterschiede zwischen den jeweiligen nationalen Kollisionsrechten können ferner vom Kläger ausgenutzt werden, indem er im Falle konkurrierender Gerichtszuständigkeiten denjenigen Gerichtsstand auswählt, dessen Internationales Privatrecht auf das für ihn güns-

---

118 Für einen Überblick zur bisher erschienen europäischen Literatur zur Rom II-Verordnung siehe die Nachweise bei *von Hein*, ZEuP 2009, 6, 7, Fn. 4 f.; *Kadner Graziano*, RabelsZ 73 (2009), 1; ferner die Kommentierungen von Münchener Kommentar/*Junker*, Band 10, 5. Aufl., vor Art. 1 Rom II-VO, Rn. 1 ff.; Bamberger/Roth/*Spickhoff*, Anh. zu Art. 42 EGBGB, Rn. 1 ff.; Palandt/*Thorn*, Vorbem. Rom II-VO, Rn. 1 ff.

119 An dieser Stelle mag darauf hingewiesen werden, dass das Schrifttum zu den verschiedenen Entwurfsfassungen der Rom II-Verordnung ohne Kenntlichmachung auch in Ansehung des endgültigen Rechtsakts nachgewiesen wird, soweit sich die Entwurfsfassungen und die nun geltende Verordnung inhaltlich nicht unterscheiden.

120 Vgl. *Nagel/Gottwald*, IZPR, § 1, Rn. 58, S. 24; siehe auch Erwägungsgrund Nr. 3 Rom II-VO.

121 Erwägungsgründe Nr. 4, 6 Rom II-VO.

tigste Sachrecht verweist.[122] Dieser Effekt wird allgemein als *forum shopping* bezeichnet, auch wenn in der aufgezeigten Konstellation in erster Linie *Sachrecht shopping*, vermittelt durch die Wahl eines Forums, gemeint ist.[123] Das *forum shopping* ist rechtspolitisch indes unerwünscht[124] und soll nach den Verfassern der Rom II-Verordnung durch ein vereinheitlichtes Kollisionsrecht möglichst unterbunden werden.[125] In dieser Funktion dient die Rom II-Verordnung auch als Ergänzung zum bereits vereinheitlichten Recht der internationalen Zuständigkeit nach der EuGVO.[126]

2. Handlungsform: Verordnung

Damit kam als Handlungsoption allein eine Verordnung in Betracht. Eine Richtlinie ist für die Zwecke der Vergemeinschaftung des Kollisionsrechts ungeeignet. Auch bei einer Richtlinie mit hoher Regelungsintensität würden den jeweiligen nationalen Gesetzgebern Umsetzungsspielräume bleiben, sodass sich allenfalls eine Annäherung beziehungsweise Harmonisierung der nationalen IPR-Kodifikationen, aber keine echte Vereinheitlichung ergeben würde.[127] Außerdem ergäben sich bei Richtlinien Probleme unabsehbaren Ausmaßes im Hinblick auf die sechsundzwanzigfache[128] Gefahr der fehlerhaften oder unterlassenen Umsetzung der Richtlinie und ebenso eine sechsundzwanzigfache Ungleichzeitigkeit des Inkrafttretens der jeweiligen nationalen Umsetzungsgesetze.[129] Demgegenüber wirkt die Verordnung ipso iure, ohne dass es Umsetzungsgesetze bedürfte,

---

122 Münchener Kommentar/*Junker*, Anh. zu Art. 42 EGBGB, Rn. 3; *Nagel/Gottwald*, IZPR, § 1, Rn. 81, S. 32.

123 Im Folgenden wird der Begriff „*forum shopping*" ausschließlich in diesem Sinn verwendet. Vgl. zu den verschiedenen Facetten des Begriffs *Kropholler*, in: FS Firsching, S. 165; *Schack*, IZPR, Rn. 221 f.

124 Es ist aber zweifelsohne nicht illegitim, sich bei der Wahl des Gerichtsstands von taktischen Erwägungen leiten zu lassen, vgl. nur *Nagel/Gottwald*, IZPR, § 3, Rn. 311, S. 166; *Kropholler*, in: FS Firsching, S. 165 f.; *Schack*, IZPR, Rn. 222; *Vischer*, in: FS von Overbeck, S. 349 ff.

125 Ausdrücklich Erwägungsgrund Nr. 6 Rom II-VO; ferner die Begründung des Kommissionsentwurfs, KOM (2003) 427 endg., S. 5 ff.

126 Münchener Kommentar/*Junker*, Anh. zu Art. 42 EGBGB, Rn. 3.

127 *Kreuzer/R. Wagner*, in: Dauses (Hrsg.), Hdb. EU-Wirtschaftsrecht, R. 1., Rn. 22; *Kropholler*, IPR, § 10 II 2, S. 77; vgl. auch *Leible/Engel*, EuZW 2004, 7, 8; *Leible*, in: Europäische Rechtsangleichung, S. 353, 379 und 381.

128 27 Mitgliedstaaten der EU abzüglich Dänemark, das sich an einer Vereinheitlichung im Bereich der justiziellen Zusammenarbeit nicht beteiligt, vgl. Art. 69 EGV.

129 *Kreuzer/R. Wagner*, in: Dauses (Hrsg.), Hdb. EU-Wirtschaftsrecht, R. 1., Rn. 22.

in allen Mitgliedstaaten, Art. 288 Abs. 2 AEUV (ex-Art. 249 Abs. 2 EGV). Auch im Hinblick auf eine Erweiterung der Europäischen Union[130] zeigt sich die Überlegenheit der Verordnung als legislatives Instrument. In zukünftigen Mitgliedstaaten gelten Verordnungen automatisch ab dem Zeitpunkt des Beitritts, ohne dass eine Ratifizierung irgendeiner Art notwendig würde.[131] Die Verordnung stellt damit im Kanon der möglichen Handlungsformen, vgl. Art. 288 Abs. 1 AEUV (ex-Art. 249 Abs. 1 EGV), die effektivste und eleganteste Vorgehensweise dar.

3. Grundprinzipien, Charakteristika und Systematik der Rom II-Verordnung

a. Aufbau und Leitgedanken

Die Rom II-Verordnung gliedert sich in sieben Kapitel, deren erstes den Anwendungsbereich regelt (Art. 1-3 Rom II-VO). Wie sich bereits aus ihrer Benennung entnehmen lässt, behandelt die Rom II-Verordnung alle außervertraglichen Schuldverhältnisse, bezieht mithin neben den hier besonders interessierenden unerlaubten Handlungen (Art. 4-9 Rom II-VO) auch die ungerechtfertigte Bereicherung (Art. 10 Rom II-VO), die Geschäftsführung ohne Auftrag (Art. 11 Rom II-VO) und das Verschulden bei Vertragsverhandlungen (Art. 12 Rom II-VO) mit ein. Die Rechtswahl ist in Art. 14 Rom II-VO normiert. Ein weiteres Kapitel der Verordnung ist gemeinsamen Vorschriften für alle außervertraglichen Schuldverhältnisse gewidmet (Art. 15-22 Rom II-VO). Die letzten beiden Kapitel betreffen Fragen aus dem Allgemeinen Teil des IPR und das Konkurrenzverhältnis zu anderen Rechtsakten (Art. 23-28 Rom II-VO), sowie Schlussvorschriften (Art. 29-32 Rom II-VO). Der Katalog zu systematisch dem Allgemeinen Teil des IPR zuzuordnenden Fragen in der Rom II-Verordnung mag zunächst überraschen; immerhin sind dies gerade keine spezifischen Angelegenheiten der außervertraglichen Schuldverhältnisse. Dies erklärt sich aber zwanglos aus der Vorreiterrolle des Projekts „Rom II" auf dem Gebiet der Kollisionsrechtsvereinheitlichung auf Gemeinschaftsebene. Als kollisionsrechtliches Instrument (im engeren Sinne) ist die Rom II-Verordnung die Erste ihrer Art. Ge-

130 Derzeit werden offizielle Beitrittsverhandlungen mit Kroatien und der Türkei geführt. Weiterer offizieller Beitrittskandidat ist Mazedonien. Zu den potentiellen Beitrittskandidaten zählen weitere fünf Staaten: Albanien, Bosnien Herzegowina, Kosovo, Montenegro und Serbien.

131 *Kropholler*, IPR, § 10 II 1, S. 75.

meinschaftsrechtliche Regeln zu Problemen des Allgemeinen Teils des IPR existierten bisher nicht, sodass sie zwangsläufig in die Verordnung zu integrieren waren, denn es würde der angestrebten Einheitlichkeit der Rechtsanwendung widersprechen, wenn die nationalen Gerichte ihre je eigenen Regeln des Allgemeinen Teils des IPR zur Anwendung brächten. Dabei ist es dem modularen Charakter der europäischen Kollisionsrechtsvereinheitlichung geschuldet, dass jeder Rechtsakt aufs Neue jene Regeln zum Allgemeinen Teil inkorporieren muss[132] – jedenfalls solange bis ein Allgemeiner Teil schließlich selbst als Verordnung kodifiziert und dadurch „vor die Klammer" gezogen wird.

Inhaltlich bekennt sich die Rom II-Verordnung klar zu der kontinentaleuropäischen, von *Savigny* geprägten Konzeption des IPR.[133] Es gilt dasjenige Recht ausfindig zu machen, zu dem die engste Verbindung besteht. Unter den in Betracht kommenden Rechten muss das räumlich passendste Recht ermittelt werden.[134] Den Weg dorthin weisen allseitige Kollisionsnormen. Die Anknüpfungstechnik der Verordnung verwendet objektive Kollisionsnormen und nicht lediglich Vermutungen oder bloße „approaches".[135] Wenig überraschend bekennt sich die Rom II-Verordnung grundsätzlich zur bewährten und in den Mitgliedstaaten verbreiteten Tatortregel als Anknüpfungsprinzip im internationalen Deliktsrecht, Art. 4 Abs. 1 Rom II-VO. Jene steht allerdings unter dem Vorbehalt verschiedener Auflockerungen beziehungsweise Konkretisierungen für bestimmte Deliktstypen. Vorrangig ist indes die subjektive Anknüpfung gem. Art. 14 Rom II-VO zu berücksichtigen. Die Parteiautonomie ist damit, wie in den meisten modernen IPR-Kodifikationen[136], faktisch der durchschlagende Leitgedanke der Rom II-Verordnung.

---

132 Vgl. Art. 19 ff. Rom I-VO. Es versteht sich von selbst, dass die Normen zum Allgemeinen Teil in den unterschiedlichen Verordnungen jeweils möglichst (wortlaut)identisch sein sollten, um ein schlüssiges Gesamtsystem zu gewährleisten und eine mögliche Überführung in eine eigenständige Verordnung zum Allgemeinen Teil des IPR nicht unnötig zu erschweren, siehe nur *Sonnenberger*, in: FS Kropholler, S. 227, 237; Palandt/*Thorn*, Vorbem. Rom II-VO, Rn. 5.

133 *von Hein*, RabelsZ 73 (2009), 461, 508; *ders.*, ZEuP 2009, 6, 9; *Sonnenberger*, in: FS Kropholler, S. 227, 236.

134 Dies bringt auch Erwägungsgrund Nr. 14 Rom II-VO zum Ausdruck.

135 *Leible*, in: Europäisches Gemeinschaftsrecht und IPR (2007), S. 31, 38 f.; *Sonnenberger*, in: FS Kropholler, S. 227, 236.

136 Vgl. nur Art. 42 EGBGB, Art. 132 schweizerisches IPRG, § 35 österreichisches IPRG.

b. Auslegung

aa. Auslegungsgrundsätze

Bezüglich ihrer Auslegung enthält die Rom II-Verordnung selbst keine Norm, etwa nach dem Vorbild des Art. 18 EVÜ beziehungsweise Art. 36 EGBGB, welche eine einheitliche Auslegung in allen beteiligten Staaten vorgibt.[137] Freilich ist eine solche auch nicht erforderlich. Die Rom II-Verordnung ist, anders als das EVÜ, sekundäres Gemeinschaftsrecht, sodass bei der Auslegung die diesbezüglichen allgemeinen Grundsätze Anwendung finden.[138] Zuvorderst hat die Auslegung gemeinschaftsrechtlich-autonom zu erfolgen, um die einheitliche Anwendung der Verordnung in allen Mitgliedstaaten, unabhängig von den Gebräuchen und Methoden der jeweiligen nationalen Rechtsschule, zu ermöglichen. Im Übrigen gelten die vier klassischen Auslegungsmethoden.[139] Die grammatikalische Auslegung orientiert sich am Wortlaut. Hier kann die Vielsprachigkeit der Gemeinschaft zu besonderen Schwierigkeiten führen, da alle Amtssprachen gleichrangig nebeneinander stehen.[140] Für die historische Auslegung wird die Entstehungsgeschichte der Norm herangezogen. Besondere Bedeutung erlangen in diesem Zusammenhang die Erwägungsgründe der Rom II-Verordnung, sowie die Kommissionsbegründung zu ihrem Entwurf[141] und die verschiedenen Stellungnahmen[142] im Laufe des Gesetzgebungsverfahrens.[143] Im Rahmen der systematischen Auslegung ist zunächst auf die innere Systematik der Rom II-Verordnung zurückzugreifen. Und noch mehr: Die Rom II-Verordnung ist nämlich selbst nur ein Teil eines größeren Systems. Daher ist unter systematischen Gesichtspunkten auch und gerade auf Schwesterrechtsakte wie die Rom I-Verordnung und auf andere Instrumente des gemeineuropäischen IPR und Zivilverfahrensrechts, allen voran die EuGVO, Rücksicht zu neh-

137 Münchener Kommentar/*Junker*, Anh. zu Art. 42 EGBGB, Rn. 5.

138 Münchener Kommentar/*Junker*, Anh. zu Art. 42 EGBGB, Rn. 5; Bamberger/Roth/*Spickhoff*, Anh. zu Art. 42 EGBGB, Rn. 12; Palandt/*Thorn*, Vorbem. Rom II-VO, Rn. 4.

139 Münchener Kommentar/*Junker*, Anh. zu Art. 42 EGBGB, Rn. 7; Bamberger/Roth/*Spickhoff*, Anh. zu Art. 42 EGBGB, Rn. 12; Palandt/*Thorn*, Vorbem. Rom II-VO, Rn. 4.

140 *Kropholler*, IPR, § 10 III 2, S. 80.

141 KOM (2003) 427 endg.

142 Siehe dazu die umfassende Übersicht zu allen relevanten Dokumenten unter: http://ec.europa.eu/prelex/detail_dossier_real.cfm?CL=de&DosId=184392184392 (1.11.2010).

143 Münchener Kommentar/*Junker*, Anh. zu Art. 42 EGBGB, Rn. 8.

men.[144] Schließlich orientiert sich die teleologische Auslegung am Zweck der Norm. Dabei ist den Erwägungsgründen der Rom II-Verordnung und dem *effet utile* als besonderer Ausprägung der gemeinschaftsrechtlich-autonomen Auslegungsmethode Rechnung zu tragen. Letzterer gebietet es, die Normen der Verordnung im Sinne der größtmöglichen Wirksamkeit zu interpretieren, wodurch die fortschreitende Integration im zusammenwachsenden Europa gefördert werden soll.[145]

bb. Auslegungskompetenz

Mit der beschriebenen gemeinschaftsrechtlich-autonomen Auslegungsmethodik allein ist aber noch nicht viel gewonnen. Vielmehr bedarf es einer Instanz, die über deren praktische Durchführung und Einhaltung wacht. Für sekundäres Gemeinschaftsrecht liegt die oberste Auslegungskompetenz in den Händen des EuGH. Einschlägiges Verfahren ist hierbei das Vorabentscheidungsverfahren gem. Art. 267 AEUV (ex-Art. 234 EGV). Bis zum Inkrafttreten des Vertrags von Lissabon zum 1. 12. 2009 wurde das Verfahren für die Rom II-Verordnung gem. Art. 68 Abs 1 EGV modifiziert. Konkret bedeutete dies, dass bei einer entscheidungserheblichen Auslegungsfrage zur Rom II-Verordnung nur die letztinstanzlichen Gerichte zur Vorlage an den EuGH berechtigt – und wegen Art. 234 Abs. 3 EGV auch verpflichtet – waren.[146] Die Einschränkung des Art. 68 Abs. 1 EGV barg dabei die Gefahr, dass die inhaltliche Konkretisierung der Rom II-Verordnung durch eine klärende Judikatur des EuGH aufgrund geringen Fallmaterials nur zögerlich vonstatten gehen könnte.[147] Bei der Überführung in den AEUV wurde Art. 68 EGV allerdings ersatzlos gestrichen, sodass diese Vorlagebeschränkung nunmehr entfallen ist.

c. Begriffe und Definitionen

Die Rom II-Verordnung ist selbst vergleichsweise arm an authentischen Begriffsdefinitionen. Soweit Rechtsbegriffe nicht unmittelbar in der Verordnung definiert werden, bedarf es daher ihrer Auslegung. Auf die Notwendigkeit der

---

144 Siehe die Kommissionsbegründung, KOM (2003) 427 endg., S. 8 f.; ferner Münchener Kommentar/*Junker*, Anh. zu Art. 42 EGBGB, Rn. 8; *Lüttringhaus*, RIW 2008, 193, 199; Palandt/*Thorn*, Vorbem. Rom II-VO, Rn. 4.

145 Münchener Kommentar/*Junker*, Anh. zu Art. 42 EGBGB, Rn. 8; *Kropholler*, IPR, § 10 III 2, S. 81; Bamberger/Roth/*Spickhoff*, Anh. zu Art. 42 EGBGB, Rn. 12.

146 *Kropholler*, IPR, § 10 III 1, S. 79; Palandt/*Thorn*, Vorbem. Rom I-VO, Rn. 4; vgl. auch *Schilling*, Binnenmarktkollisionsrecht, S. 398.

147 Vgl. *Schilling*, Binnenmarktkollisionsrecht, S. 398.

gemeinschaftsrechtlich-autonomen Auslegungsmethode wurde bereits oben hingewiesen.[148] Besonders bei Begriffen, die scheinbar aus dem national-autonomen Recht vertraut wirken, darf nicht einfach unbesehen das jeweilige nationale Verständnis bei der Anwendung der Rom II-Verordnung zu Grunde gelegt werden.[149] Von der angestrebten Rechtsvereinheitlichung bliebe andernfalls nicht viel übrig. Für die Rom II-Verordnung als Teil des sekundären Gemeinschaftsrechts ist daher die Auslegung des EuGH verbindlich.

Legaldefinitionen enthält die Verordnung etwa in Art. 2 Abs. 1 und 3 Rom II-VO hinsichtlich des Schadensbegriffs und des schadensbegründenden Ereignisses und dient damit der Klarstellung des Anwendungsbereichs.[150] Exemplarisch sei weiterhin Art. 23 Rom II-VO herausgegriffen, der eine Definition des Begriffs des gewöhnlichen Aufenthalts enthält, an den die Verordnung verschiedentlich anknüpft (etwa Art. 4 Abs. 2, 5 Abs. 1 S. 1 lit. a, 10 Abs. 2, 12 Abs. 2 lit. b Rom II-VO). Die Regelung beschränkt sich dabei allerdings auf juristische Personen und solche natürliche Personen, die im Rahmen ihrer beruflichen Tätigkeit handeln.[151] Im Übrigen, also für natürliche Personen im nichtberuflichen Bereich, enthält sich die Verordnung einer Regelung und der Begriff bedarf der inhaltlichen Ausfüllung durch die Rechtsprechung nach einem autonomen Verständnis.[152] Hierher gehören etwa die Frage nach der Möglichkeit eines doppelten gewöhnlichen Aufenthalts oder die Behandlung Geschäftsunfähiger.[153] Aber auch die positive Regelung in Art. 23 Abs. 1 Rom II-VO deckt keineswegs sämtliche Fragen im Zusammenhang mit dem gewöhnlichen Aufenthalt juristischer Personen ab. Schon die verwendeten Begriffe der Gesellschaft, des Vereins und der juristischen Person bedürfen ihrerseits im Grunde genommen einer Definition. Hier zeigt sich, dass die Technik der Legaldefinitionen schnell die Grenze ihrer Leistungsfähigkeit erreicht. Es ist weder möglich noch wäre es praktikabel jeden einzelnen verwendeten Rechtsbegriff in der Verordnung selbst zu definieren. Vielmehr ist die autonome Auslegung der Schlüssel zum inhaltlichen Verständnis der Begrifflichkeiten. Dabei ist besonderes Gewicht auf systematische Gesichtspunkte zu legen, damit die Rom II-Verordnung zusammen mit ihrem Schwesterrechtsakt und der EuGVO ein stimmiges Gesamtgefüge er-

---

148 Siehe oben unter III.3.b.

149 *Handig*, GRUR Int. 2008, 24, 25.

150 Zum Anwendungsbereich sogleich unter III.5.

151 Palandt/*Thorn*, Art. 23 Rom II-VO, Rn. 1.

152 *Baetge*, in: FS Kropholler, S. 77 ff.

153 Vgl. *Sonnenberger*, in: FS Kropholler, S. 227, 237.

geben (Art. 19 Rom I-VO, Art. 60 EuGVO).[154] Von Art. 23 Abs. 1 Rom II-VO wird somit jede Personenvereinigung oder Vermögensmasse erfasst, die sich vertraglich verpflichten kann, mithin zum Beispiel auch die BGB-Gesellschaft, nicht aber die Erbengemeinschaft.[155]

Ähnliche Auslegungsfragen tauchen bei vielen weiteren Normen der Verordnung auf. So verwenden insbesondere die einzelnen Sonderkollisionsnormen Systembegriffe zur Beschreibung des jeweiligen speziellen Deliktstyps.[156] Das Vorliegen eines jener Sondertatbestände kann nur durch autonome Auslegung[157] dieser Begriffe und anschließender Subsumtion festgestellt werden. Allerdings fehlt eine interne Kollisionsregel für den Fall, dass zwei Sonderkollisionsnormen miteinander konkurrieren, da ein Sachverhalt unter zwei Sondertatbestände subsumiert werden kann, also eine sogenannte Mehrfachqualifikation im weiteren Sinne[158] vorliegt.[159] Denkbar ist eine solche Konstellation im Schnittbereich zwischen Lauterkeits- und Immaterialgüterrecht bei der Ausbeutung und Behinderung von Rechten an einer nicht eingetragenen Marke oder einem sonstigen im geschäftlichen Verkehr benutzten Kennzeichenrecht im Sinne des Art. 4 Abs. 4 lit. b der Richtlinie 89/104/EWG[160] zur Angleichung der Rechtsvorschriften der Mitgliedstaaten über die Marken.[161] Auch ist es denkbar, dass eine Umweltschädigung gerade durch ein mangelhaftes Produkt verursacht wird.[162] Die Auflösung solcher Überschneidungen bei Mehrfachqualifikationen im weiteren Sinne und ganz allgemein die Prägung und Fortentwicklung ihrer Rechtsbegriffe stellt die Rom II-Verordnung damit der Wissenschaft und der Rechtsprechung anheim.

Was die Fragen des Allgemeinen Teils des IPR betrifft, leistet die Rom II-Verordnung bereits Pionierarbeit für eine künftig mögliche Ausgliederung des Allgemeinen Teils des IPR in ein eigenes Rechtsinstrument beziehungsweise in

---

154 Erwägungsgrund Nr. 7 Rom II-VO; Bamberger/Roth/*Spickhoff*, Anh. zu Art. 42 EGBGB, Rn. 135.

155 Palandt/*Thorn*, Art. 23 Rom II-VO, Rn. 1; Art. 19 Rom I-VO, Rn. 2.

156 Siehe Art. 5-9 Rom II-VO.

157 Eine Besonderheit gilt insoweit für den Begriff der Arbeitskampfmaßnahme im Sinne des Art. 9 Rom II-VO, dessen „exakte Definition" gem. Erwägungsgrund Nr. 27 Rom II-VO den nationalen Rechten vorbehalten bleibt.

158 Der Begriff „Mehrfachqualifikation" wird im Schrifttum nicht immer einheitlich verwendet. Genauer hierzu unten unter IV.2.a.bb.[2].[c], insbesondere unter Fn. 604.

159 Palandt/*Thorn*, Art. 5 Rom II-VO, Rn. 3.

160 Richtlinie 89/104/EWG vom 21.12.1988, ABl. EG Nr. L 40 vom 11.2.1989, S. 1, Berichtigung: ABl. EG Nr. L 159 vom 10.6.1989, S. 60.

161 *Handig*, GRUR Int. 2008, 24, 27.

162 Palandt/*Thorn*, Art. 5 Rom II-VO, Rn. 3.

ein eigenes Kapitel einer möglichen Gesamtkodifikation des gemeineuropäischen IPR.[163] Im Zuge dessen könnten die Normen auf Basis des Erfahrungsschatzes mit der Rom II-Verordnung klarer und ausführlicher gefasst werden, sodass weniger Problemfälle ungeregelt bleiben. Hinsichtlich der eigentlichen Kollisionsnormen darf voller Zuversicht darauf vertraut werden, dass Rechtsprechung und Wissenschaft die vergleichsweise schlanke Rom II-Verordnung inhaltlich ausfüllen und den verwendeten Rechtsbegriffen ein gemeinschaftsrechtlich-autonomes Leben einhauchen werden.

d. Anknüpfungstechnik

Im Bereich der objektiven Kollisionsnormen legt die Rom II-Verordnung eine charakteristische Anknüpfungstechnik zu Tage. Unterschieden wird dabei – für die außervertragliche Schadenshaftung – zwischen einer Regelanknüpfung, Ausweichklauseln und Sonderkollisionsnormen für besondere Deliktstypen. Von diesem Vorgehen verspricht sich der Verordnungsgeber einen ausgewogenen Kompromiss im ewigen Spannungsverhältnis zwischen Einzelfallgerechtigkeit und notwendiger Regelbildung.[164] Die objektiven Kollisionsnormen stellen feste Anknüpfungsregeln auf und nicht lediglich widerlegliche Vermutungen. Die Rom II-Verordnung verwirft damit die Technik bloßer Vermutungsregeln, welche das Prinzip der engsten Verbindung näher konkretisieren sollen.[165] Insofern kehrt sich die Verordnung vom Beispiel des EVÜ ab. Dies lässt sich vor dem Hintergrund der schlechten Erfahrungen mit Art. 4 EVÜ erklären. Die dort normierten Vermutungen verloren an Bedeutung, da die Gerichte häufig der Versuchung erlagen, direkt über die Ausweichklausel, Art. 4 Abs. 5 EVÜ, vorzugehen, ohne zuvor die Vermutungen zu prüfen.[166] Bloße Vermutungen konnten daher die Rechtssicherheit in Gestalt der Vorhersehbarkeit des anwendbaren Rechts nicht hinreichend garantieren, da allzu leicht aus der „Gesamtheit der Umstände“ eine angeblich engere Verbindung im Sinne von Art. 4 Abs. 5 EVÜ gesehen wurde. Vermutungsfreie, „harte“ Anknüpfungsregeln und eine nur sehr

---

163 Vgl. *Siehr*, in: Kollisionsrecht in der Europäischen Union, S. 77, 93; *Sonnenberger*, in: FS Kropholler, S. 227, 237; Palandt/*Thorn*, Vorbem. Rom II-VO, Rn. 3, 5.

164 Erwägungsgrund Nr. 14 Rom II-VO; Palandt/*Thorn*, Vorbem. Rom II-VO, Rn. 5.

165 *Kreuzer*, in: Europäisches Kollisionsrecht (2004), S. 13, 25; *Lück*, Neuere Entwicklungen, S. 188.

166 *Blaurock*, in: FS Stoll, S. 463, 480; *Leible/Engel*, EuZW 2004, 7, 11; *Lück*, Neuere Entwicklungen, S. 193; *Mankowski*, IPRax 2006, 101, 104; *Sonnentag*, ZVglRWiss 2006, 256, 274.

zurückhaltend[167] anzuwendende Ausweichklausel, Art. 4 Abs. 3 Rom II-VO, sollen demgegenüber in der Rom II-Verordnung zu einer deutlich höheren Voraussehbarkeit des anwendbaren Rechts und damit zu mehr Rechtssicherheit führen.[168]

4. Rechtsgrundlage

Rechtsgrundlage für die Rom II-Verordnung war Art. 61 lit. c EGV in Verbindung mit Art. 65 EGV (jetzt Art. 81 AEUV). Die Europäische Gemeinschaft hatte gem. Art. 65 lit. b EGV die Kompetenz für Maßnahmen zur Förderung der Vereinbarkeit der in den Mitgliedstaaten geltenden Kollisionsnormen „soweit sie für das reibungslose Funktionieren des Binnenmarkts erforderlich sind". Zweifelsohne war damit eine Rechtsgrundlage zur Regelung des Internationalen Privatrechts im Verhältnis der Mitgliedstaaten untereinander gegeben.[169] Problematisch erscheint allerdings, dass sich die Rom II-Verordnung nicht darauf beschränkt, sondern gem. Art. 3 Rom II-VO vielmehr als eine *loi uniforme* ausgestaltet ist, also auch das Verhältnis zu Drittstaaten regelt. Die universale Reichweite der Verordnung ist rechtspolitisch gewiss sinnvoll. Andernfalls käme es im Internationalen Privatrechts zu einer Aufspaltung zwischen innergemeinschaftlichen Sachverhalten und Sachverhalten mit Drittstaatenbezug.[170] Das würde die Rechtsanwendung erheblich verkomplizieren.[171] An dem von Art. 65 EGV aufgestellten Erforderlichkeitskriterium im Hinblick auf das Funktionieren des Binnenmarkts hatte sich jedoch eine Debatte zur Kompetenzgerechtigkeit der Rom II-Verordnung entzündet.[172] Im Verhältnis zu Drittstaaten erschien die notwendige Binnenmarktbezogenheit auf den ersten Blick durchaus als zweifel-

167 Begründung der Kommission, KOM (2003) 427 endg., S. 13.

168 *G. Wagner*, IPRax 2006, 372, 386.

169 *Sonnentag*, ZVglRWiss 2006, 256, 261; *R. Wagner*, RabelsZ 68 (2004), 119, 140 f.

170 *Heiss/Loacker*, JBl 2007, 613, 616; *Kreuzer*, RabelsZ 70 (2006), 1, 88; *Kropholler*, IPR, § 53 VII 1, S. 548; *Posch*, YbPrivIntL 2004, 129, 139 f.; *Sonnentag*, ZVglRWiss 2006, 256, 261; *R. Wagner*, NJW 2005, 1754, 1756.

171 *Fuchs*, GPR 2003-2004, 100, 101; *von Hein*, ZVglRWiss 2003, 528, 542; *Kreuzer*, RabelsZ 70 (2006), 1, 65; *Leible/Engel*, EuZW 2004, 7, 9; *Posch*, YbPrivIntL 2004, 129, 139 f.; *Sonnentag*, ZVglRWiss 2006, 256, 261; vgl. auch *W.-H. Roth*, IPRax 2006, 338, 346 f.

172 Vgl. die Nachweise bei *von Hein*, VersR 2007, 440, 443; *Heiss/Loacker*, JBl 2007, 613, 616; *Leible/Engel*, EuZW 2004, 7, 8 f.; *Sonnentag*, ZVglRWiss 2006, 256, 261 f.

haft.[173] Mehrheitlich wurde in dieser Frage bereits nach Art. 65 EGV die Kompetenz der Gemeinschaft bejaht.[174] Diese Streitfrage hat sich mittlerweile faktisch erübrigt.[175] Der politische Entscheidungsprozess hinsichtlich der Kompetenz für Drittstaatensachverhalte ist abgeschlossen, was sich schon an der Verkündung der Rom II-Verordnung ablesen lässt.[176] Ferner wird auch der letzte Zweifel an der Kompetenz durch die Änderungen infolge des Vertrags von Lissabon[177] ausgeräumt. Art. 65 EGV wurde durch den Vertrag von Lissabon in Art. 81 AEUV transponiert. Bislang war eine Maßnahme der Gemeinschaft nur dann möglich, „soweit sie für das reibungslose Funktionieren des Binnenmarkts erforderlich" ist (Art. 65 EGV). Jetzt ist die Gemeinschaft aber umfassend zuständig, da die eben genannte Einschränkung nur mehr als Beispiel aufgezählt wird („insbesondere"), siehe Art. 81 Abs. 2 AEUV in der Fassung nach dem Vertrag von Lissabon.[178] Die Hürde des zwingend erforderlichen Binnenmarktbezugs, an der sich die Geister schieden, ist nivelliert. Es wäre daher müßig, die diesbezügliche Diskussion an dieser Stelle erneut zu führen. Im Folgenden wird daher davon ausgegangen, dass die Rom II-Verordnung kompetenzgerecht erlassen wurde.

5. Anwendungsbereich, Art. 1-3 Rom II-VO

Ihren Anwendungsbereich bestimmt die Rom II-Verordnung in den Art. 1-3 Rom II-VO. Dabei sind verschiedene Aspekte zu trennen.

---

173 *House of Lords*, European Union Committee, Session 2003-2004, HL 66, Nr. 72; *Jayme/Kohler*, IPRax 2002, 461; *G. Wagner*, IPRax 2006, 372, 389 f.; vgl. auch *R. Wagner*, RabelsZ 68 (2004), 119, 140 ff. m.w.N.

174 Siehe etwa *von Hein*, ZEuP 2009, 6, 15; *ders.*, ZVglRWiss 2003, 528, 542; *Heiss/Loacker*, JBl 2007, 613, 616; *Huber/Bach*, IPRax 2005, 73, 75; *Kreuzer*, in: Europäisches Kollisionsrecht (2004), S. 13, 27; *Leible/Engel*, EuZW 2004, 7, 9. A.A. *Remien*, Common Market Law Review 38 (2001), 53, 75 f.; *G. Wagner*, IPRax 2006, 372, 389 f.

175 Palandt/*Thorn*, 69. Auflage 2010, Vorbem. Rom II-VO, Rn. 2.

176 Vgl. schon *Fuchs*, GPR 2003-2004, 100, 101; *Wilderspin*, in: Systemwechsel im europäischen Kollisionsrecht, S. 77, 87.

177 Vertrag von Lissabon zur Änderung des Vertrags über die Europäische Union und des Vertrags zur Gründung der Europäischen Gemeinschaft, unterzeichnet in Lissabon am 13.12.2007, ABl. EU Nr. C 306 vom 17.12.2007, S. 1 ff.

178 Siehe ABl. EU Nr. C 306 vom 17.12.2007, S. 62.

a. Materieller Anwendungsbereich

aa. Außervertragliche Schuldverhältnisse in Zivil- und Handelssachen

Der sachliche Anwendungsbereich wird von Art. 1 Abs. 1 Rom II-VO in Abstimmung mit Art. 1 EuGVO, sowie Art. 1 Rom I-VO (bislang Art. 1 EVÜ) geregelt.[179] Der Beurteilung der Rom II-Verordnung unterliegen damit außervertragliche Schuldverhältnisse in Zivil- und Handelssachen mit Auslandsbezug. Diese Voraussetzungen lassen sich logisch in drei Teile zerlegen.

(1) Zivil- und Handelssachen

Die Bezugnahme auf Zivil- und Handelssachen dient der Abgrenzung gegenüber öffentlich-rechtlichen Materien, von denen in Art. 1 Abs. 1 S. 2 Rom II-VO ausdrücklich Steuer-, Zoll- und verwaltungsrechtliche Angelegenheiten sowie Ansprüche aus Staatshaftung aufgezählt werden. Im Interesse systematischer Kohärenz ist es anerkannt, dass zur näheren Begriffsbestimmung auf die Judikatur des EuGH zur insoweit gleichlautenden Vorschrift der EuGVO, Art. 1 Abs. 1 EuGVO, zurückgegriffen werden kann.[180] Auch hier betont der EuGH die autonome Auslegung der Rechtsbegriffe, sodass bei hoheitlichem Tätigwerden eines Staates die Anwendbarkeit der EuGVO und der Rom II-VO ausgeschlossen ist.[181]

(2) Außervertragliches Schuldverhältnis

Zur weiteren Abgrenzung gegenüber dem EVÜ beziehungsweise der Schwesterverordnung Rom I verlangt Art. 1 Abs. 1 Rom II-VO das Vorliegen eines außervertraglichen Schuldverhältnisses. Näher konkretisiert und erweitert wird der Begriff im Zusammenspiel mit Art. 2 Rom II-VO. Dabei ergibt sich aus Art. 2 Abs. 2 Rom II-VO, dass auch nicht-kompensatorische Rechtsbehelfe, also Unterlassungsansprüche und vorbeugender Rechtsschutz, von der Rom II-Verordnung erfasst werden.[182] Neben solchen aus Verschuldenshaftung unter-

---

179 Das Erfordernis der Abstimmung mit den genannten Rechtsakten stellt Erwägungsgrund Nr. 7 Rom II-VO ausdrücklich klar.

180 *von Hein*, ZEuP 2009, 6, 12; *Heiss/Loacker*, JBl 2007, 613, 618; *Junker*, NJW 2007, 3675, 3676 f.; Bamberger/Roth/*Spickhoff*, Anh. zu Art. 42 EGBGB, Rn. 16.

181 Vgl. EuGH 14.10.1976, Rs. 29/76, *Eurocontrol*, Slg. 1976, 1541, abgedruckt in NJW 1977, 489 f. mit Anmerkung *Geimer*, ebd., 492.

182 Bamberger/Roth/*Spickhoff*, Anh. zu Art. 42 EGBGB, Rn. 27; Palandt/*Thorn*, Art. 2 Rom II-VO, Rn. 3; *G. Wagner*, IPRax 2008, 1, 1 f.

liegen auch Schuldverhältnisse aus Gefährdungshaftung der Rom II-VO.[183] Zur eigentlichen Differenzierung zwischen vertraglichen und außervertraglichen Schuldverhältnissen wird man – auch angesichts der von Erwägungsgrund Nr. 7 Rom II-VO geforderten Kohärenz – auf die Abgrenzung des EuGH im Rahmen der EuGVO (des EuGVÜ) auf prozessrechtlicher Ebene rekurrieren können.[184] Nicht von der Rom II-Verordnung, sondern vielmehr von der Rom I-Verordnung werden somit Schuldverhältnisse aus einer freiwilligen Selbstverpflichtung erfasst.[185] Als vertragsnah und daher nicht dem Anwendungsbereich der Rom II-Verordnung zugehörend werden auch Fälle des Kontrahierungszwangs[186], einseitige rechtsgeschäftliche Verpflichtungen[187], Ansprüche aus Gewinnzusagen[188] sowie die Rückabwicklung nichtiger Verträge[189] qualifiziert.[190] Dagegen wird die *culpa in contrahendo* von der Rom II-Verordnung einheitlich deliktisch qualifiziert, Art. 2 Abs. 1 Rom II-VO, und konsequenterweise vom Anwendungsbereich von Rom I ausgeschlossen, Art. 1 Abs. 2 lit. i Rom I-VO. Freilich ist innerhalb der Rom II-Verordnung zwischen Art. 12 und Art. 4 Rom II-VO zu differenzieren.[191] Bemerkenswert ist die Handhabung der *culpa in contrahendo* insofern, als die vom EuGH auf der Ebene des Verfahrensrechts durchgeführte Differenzierung nicht auf das Internationale Privatrecht übertragen wird. Die weitere Entwicklung im internationalen Verfahrensrecht bleibt hier abzuwarten.[192]

(3) Auslandsbezug

Schließlich ist nach dem Wortlaut des Art. 1 Abs. 1 S. 1 Rom II-VO ein Auslandsbezug des Sachverhalts erforderlich. Dieser Einschränkung kommt allerdings praktisch keine Bedeutung zu. Wenn eine Verbindung zum Recht ver-

---

183 Erwägungsgrund Nr. 11 Satz 2 Rom II-VO.

184 Bamberger/Roth/*Spickhoff*, Anh. zu Art. 42 EGBGB, Rn. 18.

185 Siehe etwa EuGH 22.3.1983, Rs. 34/82, *Peters/Zuid Nederlandse Aannemers Vereniging*, Slg. 1983, 987, abgedruckt in IPRax 1984, 85 mit Anmerkung *Schlosser*, ebd., 65; EuGH 8.3.1988, Rs. 9/87, *Arcado/Haviland*, Slg. 1988, 1539; EuGH 27.10.1998, Rs. C-51/97, *Réunion européenne*, Slg. 1998, I-6511.

186 Bamberger/Roth/*Spickhoff*, Anh. zu Art. 42 EGBGB, Rn. 18.

187 Münchener Kommentar/*Junker*, Anh. zu Art. 42 EGBGB, Rn. 12.

188 Palandt/*Thorn*, Art. 1 Rom II-VO, Rn. 4.

189 Bamberger/Roth/*Spickhoff*, Anh. zu Art. 42 EGBGB, Rn. 18.

190 Palandt/*Thorn*, Art. 1 Rom II-VO, Rn. 2.

191 Zu dieser Regelungstechnik und allgemein zur *culpa in contrahendo* unter dem Regime der beiden Rom-Schwesterverordnungen siehe ausführlich unten unter IV.2.a.dd.

192 Siehe auch genauer unten unter IV.2.a.dd.[3]; ferner Palandt/*Thorn*, Art. 1 Rom II-VO, Rn. 3.

schiedener Staaten nicht vorliegt, stellen sich kollisionsrechtliche Fragen erst gar nicht.[193] Keine andere Rechtsordnung als die *lex fori* kommt dann in Betracht, selbst wenn man als (gedankliche) Vorprüfung die Kollisionsnormen der Rom II-Verordnung anwenden würde.[194]

bb. Ausnahmekatalog, Art. 1 Abs. 2 und 3 Rom II-VO

Art. 1 Abs. 2 lit. a–g Rom II-VO nehmen bestimmte Sachgebiete vom Anwendungsbereich der Verordnung aus. Hierzu gehören außervertragliche Schuldverhältnisse im Zusammenhang mit familienrechtlichen oder erbrechtlichen Beziehungen (lit. a, b), Wertpapieren (lit. c), Gesellschafts-, Vereins- und *Trust*recht (lit. d, e), Schäden durch Atomkraft[195] (lit. f) und schließlich Persönlichkeitsrechten (lit. g). Beweis und Verfahren werden durch Art. 1 Abs. 3 Rom II-VO grundsätzlich verfahrensrechtlich qualifiziert, d.h. der *lex fori* anheim gestellt; freilich unter dem Vorbehalt der Art. 21, 22 Rom II-VO.[196]

Was die generelle Existenz von Bereichsausnahmen anbelangt, so sind diese in einem Rechtsakt des Gemeinschaftsrechts aus logisch-technischen Gesichtspunkten zunächst nicht zu beanstanden. Aus dem supranationalen Charakter ergibt sich auch die technische Möglichkeit einer nur lückenhaften Regelung des IPR. Es ist nicht logisch zwingend erforderlich, dass das europäische IPR alle denkbaren Fälle regelt, da subsidiär noch die jeweiligen nationalen Regeln des IPR gelten, die ihrerseits aber notwendig alle Bereiche erfassen, selbst dann

---

193 Palandt/*Thorn*, Art. 1 Rom II-VO, Rn. 8.

194 Bamberger/Roth/*Spickhoff*, Anh. zu Art. 42 EGBGB, Rn. 17.

195 Dieser Bereich wird weitestgehend von vereinheitlichtem Sachrecht beherrscht, sodass die Frage nach dem anwendbaren Recht in den Hintergrund tritt.Vgl. Pariser OECD-Übereinkommen vom 29.7.1960 über die Haftung gegenüber Dritten auf dem Gebiet der Kernenergie mit Zusatzprotokoll vom 28.1.1964 (BGBl. II 1976, S. 308), zuletzt geändert durch Protokoll vom 16.11.1982 (BGBl. II 1985, S. 690); ferner Brüsseler Zusatzübereinkommen vom 31.1.1963 zum Pariser Übereinkommen vom 29.7.1960 und Zusatzprotokoll vom 28.1.1964 (BGBl. II 1976, S. 310), zuletzt geändert durch Protokoll vom 16.11.1982 (BGBl. II 1985, S. 690), beide neu bekanntgemacht BGBl. II 1985, S. 963, für die Bundesrepublik Deutschland in Kraft seit dem 7.10.1988 (BGBl. II 1989, S. 144); Abkommen zwischen der Bundesrepublik Deutschland und der Schweizerischen Eidgenossenschaft über die Haftung gegenüber Dritten auf dem Gebiet der Kernenergie, BGBl. II 1988, S. 598 und 955.Dem Wiener IAEO-Übereinkommen vom 21.5.1963 über die zivilrechtliche Haftung für Nuklearschäden (Text in BGBl. II 2001, S. 207) ist die Bundesrepublik ebenso wie die übrigen Vertragsstaaten des Pariser OECD-Übereinkommens nicht beigetreten.

196 Palandt/*Thorn*, Art. 1 Rom II-VO, Rn. 16.

wenn geschriebenes Recht nicht vorliegen sollte.[197] Gleichwohl ist es unbedingt wünschenswert, dass die Lücken im Gemeinschaftskollisionsrecht möglichst minimiert werden. Durch ein kompliziertes Rechtsquellengeflecht aus mehreren Ebenen können Rechtssicherheit und Vorhersehbarkeit sicherlich nicht ausreichend gewährleistet werden. Vor diesem Hintergrund ist die Ausnahme von Ansprüchen aus der Verletzung von Persönlichkeitsrechten zu betrachten. Sie betrifft eine – auch in der Rechtspraxis – herausragend wichtige und für die spezifischen Probleme des IPR und des internationalen Zuständigkeitsrechts geradezu paradigmatische Fallgruppe.[198] Dabei sind die Gründe, die im Gesetzgebungsverfahren zum Ausschluss jenes Bereichs geführt haben, nicht mehr aus logisch-sachlichen Erwägungen erklärbar. Vielmehr haben politische Grabenkämpfe unter maßgeblicher Einflussnahme der Presse- und Medienlobby einen Konsens vereitelt.[199] Immerhin darf darauf gehofft werden, dass die Überprüfungsklausel gem. Art. 30 Abs. 2 Rom II-VO einen erneuten Impuls zur Einbeziehung der Persönlichkeitsrechtsverletzungen in die Rom II-Verordnung setzen mag.[200] Es stimmt allerdings bedenklich, dass zum heutigen Zeitpunkt die von Art. 30 Abs. 2 Rom II-VO eingeräumte Frist bis zum 31. 12. 2008 verstrichen ist, ohne dass ein entsprechender Untersuchungsbericht bekannt geworden ist.

cc. Universale Reichweite, Art. 3 Rom II-VO

Wie sich Art. 3 Rom II-VO entnehmen lässt, sind die Kollisionsnormen allseitig zu verstehen. Es ist somit grundsätzlich unbeachtlich, ob die Rom II-Verordnung auf das Recht eines Drittstaates oder eines Mitgliedstaates verweist. Trotz kompetenzrechtlicher Bedenken[201] ist die Ausgestaltung der Rom II-Verordnung als eine sogenannte *loi uniforme* zu begrüßen.[202]

b. Räumlicher Anwendungsbereich

In geographischer Hinsicht gilt die EuGVO in allen Mitgliedstaaten mit Ausnahme von Dänemark, Art. 1 Abs. 4 und Erwägungsgrund Nr. 40 Rom II-VO. Das liegt am Sonderstatus Dänemarks im Bereich der justiziellen Zusammenar-

---

197 Vgl. *Siehr*, in: Kollisionsrecht in der Europäischen Union, S. 77, 85.

198 *Junker*, NJW 2007, 3675, 3677.

199 *Junker*, RIW 2010, 257 bezeichnet den status quo als „höchst ärgerliche Kerbe“ im vereinheitlichten Kollisionsrecht; siehe auch *ders.*, NJW 2007, 3675, 3677; Palandt/*Thorn*, Art. 1 Rom II-VO, Rn. 15; vgl. ferner *G. Wagner,* IPRax 2006, 372, 383 f.

200 *R. Wagner*, IPRax 2008, 314, 317; *Leible/Lehmann*, RIW 2007, 721, 724.

201 Siehe bereits oben unter III.4.

202 Siehe *von Hein*, ZEuP 2009, 6, 15 und die unter Fn. 171 Genannten.

beit.[203] Im Ergebnis wenden dänische Gerichte die Rom II-Verordnung damit nicht an. Gewiss kann dies keine dauerhafte Lösung sein. Die Vereinheitlichung des Kollisionsrechts auf Gemeinschaftsebene kann langfristig keine weißen Flecken dulden, da es gerade Sinn und Zweck des Unterfangens ist, ein einziges und dasselbe Kollisionsrechtssystem in allen Mitgliedstaaten zu schaffen. Nur so können die dadurch erstrebten Effekte, wie etwa eine Bekämpfung des *forum shopping* wirksam umgesetzt werden. Allerdings liegt der Schluss nahe, dass sich Dänemark nicht auf Dauer von der Rom II-Verordnung abkapseln können wird. Der Erfolg der Verordnung in der Rechtspraxis sowie ihre rechtspolitische Überzeugungskraft dürften gute Argumente für Dänemark sein, sich die Rom II-Verordnung über ein völkerrechtliches Abkommen mit der Gemeinschaft zu Eigen zu machen. Das Vorbild der EuGVO, welche aufgrund eines solchen Abkommens[204] seit dem 1. 7. 2007 auch in Dänemark anwendbar ist, zeigt, dass diese Entwicklung durchaus realistisch ist.[205] Dessen ungeachtet ist bereits jetzt dänisches Recht von den Gerichten anderer Mitgliedstaaten anzuwenden, soweit die Rom II-Verordnung als *loi uniforme* darauf verweist. Dies selbst dann, wenn das dänische IPR anders entschieden hätte, da die Rom II-Verordnung gem. Art. 24 Rom II-VO Sachnormverweisungen ausspricht.[206]

Im Verhältnis zum Vereinigten Königreich und zu Irland gilt die Rom II-Verordnung, obschon nur aufgrund der sich von jenen Staaten vorbehaltenen besonderen Zustimmung, dem sogenannten „Opting In", vgl. Erwägungsgrund Nr. 39 Rom II-VO.[207]

c. Intertemporaler Anwendungsbereich

Zum intertemporalen Anwendungsbereich äußert sich die Rom II-Verordnung in ihren letzten beiden Artikeln. Die Regelung erscheint auf den ersten Blick trivial: „Die Verordnung gilt ab dem 11. Januar 2009", Art. 32 Rom II-VO. Weiter-

---

203 Siehe Zusatzprotokoll Nr. 5 zum EGV über die Position Dänemarks, welches auch keine freiwillige Beteiligung Dänemarks über ein sog. „Opting In" vorsieht, ABl. EG Nr. C 340 vom 10.11.1997, S. 101; sowie die durch den Vertrag von Lissabon aktualisierte Fassung, ABl. EU Nr. C 321 E vom 29.12.2006, S. 201.

204 Abkommen vom 19.10.2005, ABl. EU Nr. L 299 vom 16.11.2005, S. 62; in Kraft seit dem 1.7.2007 (ABl. EU Nr. L 94 vom 4.4.2007, S. 70).

205 Vgl. *von Hein*, ZEuP 2009, 6, 15.

206 Palandt/*Thorn*, Art. 1 Rom II-VO, Rn. 17.

207 Siehe Art. 3 des Zusatzprotokolls Nr. 4 zum EGV über die Position des Vereinigten Königreichs und Irlands, ABl. EG Nr. C 340 vom 10.11.1997, S. 99; sowie die durch den Vertrag von Lissabon aktualisierte Fassung, ABl. EU Nr. C 321 E vom 29.12.2006, S. 198.

hin besagt Art. 31 Rom II-VO, dass die Verordnung auf schadensbegründende Ereignisse anwendbar ist, die nach ihrem „Inkrafttreten" eintreten. Diese nur scheinbar eindeutigen Aussagen werfen allerdings Fragen auf.

aa. Inkrafttreten und Anwendbarkeit

Einerseits sind das Inkrafttreten und die Anwendbarkeit eines Rechtsakts begrifflich nicht synonym, sondern haben eine je eigene Bedeutung. Das wird im Schrifttum häufig übersehen.[208] Art. 32 Rom II-VO regelt mit seiner Formulierung („gilt ab") die Anwendbarkeit der Verordnung und nicht das Inkrafttreten, alldieweil Art. 31 Rom II-VO ausdrücklich auf Letzteres Bezug nimmt. Dabei handelt es sich bei der deutschen Fassung des Art. 32 Rom II-VO nicht etwa um einen Übersetzungsfehler, wie der Vergleich mit der englischen und französischen Fassung der Verordnung zeigt. Dort wird ebenfalls in den Art. 31, 32 Rom II-VO jeweils unterschieden zwischen „entry into force" und der „application" („shall apply") beziehungsweise zwischen „entrée en vigueur" und „application" („est applicable"). Somit regelt die Rom II-Verordnung ausdrücklich nur ihre zeitliche Anwendbarkeit, welche seit dem 11. 1. 2009 gegeben ist. Mangels expliziter Regelung muss das Inkrafttreten deshalb unter Rekurs auf allgemeine Grundsätze des Gemeinschaftsrechts nach Art. 254 Abs. 1 S. 2 EGV (jetzt Art. 297 Abs. 1 S. 4 AEUV) bestimmt werden. Die Rom II-Verordnung tritt in Ermangelung anderer Angaben damit am zwanzigsten Tage nach ihrer Veröffentlichung im Amtsblatt in Kraft. Veröffentlicht wurde die Rom II-Verordnung am 31. 7. 2007[209], sodass sie gem. Art. 254 Abs. 1 S. 2 EGV bereits am 20. 8. 2007 in Kraft getreten ist.[210] Dabei ist dieses Datum des Inkrafttretens aus systematischen und logischen Gründen zwingend. Eine bloß versehentliche Bezugnahme auf die Anwendbarkeit im Gegensatz zum Inkrafttreten in Art. 32 Rom II-VO muss ausscheiden. Zunächst ergibt sich das aus Art. 30 Abs. 2 Rom II-VO, welcher die Kommission verpflichtet, bis spätestens 31. 12. 2008 eine Untersuchung zum Bereich des auf außervertragliche Schuldverhältnisse aus der Verletzung der Privatsphäre oder der Persönlichkeitsrechte anzuwendenden Rechts vorzulegen. Diese Verpflichtung liefe indes völlig ins Leere, wenn die

---

208 Vgl. etwa *Heiss/Loacker*, JBl 2007, 613, 618; *Junker*, NJW 2007, 3675, 3676; *Leible/Lehmann*, RIW 2007, 721, 724; *G. Wagner*, IPRax 2008, 1, 17.

209 ABl. EU Nr. L 199 vom 31.7.2007, S. 40 ff.

210 Ebenso *Dickinson*, Rome II Regulation, Rn. 3.317; *Glöckner*, IPRax 2009, 121, 123; *von Hein*, ZEuP 2009, 6, 10; *Jayme/Kohler*, IPRax 2007, 493, 494, Fn. 17; *Staudinger*, in: FS Kropholler, S. 691 ff.; a.A. *Heiss/Loacker*, JBl 2007, 613, 618; *Leible/Lehmann*, RIW 2007, 721, 724; *G. Wagner*, IPRax 2008, 1, 17.

Rom II-Verordnung und damit die Verpflichtung selbst erst zum 11. 1. 2009, also nach Ablauf der genannten Frist in Kraft getreten wäre.[211] In Ansehung der Berichtspflicht aus Art. 30 Abs. 1 Rom II-VO ergeben sich ebenso systematische Gründe, die für ein Inkrafttreten zum 20. 8. 2007 sprechen. Die Kommission erklärt im Anhang zur Verordnung selbst, bis spätestens „vier Jahre nach Inkrafttreten der Verordnung" ihre Studie vorzulegen.[212] Rechnet man diesen Zeitraum ab dem 20. 8. 2007, so gelangt man exakt zu dem Datum, das auch Art. 30 Abs. 1 Rom II-VO vorschreibt, nämlich den 20. 8. 2011.[213] Nach allem kann kein Zweifel mehr daran bestehen, dass die Rom II-VO bereits am 20. 8. 2007 in Kraft getreten ist.

Wenn man aber diese Unterscheidung der Begrifflichkeiten in Ansehung der Art. 31, 32 Rom II-VO streng beibehält, kommt man zu einem Ergebnis, dessen Sinnhaftigkeit bezweifelt werden kann. Im Ergebnis wäre die Rom II-VO damit auf alle Sachverhalte anwendbar, die sich nach dem 20. 8. 2007 ereignet haben, aber nur wenn das Verfahren erst nach dem 11. 1. 2009 eröffnet worden ist. Für Sachverhalte, die sich nach dem 20. 8. 2007 ereignet haben, aber bereits vor dem 11. 1. 2009 anhängig gemacht wurden, bleibt es zunächst bei der Anwendung des bisherigen, unvereinheitlichten Kollisionsrechts der Mitgliedstaaten.[214] Geradezu absurde Konsequenzen könnten sich aber für die letztere Fallgruppe ergeben, wenn das Verfahren – wie es regelmäßig der Fall sein wird – vor dem 11. 1. 2009 begonnen wurde, aber über diesen Zeitpunkt hinausdauert. Zu jenem Stichtag käme es nämlich dann möglicherweise zu einem Statutenwechsel, der große Teile des bisherigen Verfahrensaufwands zunichte machen könnte.[215] Die Vorhersehbarkeit des anwendbaren Rechts hängt dann von der unabsehbaren Dauer des Verfahrens ab.[216] Ferner könnte das anwendbare Recht manipuliert werden, indem das Verfahren über den Stichtag hinaus taktisch verschleppt würde. Diese Art der Manipulation wäre ein gänzlich neues Phänomen; analog zum *forum shopping* käme es dann möglicherweise zum „*tempus shopping*".[217]

Um diesem unbefriedigenden Ergebnis zu entfliehen bleibt nur noch, die Bezugnahme auf das Inkrafttreten in Art. 31 Rom II-VO als *lapsus linguae* auf-

---

211 *von Hein*, ZEuP 2009, 6, 11.

212 ABl. EU Nr. L 199 vom 31.7.2007, S. 49.

213 *von Hein*, ZEuP 2009, 6, 11.

214 So auch *Staudinger*, AnwBl 2008, 316, 323.

215 Art. 31 Rom II-VO nimmt nämlich nicht auf die Verfahrenseinleitung Bezug, sondern auf den Eintritt des schädigenden Ereignisses.

216 *Glöckner*, IPRax 2009, 121, 124; *von Hein*, ZEuP 2009, 6, 11.

217 Diese unschöne Aussicht nimmt *Bücken*, IPRax 2009, 125, 126 f. zum Anlass einer Korrektur im Wege einer Analogie.

zufassen und aus teleologischen Gesichtspunkten durch eine Verweisung auf die zeitliche Anwendbarkeit zu ersetzen.[218] Diese Lösung führt dazu, dass die Rom II-Verordnung schlicht und einfach auf Sachverhalte anzuwenden wäre, die sich nach dem 11. 1. 2009 ereignet haben. Die oben aufgezeigten Ungereimtheiten und Missbrauchsgefahren bestünden hier nicht. Diesem pragmatischen Standpunkt hat sich auch ein überwiegender Teil des Schrifttums angeschlossen, freilich häufig ohne das Problem überhaupt zu thematisieren[219], teils aber mit einer argumentativen Auseinandersetzung[220]. Andere wollen sich nicht über den ausdrücklichen Wortlaut des Art. 31 Rom II-VO hinwegsetzen und wenden die Rom II-Verordnung konsequenterweise seit dem 11. 1. 2009 auf Sachverhalte an, die sich nach dem 20. 8. 2007[221] ereigneten.[222]

Nach Ansicht des Verfassers ist die pragmatische und praxisfreundliche Lösung hier eindeutig zu bevorzugen, auch wenn das bedeutet, dass man dem Verordnungsgeber ein redaktionelles Versehen unterstellt. Jedenfalls dürften die anderenfalls drohenden Konsequenzen im Gesetzgebungsverfahren nicht bedacht und erst recht nicht gewollt gewesen sein. Daher spricht auch eine historische Auslegung für diesen Weg.[223]

Gleichwohl ist es rechtspolitisch grenzwertig, dass die der Rechtssicherheit und Vorhersehbarkeit verschriebene Rom II-Verordnung schon bei der Regelung ihres Anwendungsbereichs mehr Chaos schafft, als Vorhersehbarkeit för-

---

218 So im Ergebnis *Bücken*, IPRax 2009, 125, 126 f., der allerdings Art. 32 Rom II-VO analog auf den Zeitpunkt des Inkrafttretens anwenden will. Am Vorliegen einer Regelungslücke kann angesichts von Art. 254 EGV (jetzt Art. 297 AEUV) freilich gezweifelt werden. Ferner Münchener Kommentar/*Junker*, Band 10, 5. Aufl., Art. 31, 32 Rom II-VO, Rn. 4.

219 Etwa *Heiss/Loacker*, JBl 2007, 613, 618; *Junker*, NJW 2007, 3675, 3676; *Leible/Lehmann*, RIW 2007, 721, 724; *G. Wagner*, IPRax 2008, 1, 17.

220 *Bücken*, IPRax 2009, 125, 128; *Dickinson*, Rome II Regulation, Rn. 3.320-3.322; *Garcimartín Alférez*, EuLF 2007, I-77, I-81; *von Hein*, ZEuP 2009, 6, 11; Münchener Kommentar/*Junker*, Band 10, 5. Aufl., Art. 31, 32 Rom II-VO, Rn. 4; *R. Wagner*, IPRax 2008, 314, 316, Fn. 29.

221 Teilweise wird das Inkrafttreten der Rom II-Verordnung auf den 19.8.2007 fixiert (etwa *Kadner Graziano*, RabelsZ 73 (2009), 1, 3). Hintergrund dürfte eine falsche Fristberechnung sein. Gem. Art. 3 Abs. 1 S. 2 der Verordnung (EWG, Euratom) Nr. 1182/71 des Rates vom 3.6.1971 zur Festlegung der Regeln für die Fristen, Daten und Termine (ABl. Nr. L 124 vom 8.6.1971, S. 1 f.) hat der Tag der Bekanntmachung selbst bei Berechnung der 20-Tages-Frist außer Betracht zu bleiben.

222 *Kadner Graziano*, RabelsZ 73 (2009), 1, 3; *Staudinger*, AnwBl 2008, 316, 323.

223 A.A. *Glöckner*, IPRax 2009, 121, 124, der die aufgezeigten Konsequenzen eines Statutenwechsels bewusst hinnehmen will.

dert. Denn unabhängig von der Lösung des Problems sind beide Ansichten zumindest vertretbar. Damit dürfte es unausweichlich sein, dass die Gerichte der verschiedenen Mitgliedstaaten in dieser Frage nicht einer Meinung sein werden. Eine Klärung der Frage durch den EuGH erscheint somit unumgänglich. Den Parteien des Rechtsstreits, welcher schließlich zu einer Vorlage an den EuGH nach Art. 267 AEUV (ex-Art. 234 EGV) führt, dürfte aber nur schwer zu vermitteln sein, dass nach mehreren Instanzen nun doch ein anderes Kollisionsrecht anwendbar sein und ein anderes Sachrecht den Klagegegenstand beherrschen soll. Die unnötig hohen Kosten jenes Verfahrens sind das Lehrgeld, das eigentlich vom Gemeinschaftsgesetzgeber zu zahlen wäre.

bb. Zeitlich gestreckte Sachverhalte

Nach der hier vertretenen Auffassung ist die Rom II-Verordnung somit auf Sachverhalte anwendbar, die sich nach dem 11. 1. 2009 ereignet haben. Es bleibt aber weiterhin zu klären, wie zeitlich gestreckte Sacherverhalte zu handhaben sind. Wie der Vergleich mit Art. 4 Abs. 1 und vor allem Art. 7 Halbsatz 2 Rom II-VO ergibt, ist mit dem „schadensbegründenden Ereignis“ im Sinne von Art. 31 Rom II-VO die deliktische Handlung gemeint und gerade nicht der Verletzungserfolg.[224] Entsprechend ist bei der Gefährdungshaftung auf die konkrete Aktualisierung der Gefahr abzustellen[225] und bei Unterlassungsansprüchen im Falle schadensbegründender Ereignisse, deren Eintritt wahrscheinlich ist (Art. 2 Abs. 3 lit. a), auf den Zeitpunkt des Entstehens der Wahrscheinlichkeit eines Schadenseinstritts.[226] Durch diese eindeutige Anknüpfung ist das Deliktsstatut somit unwandelbar.[227] Im Interesse der angestrebten besseren Vorhersehbarkeit des anwendbaren Rechts ist diese Lösung sicherlich sinnvoll.

6. Internationales Deliktsrecht der Rom II-Verordnung

Nachdem Systematik und Grundlagen der Rom II-Verordnung beleuchtet wurden, folgt nun eine Darstellung des konkreten Anknüpfungssystems für die außervertragliche Schadenshaftung. Dem Aufbau der Verordnung entsprechend

224 *Garcimartín Alférez*, EuLF 2007, I-77, I-81; *von Hein*, ZEuP 2009, 6, 11; Palandt/*Thorn*, Art. 30-32 Rom II-VO, Rn. 1.

225 *von Hein*, ZEuP 2009, 6, 11; *Junker*, JZ 2008, 169, 170.

226 *Heiss/Loacker*, JBl 2007, 613, 618; *von Hein*, ZEuP 2009, 6, 11 f.

227 Palandt/*Thorn*, Art. 30-32 Rom II-VO, Rn. 1; anders aber Bamberger/Roth/*Spickhoff*, Anh. zu Art. 42 EGBGB, Rn. 151.

werden zunächst die Regelanknüpfung, sodann deren Auflockerungen und schließlich Sonderkollisionsnormen für bestimmte Deliktstypen thematisiert.

a. Regelanknüpfung, Art. 4 Abs. 1 Rom II-VO

aa. Die Tatortregel als Grundanknüpfung: Überblick und Platzdelikte

Die deliktische Regelanknüpfung gem. Art. 4 Abs. 1 Rom II-VO wirft eine Problematik auf, die logisch in zwei Teilfragen untergliedert werden kann. Im Folgenden soll daher zuerst allgemein zur Wahl des Tatorts als relevantem Bezugspunkt Stellung genommen werden. Hierbei ist es zunächst ohne Relevanz, wie der Tatort näher zu interpretieren ist. Im Anschluss daran soll die Konkretisierung der Tatortregel in der Rom II-Verordnung dargestellt und bewertet werden.

(1) Übersicht über die Regelung der Rom II-Verordnung

Die Grundanknüpfung für ein außervertragliches Schuldverhältnis aus unerlaubter Handlung regelt die Rom II-Verordnung an prominenter Stelle in Art. 4 Abs. 1 Rom II-VO. Danach ist das Recht des Staates anzuwenden, in dem „der Schaden eintritt". Mit dieser Formulierung wird der Tatort als Anknüpfungspunkt gewählt, mithin die *lex loci delicti commissi* berufen. Zwar steht dieser Grundsatz an der Spitze des Deliktskollisionsrechts der Rom II-Verordnung, aber in Wirklichkeit dürfte sein faktischer Anwendungsbereich sehr überschaubar sein.[228] Als prägender Leitgedanke entfaltet das Tatortprinzip nämlich keine direkte Auswirkung auf Bereiche, die von Sonderkollisionsnormen (Art. 5-9 Rom II-VO) geregelt werden. Jene sind zwar bloße Modifizierungen des Tatortprinzips für besondere Deliktstypen. Systematisch gehen sie aber der Grundregel des Art. 4 Abs. 1 Rom II-VO vor. Ferner ist eine praktisch besonders wichtige Fallgruppe, nämlich Persönlichkeitsrechtsverletzungen, vom Anwendungsbereich der Verordnung gänzlich ausgeschlossen, Art. 1 Abs. 2 lit. g.[229] Eine *lex specialis* zur Grundanknüpfung enthält Art. 4 Abs. 2 Rom II-VO, welcher das gemeinsame Aufenthaltsrecht normiert. Weiterhin wird durch Rechtswahl (Art. 14 Rom II-VO) oder im Falle einer offensichtlich engeren Verbindung im Sinne von Art. 4 Abs. 3 Rom II-VO der praktische Anwendungsbereich der Grundregel soweit beschnitten, dass letztlich neben kleineren Fallgruppen hauptsächlich

228 Bamberger/Roth/*Spickhoff*, Anh. zu Art. 42 EGBGB, Rn. 31; Palandt/*Thorn*, Art. 4 Rom II-VO, Rn. 3.

229 Dazu siehe bereits oben unter III.5.a.bb.

noch Verkehrs-, Sport- und Arbeitsunfälle von ihr erfasst werden.[230] Die Fälle der Arzthaftung fallen dagegen nur scheinbar unter die Grundanknüpfung. Hier wird nämlich in Ansehung des Behandlungsvertrags in aller Regel vertragsakzessorisch nach Art. 4 Abs. 3 Rom II-VO anzuknüpfen sein.[231] Diese systematischen Ausnahmen zur Grundregel schlagen auch auf die Prüfungsreihenfolge durch. Es handelt sich um eine Anknüpfungsleiter, bei der Art. 4 Abs. 1 Rom II-VO faktisch die letzte Sprosse darstellt. Der Rechtsanwender wird zunächst das Vorliegen einer Rechtswahl prüfen. Sodann ist unter die besonderen Kollisionsnormen der Art. 5-9 Rom II-VO und unter Art. 4 Abs. 2 Rom II-VO zu subsumieren. Endlich darf auf die Tatortregel zurückgegriffen werden, allerdings muss sogleich das Vorliegen einer engeren Verbindung nach Art. 4 Abs. 3 Rom II-VO in Betracht gezogen werden.[232] Gleichwohl ist ohne Zweifel gerade das Bekenntnis zum Tatort, welches in der Grundregel zum Ausdruck gebracht wird, die entscheidende Prämisse, aus der sich die genannten Ausnahmen und Sonderkollisionsnormen ableiten. Es strahlt auf die gesamte Verordnung aus. Mit Recht steht die Tatortregel daher an der Spitze der Kollisionsnormen und mit Fug darf sie sich als die Grundanknüpfung bezeichnen.

(2) Stellungnahme zur Tatortregel als Grundanknüpfung

Bevor den weiteren Verästelungen nachgegangen wird, die sich bei der Lokalisierung des Tatorts ergeben können, soll zunächst kurz zur Wahl gerade des Tatorts als Anknüpfungspunkt Stellung bezogen werden. Dabei müssen die Aufgabe des internationalen Deliktsrechts und besonders der deliktischen Grundanknüpfung sowie die hierbei zu berücksichtigenden Interessen vergegenwärtigt werden.

(a) Aufgabe der Grundregel und berührte Interessen

Das klassische kontinentaleuropäische, *Savignysche*[233] Anknüpfungsprinzip ist die Suche nach dem Sitz des Rechtsverhältnisses.[234] Der Schwerstpunkt, die engste Verbindung soll gefunden werden.[235] „So wird es herkömmlich gemacht

230 *Hohloch*, YbPrivIntL 2007, 1, 9; Palandt/*Thorn*, Art. 4 Rom II-VO, Rn. 3.
231 Siehe nur *Spickhoff*, NJW 2008, 1636, 1637.
232 Bamberger/Roth/*Spickhoff*, Anh. zu Art. 42 EGBGB, Rn. 30.
233 *Savigny*, System des heutigen Römischen Rechts, Band 8 (1849), insbesondere S. 120 f.
234 Vgl. nur *Gutzwiller*, Der Einfluss Savignys auf die Entwicklung des Internationalprivatrechts, S. 46; *Kreuzer*, ZfRV 33 (1992), 168, 170; *Siehr*, IPR, § 48 I 6 b, S.417.
235 *Mankowski, in:* FS Heldrich, S. 868 f.

und so ist es richtig."[236] Dabei liegt der Gerechtigkeitsgehalt des IPR gerade in der Bestimmung des räumlich passenden, im Gegensatz zum sachlich „besten" Recht.[237] Bei der Regelbildung müssen hier ebenso wie überall im Recht die betroffenen Interessen in abstrakt-genereller, präsumtiver Betrachtung identifiziert und gegeneinander abgewogen werden.[238]

(aa) Internationalprivatrechtliche Interessen

Nach der grundlegenden Dreiteilung der Interessen im Internationalen Privatrecht nach *Kegel* sind Partei-, Verkehrs- und Ordnungsinteressen zu unterscheiden.[239]

Das Parteiinteresse beschreibt die elementare Präferenz jeder Person, möglichst nach einer Rechtsordnung beurteilt zu werden, mit der sie eng verbunden ist. Das ist typischerweise das Recht desjenigen Staates, dem die Person angehört oder in dem sie wohnt.[240] Für den Gegenstand der hiesigen Untersuchung, der deliktischen Grundanknüpfung, kann aus den Parteiinteressen allerdings kein zwingender Schluss zugunsten des Personalstatuts eines Beteiligten abgeleitet werden. Bei einer unerlaubten Handlung stehen sich nämlich immer zwei Parteien mit gegenläufigen Interessen gegenüber. Die sich gegenüberstehenden Positionen heben sich gewissermaßen auf und führen zu einer Patt-Situation. Lässt man die sich aufhebenden Interessen außer Betracht, so bleibt allein der Tatort, mit dem *beide* Parteien verbunden sind. Insofern sprechen die Parteiinteressen jedenfalls nicht gegen die Tatortregel als Grundanknüpfung. Die Parteiinteressen müssen sich aber nicht immer gegenüberstehen, sondern können sich auch überschneiden, wenn Schädiger und Geschädigter im selben Staat domizilieren. In dieser Konstellation gewinnt das übereinstimmende Parteiinteresse an Bedeutung und überwiegt letztlich, sodass hier häufig von der Tatortanknüpfung zu Gunsten der *lex communis domicilii* abgegangen wird.[241]

Die Verkehrsinteressen unterscheiden sich von den Parteiinteressen im Grunde nur durch den Kreis ihrer Träger. Dieser setzt sich zusammen aus allen potentiell Beteiligten und nicht lediglich den Parteien eines konkreten Sachver-

---

236 *Kegel*, Anmerkung, in: *Juenger*, Zum Wandel des internationalen Privatrechts, S. 35, 38.

237 Statt aller *Kegel/Schurig*, IPR, § 2 I, S. 131.

238 Grundlegend zur Interessenjurisprudenz auf Ebene des Kollisionsrechts *Kegel*, in: FS Lewald, S. 259 ff.

239 Etwa *Kegel/Schurig*, IPR, § 2 II, S. 134-145 mit weiteren Nachweisen.

240 *Kegel/Schurig*, IPR, § 2 II 1, S. 135.

241 Vgl. *Kegel/Schurig*, IPR, § 2 II 1, S. 136. Zur Auflockerung des Deliktsstatus in der Rom II-Verordnung siehe sogleich unter III.4.b.

halts.[242] Im Verkehrsinteresse liegt vor allem ein rechtlich leichtes und sicheres Agieren. Zu Gunsten solcher Allgemeinerwägungen können Parteiinteressen zurückzutreten haben. Für den Bereich unerlaubter Handlungen verweisen die Verkehrsinteressen auf den Tatort. Nur jener ist „planbar“ und man kann sich darauf einstellen. So liegt es im Interesse der Allgemeinheit, dass jeder sein Verhalten an den jeweiligen örtlichen Gepflogenheiten orientiert.[243] Eine Fokussierung etwa auf das Personalstatut eines Beteiligten würde zu willkürlichen Differenzierungen je nach Wohnsitz beziehungsweise Staatsangehörigkeit der jeweiligen Person führen, die für den Verkehr unvorhersehbar sind.

Die dritte Gruppe setzt sich aus den sogenannten Ordnungsinteressen zusammen. Hierher gehören Aspekte, die mit den anderen Interessen verwandt sind, sich aber nicht einem bestimmten Trägerkreis zuordnen lassen. Es geht abstrakt um die Etablierung einer „brauchbaren Ordnung“[244]. Prominentester Gesichtspunkt ist in diesem Zusammenhang wohl der äußere beziehungsweise internationale Entscheidungseinklang. Darunter versteht man das rechtspolitische Ideal, dass es für den Ausgang eines Falles unerheblich ist, in welchem Staat er entschieden wird, da alle Staaten auf dasselbe Recht verweisen. Freilich setzt dies streng genommen weltweite Kollisionsrechtsvereinheitlichung voraus und kann deshalb immer nur ein Ideal und kein konkretes Ziel sein.[245] Für den einzelnen Gesetzgeber lässt sich daraus aber ableiten, dass schlicht eine möglichst gerechte Regelung gefunden werden soll, deren faktische Überzeugungskraft über die Landesgrenzen hinweg auszustrahlen vermag. Andererseits sollte nicht ohne Not von überkommenen und weitverbreiteten Lösungen abgewichen werden. Im internationalen Deliktsrecht ergibt sich daraus ein gewichtiges Indiz für die Tatortregel, die praktisch weltweit als ein Fixpunkt des Deliktsstatuts Geltung beansprucht.[246]

Unter dem Blickwinkel des inneren Entscheidungseinklangs als weiterem Ordnungsinteresse ist lediglich zu verstehen, dass innerhalb einer Rechtsordnung möglichst in sich geschlossen und widerspruchsfrei verfahren wird. Im IPR bedeutet dies konkret, dass möglichst einheitlich angeknüpft werden soll, um eine dépeçage, also die Beurteilung verschiedener Teile eines Sachverhalts

---

242 *Kegel/Schurig*, IPR, § 2 II 2, S. 137.

243 *Kegel/Schurig*, IPR, § 18 IV 1 a, S. 721.

244 *Kegel/Schurig*, IPR, § 2 II 3, S. 139.

245 *Kegel/Schurig*, IPR, § 2 II 3 a, S. 139 f.; auch *Mankowski*, IPRax 2010, 389, 398.

246 *Kadner Graziano*, Europäisches IDR, S. 19; *ders.*, Gemeineuropäisches IPR, S. 134; *ders.*, in: Japanese and European Private International Law, S. 243, 247; *Kegel/Schurig*, IPR, § 2 II 3 a, S. 140 und § 18 IV 1 a, S. 721.

nach unterschiedlichen Rechten, zu vermeiden.[247] Für die Zwecke der deliktischen Grundanknüpfung lässt sich daraus nicht eine bestimmte Regel herausarbeiten, sondern nur das Gebot, dass die – wie auch immer geartete – deliktische Anknüpfung inhaltlich mit dem restlichen System abgestimmt sein soll. Besonders das Zusammenspiel mit dem Vertragsstatut kann hierbei relevant werden.[248]

Einen weiteren Strang unter den Ordnungsinteressen beanspruchen Rechtssicherheit und Vorhersehbarkeit für sich. Zunächst wird dem Interesse der Vorhersehbarkeit nur dann genügt, wenn überhaupt ein Rechtssatz zur Anknüpfung deliktischer Sachverhalte besteht und nicht nur im Einzelfall ad hoc Recht gesprochen wird.[249] Die Tatortregel eignet sich hier genauso wie jede denkbare andere Norm. Ebenfalls zu den Ordnungsinteressen gehört ein Aspekt, den grundlegend *Schurig* herausarbeitet und treffend als das „Trägheitsprinzip" bezeichnet.[250] Aus der bloßen Existenz einer Anknüpfungsregel leitet *Schurig* ein „Beharrungsinteresse" an der Beibehaltung der Norm im Dienste der Rechtssicherheit ab.[251] Verkürzt bedeutet dies, dass Rechtssicherheit nach Kontinuität verlangt und jene deshalb einen Retentionseffekt gegenüber Veränderungen entfalten muss.[252] Gerade diese Überlegung streitet für die Tatortregel als überkommene und weltweit etablierte Anknüpfung für unerlaubte Handlungen. Allerdings muss man sich den Untersuchungsgegenstand erneut vor Augen halten. Es geht um die Überführung des Deliktskollisionsrechts in eine europäische Verordnung. Hintergrund der Darstellung von *Schurig* ist aber primär die Fortentwicklung des Kollisionsrechts innerhalb eines Rechtssystems. Es fragt sich mithin, ob das Trägheitsprinzip auch für die Vergemeinschaftung des Kollisionsrechts in der Europäischen Gemeinschaft Geltung beanspruchen kann. Auf den ersten Blick scheint das nicht der Fall zu sein. Trägheit und Beharrung setzen schon begrifflich-logisch voraus, dass es einen Vergleichswert geben muss, auf dem beharrt werden *kann*. Formal-juristisch könnte man den Gedankengang damit bereits abbrechen; ein vereinheitlichtes europäisches internationales Deliktsrecht existierte vor der Rom II-Verordnung nicht.

Indes griffe dies zu kurz. Man kann nämlich auf die Gesamtheit des jeweiligen nationalen Bestands an Kollisionsregeln der Mitgliedstaaten als „trägheitsbegründende" Masse rekurrieren. Immerhin dürfte es für den Rechtsunterworfenen regelmäßig keinen Unterschied machen, welcher Provenienz ein für ihn

247 *Kegel/Schurig*, IPR, § 2 II 3 b, S. 141.
248 Ausführlich dazu unter IV.2.a.
249 *Kegel/Schurig*, IPR, § 2 II 3 c, S. 143; *Kropholler*, IPR, § 53 I 1, S. 515.
250 *Schurig*, Kollisionsnorm, S. 197-204.
251 *Schurig*, Kollisionsnorm, S. 197 ff., insb. S. 199.
252 *Schurig*, Kollisionsnorm, S. 199 und 204.

bindender Rechtssatz sein mag. Deshalb kann man folgern, dass auch bei der Überführung von Rechtsgebieten vom national-autonomen ins Gemeinschaftsrecht ein Ordnungsinteresse an Kontinuität berücksichtigt werden muss. Dabei muss den Umständen entsprechend die Betrachtung etwas weiter gefasst werden. In rechtsvergleichender Sicht sind nationale Eigenheiten zu eliminieren und prägende Gemeinsamkeiten herauszuarbeiten. Je anerkannter eine Lösung in den Mitgliedstaaten ist, desto stärker ist das Beharrungsinteresse daran. Das „Maß" der Trägheit, gewissermaßen die juristische Haftreibungszahl, wird man in diesem Zusammenhang eher großzügig beurteilen müssen, um eine Vergemeinschaftung des Kollisionsrechts nicht schlechterdings zu desavouieren. Das Trägheitsprinzip darf nicht (aus sachfremden Erwägungen) zu einem „Lähmungsprinzip" pervertiert werden.

Damit lässt sich konstatieren, dass das von *Schurig* so genannte Trägheitsprinzip als Ordnungsinteresse auch bei der Vereinheitlichung des Kollisionsrechts auf europäischer Ebene fruchtbar gemacht werden kann. Allerdings ist in der Sache hierdurch noch nichts entschieden. Konkret geht es um die rechtspolitische Beurteilung der Tatortregel als Grundregel in der Rom II-Verordnung. Diesbezüglich kann sich die Rom II-Verordnung auf einen breiten gemeineuropäischen Konsens berufen.[253] Das Trägheitsprinzip spricht also ausdrücklich für eine Beibehaltung dieses Anknüpfungsprinzips. Damit ist freilich noch nichts über die Lokalisierung des Tatorts gesagt. Darauf wird zurückzukommen sein.[254]

Schließlich kann als Ordnungsinteresse auch ein Interesse an der Anwendung der *lex fori* bestehen. Angesprochen ist damit nicht das Phänomen des sogenannten „Heimwärtsstrebens"[255], sondern gemeint sind Fälle, in denen aus sachlichen Gründen die *lex fori* bevorzugt wird. Die Anwendung des Heimatrechts befreit die Gerichte von der Ermittlung und Anwendung ausländischen Rechts und begünstigt schnellere, billigere und sicherere Entscheidungen.[256] Das angesprochene Interesse hat im Gesamtgefüge aber eine nachrangige Bedeutung und kann letztlich nur den Stichentscheid bei einem sonstigen Wertungspatt lie-

---

253 *Kadner Graziano*, Europäisches IDR, S. 19; *ders.*, Gemeineuropäisches IPR, S. 134; *ders.*, in: Japanese and European Private International Law, S. 243, 247; *Kegel/Schurig*, IPR, § 2 II 3 a, S. 140 und § 18 IV 1 a, S. 721.

254 Siehe unter III.4.a.bb und cc.

255 Der Begriff geht zurück auf *Nußbaum*, Deutsches IPR (1932), S. 43. Darunter versteht man die Tendenz der Gerichte, möglichst zur Anwendung ihres Heimatrechts zu gelangen, um die Schwierigkeiten und das Mühsal der Anwendung ausländischen Rechts zu vermeiden, vgl. nur *Kropholler*, IPR, § 7 I, S. 42 f.

256 *Kegel/Schurig*, IPR, § 2 II 3 d, S. 143.

fern.[257] Im internationalen Deliktsrecht weisen die Interessen hingegen, wie gesehen, mehrheitlich auf den Tatort, sodass das Interesse an der generellen Anwendung der *lex fori* in den Hintergrund gedrängt wird.[258]

(bb) Sachrechtliche Interessen

Neben den spezifischen internationalprivatrechtlichen Interessen spielen auch solche aus dem materiellen Privatrecht eine Rolle. Das IPR ist „sachrechtsbezogen“[259], denn Kollisionsrecht und Sachrecht sind beides Subsysteme ein und derselben Gesamtrechtsordnung.[260] Unmittelbar einsichtig ist dieser Grundsatz indes nur dann, wenn es um die Betrachtung einer einzelnen nationalen Rechtsordnung geht. Die vorliegend zur Diskussion gestellte Rom II-Verordnung überwindet nun aber die Nationalstaatlichkeit und ist ein supranationaler Rechtsakt der Gemeinschaft. Gleichwohl gilt auch auf Gemeinschaftsebene im Prinzip die Einheit der Rechtsordnung, denn auch hier existiert letztlich nur eine unteilbare Gerechtigkeit. Dieses methodische Verständnis führt freilich zu erheblichen tatsächlichen Schwierigkeiten, wenn man konkret ein gemeinschaftsrechtliches Projekt wie die Rom II-Verordnung betrachtet. Konsequenterweise können hier die materiell-rechtlichen Wertungen nur dem Sachrecht der Gemeinschaft entspringen.[261] Für den hier interessierenden Bereich des materiellen Haftungsrechts existiert ein europäisches Regelungssystem allerdings allenfalls bruchstückhaft.[262] Welche materiell-rechtlichen Wertungen im Einzelnen die Architektur des Kollisionsrechts beeinflussen müssen, kann daher nur mittels einer vergleichenden, funktionellen Analyse des Sachrechts auf europäischer Ebene ermittelt werden.[263]. In Ansehung der gemeinschaftsrechtlichen Provenienz der Rom II-Verordnung sind folglich im Ergebnis – mit einem höheren

---

257 *Kegel/Schurig*, IPR, § 2 II 3 d, S. 144; ähnlich *Kropholler*, IPR, § 7 III 2 b, S. 49.

258 Zum *lex-fori*-Ansatz als generellem Gegenvorschlag zum bestehenden Kollisionsrechtssystem siehe unten unter III.4.a.aa.[2].[b].[aa].

259 *Hohloch*, Deliktsstatut, S. 237 ff.; *Schurig*, Kollisionsnorm, S. 210.

260 *von Hein*, Günstigkeitsprinzip, S. 27; *Kegel/Schurig*, IPR, § 2 III, S. 145; *Koziol/Thiede*, ZVglRWiss 2007, 235, 238 f.

261 *Koziol/Thiede*, ZVglRWiss 2007, 235, 239.

262 *Kadner Graziano*, Gemeineuropäisches IPR, S. 105.

263 *von Hein*, Günstigkeitsprinzip, S. 27; *Koziol/Thiede*, ZVglRWiss 2007, 235, 239; noch weitergehender aber im Ergebnis gleich *G. Wagner*, IPRax 2006, 372, 374, der die „überzeitlichen und überstaatlichen“ Prinzipien des materiellen Deliktsrechts heranziehen will.

Abstraktionsniveau als im rein nationalen Kontext – die Prinzipien und Zwecke des materiellen europäischen Haftungsrechts heranzuziehen.[264]

Dieser im Vergleich zum nationalen Recht differierende methodische „Überbau" bei der Interessenanalyse und –bewertung führt im Bereich der außervertraglichen Haftung freilich nicht zu erheblichen Unterschieden im Ergebnis. Zwei primäre Haftungszwecke[265] dominieren die jeweiligen nationalen Rechte der Mitgliedstaaten. Einerseits ist dies der Schadensausgleich und gewissermaßen als Kehrseite auch eine auf Schadensprävention gerichtete Verhaltenssteuerung.[266] Aufgabe des internationalen Deliktsrechts ist es nun, das Recht zu ermitteln, das jenen Funktionen des materiellen Deliktsrechts möglichst weitgehend Rechnung trägt.[267] Am Grad der Verwirklichung jener Maximen muss sich die kollisionsrechtliche Lösung messen lassen.

Vor dem dargestellten Hintergrund ist der Tatort als Bezugspunkt der deliktischen Grundanknüpfung in der Rom II-Verordnung zu betrachten. Dabei wird klar, dass eine deliktische Tat denknotwendig einen Tat*ort* voraussetzt. Die materiell-rechtlichen Funktionsziele des Deliktsrechts können aber nur dann effektvoll sein, wenn auch das Recht des Tatorts über die Folgen der Tat entscheidet. Alternativen wie etwa die *lex fori* oder das Personalstatut des Geschädigten stehen nicht zwingend in einem engen Zusammenhang zur unerlaubten Handlung. Es könnte daher ein vom Tatortrecht abweichendes Recht anzuwenden sein, das in Art und Umfang der Rechtsfolge möglicherweise den Schaden am Tatort nicht kompensiert. Das Vertrauen des Geschädigten in den inländischen Rechtsgüterschutz würde unterminiert.[268] Ferner wären die genannten Alternativen für den Schädiger nicht voraussehbar. Er kann sein Verhalten damit gar nicht sinnvoll an ein Rechtssystem anpassen. Auch eine Verhaltenssteuerung wäre daher nicht möglich. Somit kann festgehalten werden, dass die Tatortregel als Grundanknüpfung geeignet ist, den materiell-rechtlichen Interessen der Schadenskompensation und –prävention Wirkung zu verleihen. Noch nicht entschieden ist damit freilich über die Gewichtung jener beiden Interessen im Hinblick auf die Konkretisierung des Tatorts bei Distanzdelikten.[269]

---

264 *Koziol/Thiede*, ZVglRWiss 2007, 235, 239; im Ergebnis ebenso *G. Wagner*, IPRax 2006, 372, 374.

265 Siehe dazu ausführlich *von Hein*, Günstigkeitsprinzip, S. 28-37.

266 Etwa *Koziol/Thiede*, ZVglRWiss 2007, 235, 239 f.; *Sonnentag*, ZVglRWiss 2006, 256, 266 f.; *G. Wagner*, IPRax 2006, 372, 374.

267 *Hohloch*, Deliktsstatut, S. 221 f.; *Wandt*, in: FS 100 Jahre DVS, S. 127, 130.

268 *G. Wagner*, IPRax 2006, 372, 374.

269 Genauer dazu unter III.4.a.bb.

(b) Mögliche Alternativen

Die Tatortanknüpfung als Grundanknüpfung wird, wie gezeigt, von den maßgeblichen Interessen getragen. Die Richtigkeit und Unausweichlichkeit dieses Ergebnisses lässt sich aber auch mit einer Gegenprobe verifizieren, indem denkbare Alternativen zum Tatort betrachet werden.

(aa) Lex fori-Ansatz

Die sogenannte „*lex fori*-Theorie" wurde im Deutschland des 19. Jahrhunderts von *Wächter* und *Savigny* geprägt.[270] Deliktische Schuldverhältnisse sollten nach diesem Ansatz stets nach der *lex fori* zu beurteilen sein.[271] Auch in den Vereinigten Staaten hat es Bestrebungen nach einer Ausrichtung des IPR am Recht des Gerichtsstaates gegeben.[272] Jedoch hat sich diese Lösung nicht durchgesetzt und das zu Recht. Denn die Argumente zur Begründung dieser Theorie sind mittlerweile überholt. Sie wurzeln in der angeblichen Nähe des Delikts- zum Strafrecht und dem zwingenden Charakter des Haftungsrechts.[273] Beides hat sich als nicht haltbar erwiesen. Zivil- und Strafrecht unterscheiden sich ganz entschieden und sind autonome Rechtsgebiete. Außerdem kann nicht davon ausgegangen werden, dass das Deliktsrecht stets international zwingend ist. Vielmehr dient es vorrangig dem Ausgleich privater Interessen. Der unabdingbaren öffentlichen Ordnung des Gerichtsstaates sind Normen des Haftungsrechts nur in seltenen Einzelfällen verpflichtet.[274] Weiterhin stellt der *lex fori*-Ansatz die Selbstständigkeit des IPR gegenüber dem internationalen Zuständigkeitsrecht insgesamt in Frage, denn mit der Gerichtszuständigkeit wäre die Frage nach dem anwendbaren Recht zu Gunsten der *lex fori* bereits entschieden. Dass im Verfahrensrecht aber andere Interessen zu berücksichtigen sind als auf der Ebene des IPR wird so völlig negiert.[275] Dazu würde *forum shopping* geradezu herausgefordert, da in jedem Staat ein anderes Recht zur Anwendung berufen wäre. Der äußere Entscheidungseinklang wäre durch die *lex fori*-Lösung *per definitionem* völlig beseitigt: Es besteht nicht einmal die Möglichkeit, dass zwei Staaten auf

---

270 *Wächter*, AcP 24 (1841), 230-311 und 25 (1842), 1-60, 161-200, 361-419; *Savigny*, System des heutigen Römischen Rechts, Band 8 (1849), S. 261, 275 ff.

271 Zu diesem Ansatz *Hohloch*, Deliktsstatut, S. 41 ff.; *Rohe*, Geltungsgründe, S. 159 f.

272 Etwa der Lösungsansatz von *Ehrenzweig*, P.I.L., Band 1, S. 75-110.

273 *Savigny*, System des heutigen Römischen Rechts, Band 8 (1849), S. 261, 278 ff.

274 *Kadner Graziano*, Europäisches IDR, S. 23; *ders.*, Gemeineuropäisches IPR, S. 154.

275 *Kadner Graziano*, Europäisches IDR, S. 23; *ders.*, Gemeineuropäisches IPR, S. 154. Zu den Unterschieden zwischen IPR und Verfahrensrecht siehe auch ausführlicher unten unter IV.1.a.cc.

das selbe Sachrecht verweisen. Schließlich würden so auch die Ordnungs- und Parteiinteressen leiden, denn das anwendbare Recht würde ausschließlich von der Wahl des Verfahrensorts abhängen und wäre demnach nicht im Vorhinein bestimmbar und voraussehbar.[276] Auch materiell-rechtliche Haftungszwecke, insbesondere die Schadensprävention durch Verhaltenssteuerung, werden nicht effektiv unterstützt, da die *lex fori* nicht notwendig mit dem Tatort übereinstimmt und der Schädiger im Zeitpunkt der deliktischen Handlung noch gar nicht wissen kann, an welcher Rechtsordnung er sein Verhalten zu orientieren hat. Nach dem Gesagten lässt sich konstatieren, dass eine strenge *lex fori*-Lösung den beteiligten Interessen nicht annähernd so gut gerecht wird wie die Tatortregel und sich daher verständlicherweise nicht durchsetzen konnte.

(bb) „Double Actionabilty Rule"

Im common law Englands hat die Rechtsprechung als Gegenvorschlag zur reinen Tatortanknüpfung die sogenannte „Double Actionability Rule" entwickelt.[277] Darunter versteht man die kumulative Anwendung sowohl des Tatortrechts als auch der *lex fori*. Eine Klage hat danach nur dann Erfolg, wenn sie nach beiden in Betracht kommenden Rechtsordnungen begründet ist. Hier bestehen bezüglich der Anwendung der *lex fori* dieselben Bedenken wie auch schon gegen den soeben beschriebenen Ansatz. Die immerhin schon als Teil der Anknüpfung relevante Tatortregel wird durch die Kumulation mit der *lex fori* wieder völlig entwertet. Dem Geschädigten legt diese Lösung vielmehr ein zusätzliches Hindernis in den Weg.[278] Die ganz überwiegend kritische Rezeption in der Wissenschaft[279] hat endlich den britischen Gesetzgeber 1995 veranlasst, diesen Ansatz im Prinzip zu Gunsten der *lex loci delicti comissi* aufzugeben.[280] Die kumulative Anwendung von Tatortrecht und Recht des Gerichtsstaates ist somit aus guten Gründen (Rechts-)Geschichte und kann keine ernsthafte Alternative zur alleinigen Geltung der Tatortregel sein.

---

276 *Kadner Graziano*, Gemeineuropäisches IPR, S. 155.

277 Siehe dazu die englischen Fälle *The Halley* [1868] L.R. 2 P.C. 193; *Philipps v. Eyre* [1870] L.R. 6 Q.B. 1; *Boys v. Chaplin* [1971] AC 356.

278 *Kadner Graziano*, Europäisches IDR, S. 24.

279 Vgl. die Nachweise bei *Kadner Graziano*, Gemeineuropäisches IPR, S. 160 ff.

280 Section 11 in Teil III des Private International Law (Miscellaneous Provisions) Act 1995. Für bestimmte Fallgruppen wurde die "Double Actionability Rule" allerdings noch beibehalten.

(cc) Verzicht auf feste Anknüpfungsregeln

Weniger am Anknüpfungsmoment des Tatorts selbst, sondern am zweiten Wortteil der Tatort*regel* setzen radikalere Alternativen an. Das Erfordernis überhaupt einer festen Regel wird in Zweifel gezogen. Spielarten dieses Vorschlags gibt es zahlreiche. Als repräsentativ werden hier der US-amerikanische „Better Law Approach“[281] sowie die Idee des „Proper Law of a Tort“[282] herausgegriffen. Hintergrund beider Ansätze war die als zu mechanisch und starr empfundene Tatortregel. Die strenge Anwendung des Tatortrechts wurde nicht allen denkbaren Fallkonstellationen gerecht. Daher ging man daran, auf eine gesetzliche Fixierung insgesamt zu verzichten und im Fall des „Better Law Approach“ eine bloße Methodik fallrechtlicher Argumentation an deren Stelle zu setzen. Das „Proper Law of a Tort“ verlangt eine Gesamtabwägung zwischen allen in Betracht kommenden Anknüpfungspunkten ohne dem Richter genauere Hinweise zur Begrenzung und Gewichtung der in Frage kommenden Kontakte an die Hand zu geben.[283] Jener Ansatz ist im Grunde daher auch eine non-rule, da in jedem Einzelfall erneut ad hoc eine vollständige kollisionsrechtliche Interessenabwägung durchzuführen ist.[284] Zuzugeben ist diesen Bestrebungen, dass die Tatortregel in der Tat nicht jeden denkbaren Fall angemessen zu lösen im Stande ist. Allerdings ist der völlige Verzicht auf klare Regeln nicht der richtige Weg, dieser Unvollkommenheit der Tatortregel abzuhelfen. In Europa trafen vor allem die US-amerikanischen Vorschläge sodann auch auf ein ablehnendes Echo. Die Kritik[285] war teilweise harsch[286] und schreckte auch vor Polemik[287] nicht zurück. Im Grunde ist sie aber berechtigt. Denn anstatt vor dem Problem völlig zu kapitulieren und sich in Einzelfallabwägungen zu retten, ist es ebenso gut möglich, die Tatortregel „kontrolliert“ aufzulockern, indem mit Ausnahmeregeln für problematische Fallgruppen gearbeitet wird. Die von den Reformern so hoch geschätz-

281 Siehe etwa *Juenger*, Zum Wandel des internationalen Privatrechts, S. 1 ff., mit sehr kritischer Anmerkung von *Kegel*, S. 35 ff., der den Ansatz *Juengers* als „seltsame Blüte“ betrachtet, a.a.O., S. 39.

282 Der Ansatz geht zurück auf *Morris*, Harvard Law Review 54 (1951), 881 ff.

283 *Hohloch*, Deliktsstatut, S. 140.

284 *Kadner Graziano*, Gemeineuropäisches IPR, S. 166.

285 Vgl. die Nachweise bei *Kadner Graziano*, Gemeineuropäisches IPR, S. 167 f.

286 Von *Kegel* stammt der Ausspruch: „Hier kann man von den Amerikanern lernen, wie man es *nicht* machen darf!“ [Hervorhebung im Original], in: *Juenger*, Zum Wandel des internationalen Privatrechts, S. 44. Ferner *Kozyris*, AmJCompL 2008, 471, 473: "Let us not forget that the road to hell is paved with good intentions and that when things are already bad enough, a change is not always for the better!"

287 Besonders lesenswert *Siehr*, in: Kollisionsrecht in der Europäischen Union, S. 77, 93 f.

te Flexibilität muss dann nicht mit völliger Aufgabe von Vorhersehbarkeit und Rechtssicherheit bezahlt werden. Ohne ein gerichtliches Verfahren stünde das anwendbare Recht nämlich noch völlig im Dunklen. Gerade die Gerichte werden durch diese neuen Ansätze überlastet mit komplexen Interessenanalysen, die jedes Mal aufs Neue durchgeführt werden müssen. Einfacher und vorhersehbarer ist es, wenn der Gesetzgeber abstrakt-generell diese Interessenbewertung „ein für allemal" durchführt.[288] Ultimativ können Alternativen, die auf einen Verzicht von gesetzlichen Regeln hinauslaufen, demzufolge nicht überzeugen. Rechtssicherheit und Vorhersehbarkeit als prägende Ordnungsinteressen wären unangemessen eingeschränkt. Dies schlägt auch auf die Partei- und Verkehrsinteressen durch, bei denen es besonders auf ein leichtes und sicheres Agieren im Rechtsraum ankommt.

(dd) Rechtswahl

Schließlich wird die Parteiautonomie, also eine Anknüpfung an die von den Parteien getroffene Rechtswahl, als Alternative zur Tatortregel als Primäranknüpfung vorgeschlagen.[289] Dabei handelt es sich eher um eine Frage des Blickwinkels, nicht um eine inhaltliche Meinungsverschiedenheit. Klar ist, dass heute die Rechtswahl auch für außervertragliche Schuldverhältnisse weithin anerkannt ist. Faktisch geht die Parteiautonomie in der Anknüpfungsleiter der Tatortregel vor.[290] Gleichwohl besteht ein Bedürfnis, auch die Fälle zu regeln, in denen eine Rechtswahl nicht getroffen wird. Dort kommt die Tatortregel ins Spiel. Der Tatort stellt weiter das prägende Grundprinzip als Auffangregel dar. Ob man nun die Rechtswahl als primäres Anknüpfungsmoment bezeichnen möchte, da sie in der Anknüpfungsleiter auf der ersten Sprosse steht; oder ob man diese Bezeichnung für die Tatortregel als fundamentaler „erster Stufe" der Leiter wählt, ist für das praktische Ergebnis gleichgültig. Jedenfalls kann die Parteiautonomie definitionsgemäß die Tatortregel nicht obsolet werden lassen, denn die Rechtswahlfreiheit begründet gerade keine Pflicht zu wählen.

(c) Geltungsgrund der Tatortregel

Überzeugende Alternativen zum Tatort sind also nicht in Sicht. Darum kommt es nicht unerwartet, dass die Tatortregel vielfach als effizient, einfach, praktika-

---

288 Zum Ganzen siehe *Kadner Graziano*, Gemeineuropäisches IPR, S. 167 ff.

289 Insbesondere *Kadner Graziano*, Europäisches IDR, S. 26 ff.; *ders.*, Gemeineuropäisches IPR, S. 170-192.

290 Siehe bereits oben unter III.3.a.

bel, vorhersehbar und gerecht empfunden wird.[291] Eine Begründung der Tatortregel „aus sich selbst heraus" bereitet gleichwohl Schwierigkeiten.[292] Auch wenn die sachliche Begründbarkeit aus sich selbst noch keinen zwingenden Geltungsgrund der Tatortregel etablieren kann, so spricht doch alles dafür, dass ihre Unausweichlichkeit, die sich in der Ermangelung sinnvoller Alternativen manifestiert, den wahren Geltungsgrund der Tatortregel darstellt. Sie ist die beste aller denkbaren Lösungen und gilt deswegen. Die Rom II-Verordnung tut gut daran, sich mit Art. 4 Abs. 1 Rom II-VO dieser Ansicht anzuschließen.

bb. Konkretisierung der Tatortregel: Distanzdelikte

Nach der dargestellten theoretischen Grundlegung der Tatortregel als Anknüpfungsprinzip ist nun auf deren Präzisierung und Konkretisierung einzugehen. Den in der Praxis weit überwiegenden Teil der Fälle dürften Platzdelikte stellen, bei denen Handlungs-, Erfolgs- und Schadensort allesamt im Hoheitsgebiet desselben Staates belegen sind. Hier garantiert die Anknüpfung an den Tatort unmittelbar eine einfache, gerechte, effiziente und vorhersehbare Lösung. Der Tatort wird dabei gewissermaßen als das „natürliche" Anknüpfungsmoment gesehen.[293] Schwierigkeiten bereiten aber solche unerlaubte Handlungen, die eine Grenze überschreiten und deren Handlungs- und Erfolgsorte deswegen in verschiedenen Staaten liegen. Bei diesen sogenannten Distanzdelikten stellt sich daher die Frage, wie das Verhältnis der in Betracht kommenden Orte ist. Hier lag schon immer die Kernproblematik der Tatortregel. Deren grundsätzliche Geltung ist nahezu unbestritten. Gleichwohl verschleiert diese Einhelligkeit die oft gravierenden Unterschiede im Einzelnen. Die Übereinstimmung im Grundsatz ist genau besehen bloß eine Fassade.[294]

(1) Lösung der Rom II-Verordnung

Die Rom II-Verordnung trifft in der deliktischen Grundregel eine pragmatische Entscheidung für Distanzdelikte. Mit der Formulierung in Art. 4 Abs. 1 Rom II-

291 *Kadner Graziano*, Europäisches IDR, S. 21; *ders.*, Gemeineuropäisches IPR, S. 192 f.

292 Monographisch und umfassend dazu *Rohe*, Geltungsgründe, passim; *Hohloch*, Deliktsstatut, dort insb. S. 258-268.

293 Vgl. die Nachweise bei *Kadner Graziano*, Gemeineuropäisches IPR, S. 142 ff.; *ders.*, Europäisches IDR, S. 21 f.

294 *Hoffmann*, Koordination, S. 106, Fn. 21; *W. Lorenz*, in: Vorschläge und Gutachten, S. 97, 101 f.

VO[295] ist der Erfolgsort im Gegensatz zum Handlungsort oder zum Schadensort in der Diktion des deutschen Deliktsrechts gemeint.[296] Allerdings kann die verwendete Wortwahl für den deutschen Rezipienten missverständlich sein.[297] Nur in Zusammenschau mit dem Ort der „indirekten Schadensfolgen", mit dem des „schadensbegründenden Ereignisses" und den Erwägungsgründen[298] lässt sich ableiten, dass in Art. 4 Abs. 1 Rom II-VO der Erfolgsort bezeichnet sein muss. Die unklare Begrifflichkeit resultiert letztlich aus den Systemunterschieden im materiellen Deliktsrecht. Anders als das deutsche materielle Deliktsrecht unterscheiden Rechtsordnungen romanischer Tradition größtenteils nicht zwischen Verletzungserfolg und daraus erwachsendem Schaden. Jene Rechtsordnungen bedienen sich deliktsrechtlicher Generalklauseln, die einen Schaden, nicht aber einen Verletzungserfolg, voraussetzen, siehe etwa Art. 1382 f. Code Civil.[299] Weil der Begriff des Erfolgsorts in den romanischen Rechtsordnungen unbekannt ist, hat er auch keinen Eingang in die Rom II-Verordnung gefunden.[300] Gleichwohl ist die verwendete Formulierung ebenfalls wenig glücklich gewählt. Im Hinblick auf den Sprachgebrauch der romanisch geprägten Rechtsordnungen wäre es besser gewesen, vom „direkten Schaden" oder dem „Primärschaden" zu sprechen.[301] Trotz aller Kritik an der Formulierung ist man sich im Ergebnis jedenfalls einig, dass Art. 4 Abs. 1 Rom II-VO in der Sache das Erfolgsortsrecht zur Anwendung beruft.[302]

Inhaltlich weicht Art. 4 Abs. 1 Rom II-VO gravierend von Art. 40 Abs. 1 EGBGB ab. Das deutsche Pendant sieht grundsätzlich eine alternative Anknüp-

---

295 Anzuwenden ist danach das Recht des Staates, „in dem der Schaden eintritt, unabhängig davon, in welchem Staat das schadensbegründende Ereignis oder indirekte Schadensfolgen eingetreten sind."

296 *Brière*, Clunet 135 (2008), 31, 42; *von Hein*, ZEuP 2009, 6, 16; *Leible/Engel*, EuZW 2004, 7, 10; *Sonnentag*, ZVglRWiss 2006, 256, 265.

297 *von Hein*, ZEuP 2009, 6, 16; *ders.*, ZVglRWiss 2003, 528, 543; *Huber/Bach*, IPRax 2005, 73, 76; vgl. auch *House of Lords*, European Union Committee, Session 2003-2004, HL 66, Nr. 100.

298 Erwägungsgründe Nr. 16 und 17 Rom II-VO.

299 *Lück*, Neuere Entwicklungen, S. 189; Bamberger/Roth/*Spickhoff*, Anh. zu Art. 42 EGBGB, Rn. 32; *ders.*, in: IPR im Zeitalter der neuen Medien, S. 89, 104 f.; *G. Wagner*, IPRax 2006, 372, 376.

300 Palandt/*Thorn*, Art. 4 Rom II-VO, Rn. 1.

301 *Heiss/Loacker*, JBl 2007, 613, 624.

302 Dies ist soweit ersichtlich unbestritten, siehe nur *von Hein*, ZEuP 2009, 6, 16; *Heiss/Loacker*, JBl 2007, 613, 624; Bamberger/Roth/*Spickhoff*, Anh. zu Art. 42 EGBGB, Rn. 32; Palandt/*Thorn*, Art. 4 Rom II-VO, Rn. 1; *G. Wagner*, IPRax 2008, 1, 4.

fung an den Handlungs- und den Erfolgsort mit einem Wahlrecht des Geschädigten vor. Außerdem gibt Art. 40 Abs. 1 EGBGB bei der Nichtausübung dieser Option dem Handlungsort den Vorzug. Im Vergleich dazu könnte die deliktische Grundregel der Rom II-VO trotz der gemeinsamen Basis des Tatorts kaum unterschiedlicher sein. Sie erteilt den beiden wesentlichen Prinzipien der deutschen Regelung eine Absage. Der Handlungsort wird ausdrücklich als Anknüpfungsmoment der Grundregel ausgeschlossen. Für das Ubiquitätsprinzip oder eine alternative Anknüpfung besteht daher von vornherein kein Raum mehr.[303] Jedenfalls bezüglich der Grundanknüpfung der Verordnung konnte die erst 1999 erfolgte Kodifikation der Art. 38-42 EGBGB keine maßgeblichen Auswirkungen auf das künftige Gemeinschaftsprivatrecht zeitigen.[304] Welche Lösung überzeugender ist, soll im Folgenden untersucht werden.

(2) Stellungnahme

Die Konkretisierung des Tatorts ist gewissermaßen die „Gretchenfrage" des internationalen Deliktsrechts. Hier scheiden sich die Geister wie kaum an einem anderen Problem.[305] Welche Lösung rechtspolitisch vorzugswürdig ist, muss erneut mittels einer präsumtiven Interessenabwägung bemessen werden. Eine Darstellung und Kategorisierung der einschlägigen Interessen wurde oben bereits vorgenommen.[306] Darauf kann Bezug genommen werden.

Zur engeren Auswahl relevanter Anknüpfungspunkte zählen nach allgemeiner Meinung der Handlungs- und der Erfolgsort. Unbeachtlich sind dagegen der Ort bloßer Vorbereitungshandlungen und Orte, an denen indirekte Schadensfolgen, wie Reparatur- oder Arztkosten, eintreten.[307] Weiterhin dürfte Einigkeit darüber bestehen, dass eine kollisionsrechtliche Unterscheidung von Verschuldens- und Gefährdungshaftung nicht erforderlich ist.[308] Vor diesem Hintergrund verbleiben vier denkbare Lösungen: die alleinige Maßgeblichkeit *eines* der beiden Orte oder die gleichzeitige Berücksichtigung *beider* Orte im Wege entweder der Kumulation oder der Alternativität. Dabei wird eine kumulative Anwendung von Handlungs- und Erfolgsortsrecht soweit ersichtlich nicht ernsthaft vertreten. Ebenfalls kann die ausschließliche Anknüpfung an den Handlungsort schnell

303 *Huber/Bach*, IPRax 2005, 73, 76.

304 Vgl. aber *Spickhoff*, NJW 1999, 2209, 2215; *ders.*, IPRax 2000, 1; *Handig*, GRUR Int. 2008, 24.

305 Vgl. *Kadner Graziano*, Europäisches IDR, S. 45.

306 Siehe unter III.4.a.aa.[2].[a].

307 *Kadner Graziano*, Europäisches IDR, S. 46.

308 *Kadner Graziano*, Europäisches IDR, S. 47.

ausgeschieden werden.[309] Der Rückhalt der engen Handlungsortlösung ohne Regelausnahmen erodierte zu Recht von der früher in Europa vorherrschenden Lösung bis zur faktischen Bedeutungslosigkeit heutzutage.[310] Eine solche Regel liefe auf eine einseitige Bevorzugung des Schädigers hinaus und würde die berechtigten Interessen des Geschädigten negieren. Der auf den Schädiger zentrierte Blick ist ein Relikt aus der Zeit vor der Emanzipation des zivilen Deliktsrechts vom Strafrecht. Das Handlungsunrecht, welches nach dieser Sicht in den Vordergrund gestellt wird, ist im modernen Haftungsrecht nicht ausschlaggebend. Vielmehr orientiert man sich am geschützten Rechtsgut und am Verletzungserfolg. Aufgabe des Schadensersatzrechts ist es nämlich nicht, eine Strafe für den Handlungsunwert auszusprechen, sondern Rechtsgüter zu schützen und die dabei relevanten Risiken sozial gerecht zu verteilen.[311] All dies verweist auf den Erfolgsort als sinnvollen Anknüpfungspunkt. Sofern jenem Schwierigkeiten bei seiner Bestimmbarkeit attestiert werden, ist zuzugeben, dass solche Probleme durchaus existieren, etwa bei reinen Vermögensschäden und bei Immaterialgüterrechten. Gleichwohl bestehen gleichgelagerte Probleme ebenfalls bei der Lokalisierung des Handlungsorts. Hier ist an mehraktige Handlungen, an Unterlassungen und besonders an Delikte im Internet zu denken. Desgleichen ist nicht ohne weiteres ersichtlich, welches das maßgebende Verhalten bei der Produkthaftung oder den Mediendelikten sein soll.[312] Aus den Schwierigkeiten bei der Lokalisierung kann also kein zwingendes Argument für eine der beiden Seiten gewonnen werden, da sich hier wie dort ähnliche Probleme auftun. Dass des Weiteren auch sachrechtliche Funktionszwecke gegen eine Anknüpfung an den Handlungsort sprechen, wird im Folgenden noch klargestellt. Eine ausnahmslose Anknüpfung an den Handlungsort vermag somit nicht zu überzeugen.

Der eigentliche Stichentscheid ist also zwischen einer Ubiquitätslösung, d.h. einer Wahlmöglichkeit des Verletzten, und der Erfolgsortsanknüpfung zu treffen.

Im gegebenen Rahmen können nicht alle Argumente, die gegen eine Ubiquitätslösung sprechen, erneut en détail erörtert werden. Es kann im Grundsatz auf die herrschende Meinung im Schrifttum Bezug genommen werden. Die Unzu-

309 Der Handlungsort wurde etwa bei den Beratungen des Deutschen Rats für IPR anlässlich des deutschen IPR-Reformgesetzes gar nicht erst zur Debatte gestellt, vgl. *von Hoffmann*, IPRax 1996, 1, 4.

310 Siehe *Kadner Graziano*, Gemeineuropäisches IPR, S. 196-199 mit umfangreichen Nachweisen.

311 *Kadner Graziano*, Gemeineuropäisches IPR, S. 218; *W. Lorenz*, in: Vorschläge und Gutachten, S. 97, 120.

312 *Kadner Graziano*, Gemeineuropäisches IPR, S. 217.

länglichkeit der ubiquitären Anknüpfung wurde bereits überzeugend nachgewiesen.[313] Auf einige ausgewählte Punkte soll im Folgenden eingegangen werden.

Grob skizziert werden im Wesentlichen folgende Hauptargumente gegen die Ubiquitätslösung vorgetragen: Gesichtspunkte des Schadensausgleichs erforderten die Anknüpfung an den Erfolgsort. Der Geschädigte könne den Handlungsort möglicher deliktischer Schädigungen nicht voraussehen.[314] Er müsse und dürfe darauf vertrauen, dass das Recht am Erfolgsort zur Anwendung kommt. Schließlich habe der Geschädigte bewusst den Aufenthaltsort seiner Rechtsgüter gewählt und sich damit auf das dortige Schutzniveau eingelassen.[315] Zu Lasten des Verletzten einen unter Umständen niedrigeren Schutzstandard einer ausländischen Rechtsordnung anzuwenden widerspräche seinen berechtigten Parteiinteressen.[316] Doch auch wenn das ausländische materielle Recht für den Geschädigten günstiger ist, sei es nicht überzeugend, wahlweise oder gar von Amts wegen[317] an den Handlungsort anzuknüpfen. Eine solche Übervorteilung in Fällen mit Auslandsbezug entbehre einer sachlichen Rechtfertigung.[318] Wäre der Handlungsort im Inland gewesen – was aus Opferperspektive ausschließlich dem Zufall überlassen ist –, so wäre unzweifelhaft das jeweilige nationale Sachrecht anwendbar. Auch eine im Vergleich zum Täter angeblich größere „Sympathie mit dem Opfer"[319] stelle schon begrifflich keinen hinreichenden sachlichen Grund für eine alternative Anknüpfung an den Handlungsort dar.[320]

Vertreten wird hingegen, eine (alternative) Anknüpfung an den Handlungsort zuzulassen, um der admonitorischen, d.h. verhaltenssteuernden Funktion des Deliktsrechts Rechnung zu tragen.[321] Der Schädiger müsse am Recht des Hand-

---

313 Besonders ausführlich *von Hein*, Günstigkeitsprinzip, S. 1 ff., 141, 179, 434 ff. et passim. Ebenfalls *Kadner Graziano*, Gemeineuropäisches IPR, S. 228-235; *W. Lorenz, in:* Vorschläge und Gutachten, S. 97, 116 und 122; *Rohe*, Geltungsgründe, S. 244, 253; *Schurig*, in: GS Lüderitz, S. 699, 706; *Sonnentag*, ZVglRWiss 2006, 256, 269 f.; *G. Wagner*, IPRax 2008, 1, 5; *ders.*, IPRax 2006, 372, 376 f.

314 *Leible/Engel*, EuZW 2004, 7, 10; *Sonnentag*, ZVglRWiss 2006, 256, 266.

315 *G. Wagner*, IPRax 2006, 372, 376.

316 *Sonnentag*, ZVglRWiss 2006, 256, 266 f.

317 So aber nach dem deutschen Günstigkeitsvergleich, der bis 1999 geltendes Recht war, vgl. Staudinger/*von Hoffmann*, Art. 40 EGBGB, Rn. 9.

318 *Kadner Graziano*, Gemeineuropäisches IPR, S. 220; *Kropholler*, IPR, § 53 IV 2 a, S. 525.

319 So die von *Kegel* geprägte Formulierung, siehe etwa *Kegel/Schurig*, IPR, § 18 IV 1 a aa, S. 725; *Spickhoff*, IPRax 2000, 1, 3.

320 *Kadner Graziano*, Gemeineuropäisches IPR, S. 229; *Lück*, Neuere Entwicklungen, S. 192; *G. Wagner*, IPRax 2006, 372, 377.

321 *Symeonides*, in: FS Jayme, Band 1, S. 935, 953 f.

lungsorts gemessen werden, um auf diese Weise deliktischen Handlungen präventiv entgegenzuwirken.[322] Dieser Ansatz verkennt jedoch, dass bei Tätigkeiten, die potentiell grenzüberschreitende Wirkungen haben, die Rechtsvorschriften der entsprechenden Staaten vom Handelnden berücksichtigt werden müssen, und in der Regel auch werden.[323] Durch die Erfolgsortsanknüpfung wird dann sogar ein zusätzlicher Aspekt der Verhaltenssteuerung eröffnet, da der Schädiger sowohl inländisches, als auch ausländisches Deliktsrecht beachten muss.

Zum erwähnten „Sympathie-Gedanken" sowie allgemein zur alternativen Anknüpfung nach dem Ubiquitätsprinzip ist noch hinzuzufügen: Offenbar wird das Ubiquitätsprinzip als Kompromiss zwischen den sich gegenüberstehenden Extrempositionen entweder des Handlungs- oder des Erfolgsorts verstanden. Im angeblichen Wertungs-Patt wird auf die „goldene Mitte" ausgewichen.[324] Dabei wird übersehen, dass die ubiquitäre Lösung genau besehen gar nicht in der Mitte zwischen den anderen Möglichkeiten steht. Vielmehr stellt die Anknüpfung an den Handlungsort unter den relevanten Alternativen die für den Schädiger günstigste Lösung dar. Der für den Geschädigten günstigste Anknüpfungspunkt ist aber nicht etwa der Erfolgsort. Vielmehr erreicht für ihn die alternative Anknüpfung an beide Orte im Ergebnis eine Meistbegünstigung. Er kann sich auf dasjenige Recht berufen, das seine Ansprüche am weitesten trägt. Damit erweist sich der Erfolgsort entgegen dem ersten Anschein als die echte „Kompromisslösung", d.h. die Regel, die die widerstreitenden Interessen einem angemessenen Ausgleich zuführt. Daher ist es logisch unrichtig, aus „Verlegenheit"[325] ob der mangelnden Begründbarkeit einer alleinigen Anknüpfung an entweder den Handlungs- oder den Erfolgsort auf das Ubiquitätsprinzip als Auffanglösung der Mitte zu rekurrieren. Im Gegenteil muss man sich mangels stichhaltiger Argumente für den Handlungsort oder eine ubiquitäre Lösung *erst Recht* auf den Erfolgsort verlassen. In Wahrheit liegt dieser – sollte man sich auch sonst noch nicht von der Erfolgsortlösung überzeugt haben – wenigstens in der Mitte der anderen beiden Ansätze.

Soweit weiterhin Restzweifel am Erfolgsort als Anknüpfungspunkt verbleiben, ist auch zu berücksichtigen, dass das Kollisionsrecht nur ein Zahnrad im Gesamtmechanismus ist. Vorgeschaltet ist dem IPR das Recht der internationa-

---

322 *von Hoffmann/Thorn*, IPR, § 11 Rn. 23.

323 *Sonnentag*, ZVglRWiss 2006, 256, 267.

324 So die Begründung bei *Kegel/Schurig* IPR § 18 IV 1 a aa, S. 724; siehe ferner *Schurig*, in: GS Lüderitz, S. 699, 705.

325 Die Ubiquitätslösung wird häufig als Verlegenheitslösung bezeichnet, so etwa bei *von Hein*, Günstigkeitsprinzip, S. 179 et passim; *Kadner Graziano*, Gemeineuropäisches IPR, S. 234; *Schurig*, in: GS Lüderitz, S. 699, 706.

len Zuständigkeit und die materielle Entscheidung trifft erst das Sachrecht. Auf der Kollisionsrechtsebene ist daher bei einem unausweichlichen Dilemma diejenige Lösung zu bevorzugen, deren Defizite auf der Sachrechtsebene leichter ausgeglichen werden können.[326] Der unbestreitbaren Beziehung eines Distanzdelikts auch zum Handlungsort kann bei Anwendung des Erfolgsortsrechts unproblematisch Rechnung getragen werden, zum Beispiel über die Berücksichtigung örtlicher Sicherheits- und Verhaltensregeln, die sogenannten „local data“, vgl. Art. 17 Rom II-VO. So würde bereits auf Tatbestandsebene der einschlägigen Haftungsnorm der Charakter der Handlung als Distanzdelikt relevant. Umgekehrt fiele es schwerer beim Handlungsortsrecht als *lex causae* auch Wertungen aus dem Erfolgsortsrecht zu integrieren. Hier käme allenfalls auf der Rechtsfolgenseite der Haftungsnorm – etwa bei der Schadenshöhe – ein Rückgriff auf das Erfolgsortsrecht in Betracht. Das setzt aber gerade schon das Bestehen eines Anspruchs im Grundsatz voraus und ist daher nicht immer möglich. Andererseits ist nicht ersichtlich, wie gerade über die Schadenshöhe der Internationalität eines Distanzdelikts sinnvoll Tribut gezollt werden kann.

Soweit schließlich aus der Internationalität des Sachverhalts als solcher der Schluss gezogen werden soll, dass aufgrund der hier gegebenen besonderen Schwierigkeit der Geschädigte im Vergleich zu einer rein nationalen Fallgestaltung bevorzugt werden kann oder gar muss, greift auch diese Argumentation zu kurz. Die materiell-rechtliche Bevorzugung des Geschädigten bei einem Distanzdelikt ist nicht begründbar.[327] Ferner ist das Kollisionsrecht auch nicht der richtige Ansatzpunkt, wenn es darum geht, dem „Opfer“ eines Distanzdelikts die Schwierigkeit der internationalen Rechtsverfolgung abnehmen oder erleichtern zu wollen. Rechtsverfolgung bedeutet in erster Linie Zugänglichkeit zu den Gerichten. Dies ist aber eine Frage auf prozessualer Ebene, nämlich des Rechts der internationalen Zuständigkeit.[328] Dort ist die deliktische Grundanknüpfung in Art. 5 Nr. 3 EuGVO beziehungsweise § 32 ZPO der geeignete Ansatzpunkt um die Internationalität zu berücksichtigen. Die ubiquitäre Auslegung des Tatorts im Recht der internationalen Zuständigkeit ist anerkannt.[329] Der Geschädigte hat damit Zugang zu den Gerichten sowohl am Handlungs- als auch am Erfolgsort. Das berücksichtigt die Schwierigkeit der Rechtsverfolgung angesichts der Inter-

---

326 *Wandt*, in: FS 100 Jahre DVS, S. 127, 131; eingehend zu diesem „Kompensationsgedanken“ *ders.*, Internationale Produkthaftung, Rn. 1094 ff.

327 Vgl. nur *G. Wagner*, RabelsZ 62 (1998), 243, 259 m.w.N.; *Wandt*, in: FS 100 Jahre DVS, S. 127, 133.

328 Ähnlich *G. Wagner*, RabelsZ 62 (1998), 243, 259.

329 Dazu ausführlicher unter IV.1.a.bb.

nationalität von Distanzdelikten ausreichend.[330] Weiterer Bevorzugung des Geschädigten auf Ebene des IPR bedarf es nicht.

(3) Zwischenergebnis

Insgesamt soll als Ergebnis an dieser Stelle festgehalten werden, dass die Konkretisierung der Tatortregel auf eine alleinige Maßgeblichkeit des Erfolgsorts unter allen Gesichtspunkten zu überzeugen vermag. Insbesondere ist diese Ansicht jedenfalls als Mittelweg zwischen jeweils für sich defizitären Extremlösungen notwendig. Die Erfolgsortsanknüpfung führt bei Platz- und Distanzdelikten zu interessengerechten Ergebnissen.

cc. Konkretisierung bei Streudelikten

(1) Lösung der Rom II-VO

Ein Sonderproblem der Tatortanknüpfung stellen die sogenannten Streudelikte dar. Hierunter versteht man unerlaubte Handlungen, die Schäden in mehreren Staaten verursachen. Für ein einzelnes Delikt existieren somit gleich mehrere Erfolgsorte. Die Rom II-Verordnung regelt diese Konstellation nicht explizit, allerdings wurde das Problem im Gesetzgebungsverfahren erkannt und eine Erfolgsortsanknüpfung auch in diesem Falle für sachgerecht erachtet.[331] Die Lösung muss also aus der Grundanknüpfung gewonnen werden. Deren konsequente Anwendung führt dazu, dass unter dem Regime der Rom II-Verordnung eine Vielzahl an Erfolgsorten über die sogenannte Mosaikbetrachtung aufgelöst werden muss. Dabei wird der Gesamtschaden wie ein Mosaik zerlegt, d.h. territorial parzelliert, sodass jede einzelne Schadensposition nach dem Recht des jeweiligen Erfolgsorts beurteilt wird.[332] Allenfalls gänzlich untergeordnete Erfolgsorte können dabei über die Ausweichklausel nach Art. 4 Abs. 3 Rom II-VO ausgesondert werden.[333]

---

330 Im Ergebnis ebenso *G. Wagner*, RabelsZ 62 (1998), 243, 259.

331 Vgl. die Begründung zum Entwurf der Rom II-Verordnung KOM (2003) 427 endg., S. 12.

332 Siehe etwa *Fuchs*, GPR 2003-2004, 100, 102; *von Hein*, ZEuP 2009, 6, 16; *Heiss/Loacker*, JBl 2007, 613, 625; *Leible/Engel*, EuZW 2004, 7, 10; *Ofner*, ZfRV 49 (2008), 13, 16; *Sonnentag*, ZVglRWiss 2006, 256, 268; Bamberger/Roth/*Spickhoff*, Anh. zu Art. 42 EGBGB, Rn. 35; Palandt/*Thorn*, Art. 4 Rom II-VO, Rn. 8; *G. Wagner*, IPRax 2008, 1, 4.

333 Bamberger/Roth/*Spickhoff*, Anh. zu Art. 42 EGBGB, Rn. 35; Palandt/*Thorn*, Art. 4 Rom II-VO, Rn. 8.

(2) Stellungnahme

Die Mosaikbetrachtung bei Streudelikten nach der Rom II-Verordnung fand in der Literatur nicht uneingeschränkt Zustimmung. Hauptsächlich aus Gründen der Praktikabilität wurde sie angegriffen, da ein Lebenssachverhalt unter Umständen nach mehreren Rechten und in mehreren Prozessen beurteilt wird.[334] Hier sollte zunächst der Diskussionsgegenstand genau herausgearbeitet und abgegrenzt werden. Auf dem Prüfstand steht die kollisionsrechtliche Mosaikbetrachtung bei Streudelikten, welche der Grundregel nach Art. 4 Abs. 1 Rom II-VO unterliegen. An dieser Stelle irrelevant sind daher Streudelikte, die unter eine der Sonderkollisionsnormen der Rom II-Verordnung subsumiert werden können, und naturgemäß solche, die vom Anwendungsbereich der Verordnung gar nicht erfasst werden. Somit sind die besonders zu Streudelikten neigenden Fallgruppen der Persönlichkeitsverletzungen (Art. 1 Abs. 2 lit. g Rom II-VO), des unlauteren Wettbewerbs oder von Immaterialgüterrechtsverletzungen (Art. 6, 8 Rom II-VO) vorerst auszuklammern.[335] Ferner ist der Blick allein auf das kollisionsrechtliche Mosaikprinzip zu richten, d.h. ausschließlich auf die Frage, welches Recht oder welche Rechte auf ein Streudelikt anwendbar sind. Streng davon zu unterscheiden ist eine etwaige Mosaikbetrachtung im Rahmen der internationalen Zuständigkeit nach der sogenannten *Shevill*-Doktrin.[336] Die Betrachtungsarten auf den verschiedenen Ebenen bedingen sich weder gegenseitig noch präjudiziert die Lösung im Zuständigkeitsrecht die hier relevante Frage. Nach dieser Aufschlüsselung der Problematik wird offenbar, dass die geübte Kritik zumeist ungenau verortet ist. Inhaltlich richtet sie sich nämlich gegen die Beschränkung der Kognitionsbefugnis nach der *Shevill*-Doktrin, wodurch die prozessuale Durchsetzung seiner Rechte für den Geschädigten oftmals erschwert werden kann.[337] Inwieweit die so interpretierte Kritik ihre Berechtigung hat, wird unten noch ausführlich untersucht.[338] Die kollisionsrechtliche Mosaikbetrachtung ist davon aber im Grundsatz unabhängig. Will man von der regulären Erfolgsortsanknüpfung und der damit verbundenen Mosaikbetrachtung abweichen, so bieten sich zwei Möglichkeiten an: Entweder man hält einen Schwerpunkt-Erfolgsort für maßgeblich. Oder es wird an den Handlungsort mittels einer Ausweichvorschrift (Art. 4 Abs. 3 Rom II-VO) angeknüpft.[339]

---

334 Vgl. *Benecke*, RIW 2003, 830, 833.

335 Vgl. Palandt/*Thorn*, Art. 4 Rom II-VO, Rn. 8.

336 EuGH 7.3.1995, Rs. C-68/93, *Shevill*, Slg. 1995, I-415 = IPRax 1997, 111 ff.

337 Von dieser Befürchtung motiviert ist die Kritik von *Benecke*, RIW 2003, 830, 833.

338 Siehe unter IV.1.b.

339 Vgl. Münchener Kommentar/*Junker*, Anh. zu Art. 42 EGBGB, Rn. 36.

Gegen die generelle Lösung der Streudeliktsfälle über eine Ausweichklausel spricht jedoch, dass diese Norm als Ausnahmevorschrift konzipiert ist.[340] In der Rom II-Verordnung stellt dies Art. 4 Abs. 3 Rom II-VO ausdrücklich klar. Außerdem ist es gerade ein Kernelement der Gemeinschaftsverordnung, dass sie dem Handlungsort in der Grundregel eine Absage erteilt. Aus systematischen Gründen darf diese Grundsatzentscheidung nicht über die Auflockerungsklausel ausgehebelt werden. Auch historische Gründe, so die Begründung des Kommissionsentwurfs zur Rom II-Verordnung, sprechen für die Mosaikbetrachtung.[341]

Ebenso wenig vermag der Weg über eine Schwerpunktbildung zu überzeugen.[342] Es muss im Auge behalten werden, dass in aller Regel bei den hier interessierenden Sachverhalten ein Schädiger und mehrere Geschädigte existieren, denn Streudelikte im Zwei-Personen-Verhältnis, wie es typischerweise bei Persönlichkeitsverletzungen über Massenmedien der Fall ist, werden ohnehin nicht nach der Grundregel angeknüpft. Für den einzelnen Geschädigten stellt sich die Gesamtsituation dann aber nicht anders dar als ein „gewöhnliches" Distanzdelikt.[343] Es ist kaum begründbar, einzelne Geschädigte auf das Recht am Schwerpunkt-Erfolgsort zu verweisen, wenn der Sachverhalt aus ihrer Sicht möglicherweise überhaupt keine Verbindung zu dieser Rechtsordnung hat.[344] Freilich bleibt im seltenen Ausnahmefall mit nur einem einzigen Geschädigten die Möglichkeit erhalten, gem. Art. 4 Abs. 3 Rom II-VO ein einziges Erfolgsortsrecht anzuwenden.[345] Auch bei Streudelikten hält die Rom II-Verordnung daher mit Recht an der ausschließlichen Anknüpfung an den Erfolgsort und konsequenterweise an der damit einhergehenden kollisionsrechtlichen Mosaikbeurteilung fest. Angemerkt sei schließlich noch, dass dieses Resultat nicht etwa ein spezifisches Übel ist, mit dem man die Abweichung vom Ubiquitätsprinzip erkauft.[346] Das Problem der Streudelikte stellt sich in identischer Weise auch unter der Beibehaltung des Ubiquitätsprinzips, da jeder einzelne Geschädigte zu Gunsten des jeweiligen Erfolgsortsrechts optieren kann und dies zu seinem Vorteil auch tun wird. Ein einheitliches Verfahren nach dem Recht des Handlungsorts wird sich bei mehreren Verletzten demgemäß kaum realisieren lassen. Anderes gilt nur im

---

340 Münchener Kommentar/*Junker*, Anh. zu Art. 42 EGBGB, Rn. 36; siehe auch unten unter III.4.b.

341 KOM (2003) 427 endg., S. 12.

342 Für eine Schwerpunktbetrachtung im deutschen Recht aber *Looschelders*, Art. 40 EGBGB, Rn. 31;Anwaltkommentar BGB/*G. Wagner*, Art. 40 EGBGB, Rn. 27.

343 So mit Recht *Leible/Engel*, EuZW 2004, 7, 10; *Sonnentag*, ZVglRWiss 2006, 256, 268.

344 *Leible/Engel*, EuZW 2004, 7, 10; *Sonnentag*, ZVglRWiss 2006, 256, 269.

345 *Sonnentag*, ZVglRWiss 2006, 256, 269.

346 So aber ausdrücklich *Fuchs*, GPR 2003-2004, 100, 102.

reinen Zwei-Personen-Verhältnis, das aber im Rahmen der hier relevanten Streudelikte einen minimalen Anwendungsbereich hat.

dd. Zwischenergebnis

Nach dem Gesagten darf also konstatiert werden, dass die mit Art. 4 Abs. 1 Rom II-VO gewählte Ausgestaltung der Regelanknüpfung gelungen und der bisherigen national-autonomen Regelung in Art. 40 Abs. 1 EGBGB überlegen ist.[347]

b. Auflockerungen, Art. 4 Abs. 2 und 3 Rom II-VO

Ähnlich wie das deutsche IPR sieht die Rom II-Verordnung in ihren Art. 4 Abs. 2 und 3 Rom II-VO Auflockerungen der deliktischen Grundanknüpfung vor.

aa. Lex communis domicilii

Haben die Beteiligten zum Tatzeitpunkt ihren gewöhnlichen Aufenthalt im selben Staat, so ist gem. Art. 4 Abs. 2 Rom II-VO das Recht dieses Staates zur Anwendung berufen. Das entspricht der Rechtslage in Deutschland, Art. 40 Abs. 2 EGBGB, und den meisten Mitgliedstaaten.[348] Der Begriff des gewöhnlichen Aufenthalts wird ausschnittsweise in Art. 23 Rom II-VO definiert; im Übrigen ist er autonom zu bestimmen.[349] Hintergrund dieser Ausnahme vom Tatortprinzip ist ein verschobenes Interessengefüge in dieser Konstellation. Bei übereinstimmendem gewöhnlichem Aufenthalt wird ein Prozess zwischen den Parteien regelmäßig in der gemeinsamen Heimat[350] ausgefochten. Dort kann sodann in effizienter Weise der Schadensausgleich nach der *lex fori* durchgeführt werden.[351] Ein solches Verfahren wird typischerweise schneller und weniger kostenaufwändig sein als ein Verfahren, welches von der ausländischen *lex loci delicti commissi* regiert wird. Weiterhin wird so der Sachverhalt nach demjenigen Recht entschieden, das den Beteiligten bekannt ist und in dessen Geltungsbe-

347 Siehe auch *G. Wagner*, IPRax 2008, 1, 17: „Das Klagelied über die schlechte Qualität Brüsseler Rechtsprodukte ist verbreitet, doch bei der Rom II-VO fehl am Platz. Die zentralen Passagen der Verordnung sind im Vergleich zum autonomen deutschen Kollisionsrecht kein Rückschritt, sondern ein Fortschritt“.

348 *von Hein*, EuZP 2009, 6, 17; *Kadner Graziano*, Gemeineuropäisches IPR, S. 382 ff.

349 Ausführlicher zum gewöhnlichen Aufenthalt in einem europäischen Verständnis *Baetge*, in: FS Kropholler, S. 77 ff.

350 Der Begriff „Heimat“ soll hier ausschließlich am gewöhnlichen Aufenthalt und nicht an der Staatsangehörigkeit einer Person orientiert sein.

351 *von Hein*, ZEuP 2009, 6, 17; *Leible/Engel*, EuZW 2004, 7, 11; *Sonnentag*, ZVglRWiss 2006, 256, 271.

reich sie mit Folgen des Delikts leben müssen.[352] Diese Aspekte sind Parteiinteressen, die stark in den Vordergrund drängen, da sie sich nicht wie sonst diametral gegenüberstehen und gegenseitig neutralisieren, sondern beide Seiten am gleichen Strang ziehen, sich gleichsam gegenseitig verstärken. Das gibt letztendlich den Ausschlag zugunsten der *lex communis domicilii* als Regelausnahme zum Tatortrecht. Ganz überwiegend wird Art. 4 Abs. 2 Rom II-VO daher als sinnvolle Erweiterung zur Grundanknüpfung begrüßt.[353]

Fraglich sind allerdings die genauen Grenzen der Norm und ihre Analogiefähigkeit. So stellt sich namentlich die Frage, ob eine Ausnahme von der Tatortregel auch dann gemacht werden kann, wenn die Parteien zwar ihren gewöhnlichen Aufenthalt im Hoheitsgebiet verschiedener Staaten haben, deren Sachrecht sich aber gleicht.[354] Der Wortlaut von Art. 4 Abs. 2 Rom II-VO deckt diesen Fall zunächst nicht ab, sodass an eine Analogie zu denken wäre. Immerhin ist die Interessenlage aus Sicht der Parteien ähnlich. Der Anwendungsbereich des Art. 4 Abs. 2 Rom II-VO darf hier aber nicht überdehnt werden. Die Voraussetzungen einer Analogie liegen nicht vor. Im Gesetzgebungsverfahren versuchte das Europäische Parlament bereits eine Regel mit genau dem fraglichen Inhalt in die Rom II-Verordnung einzuführen und scheiterte letztlich.[355] Das Fehlen der Regel in der endgültigen Fassung der Verordnung ist also als „beredtes" Schweigen zu werten.[356] Dieser Entscheidung des Gesetzgebers ist auch rechtspolitisch beizupflichten. Denn eine Ausnahme bei bloß vergleichbaren Heimatrechten der Beteiligten wirft weit mehr Probleme auf, als sie löst. So ist völlig unklar, wann zwei Rechtssysteme vergleichbar genug sind, um die Ausnahme greifen zu lassen. Bejahendenfalls ist immer noch nicht klar, welches der zwei ähnlichen, aber nicht identischen Rechte konkret den Fall regeln soll.[357] Zwingende Argumente lassen sich im Grunde für keine der beiden in Betracht kommenden Rechte finden.[358] Mit Recht wurde daher Abstand von einer etwaigen Regelung genommen. Im Übrigen wäre eine solche auch gar nicht notwendig für

---

352 *von Hein*, EuZP 2009, 6, 17.

353 Siehe nur *Dornis*, EuLF 2007, I-152 ff.; *von Hein*, ZEuP 2009, 6, 17; *Kadner Graziano*, RabelsZ 73 (2009), 1, 18 f.; *Leible/Engel*, EuZW 2004, 7, 11. Kritisch dagegen *Symeonides*, AmJCompL 2008, 173, 196.

354 Vgl. den Fall bei *Symeonides*, AmJCompL 2008, 173, 196: Von zwei europäischen Touristen verletzt einer den anderen auf einer Safari in Kenia.

355 Siehe Art. 4 Abs. 3 lit. a Alt. 2 des Parlamentsentwurfs.

356 Ebenso *von Hein*, EuZP 2009, 6, 17; *ders.*, in: FS Kropholler, S. 553, 565.

357 *von Hein*, in: FS Kropholler, S. 553, 566.

358 Vgl. *von Hein*, in: FS Kropholler, S. 553, 566.

das Abgehen von der Tatortregel. Als allgemeine Ausweichklausel ermöglicht nämlich bereits Art. 4 Abs. 3 Rom II-VO eine flexible Lösung des Einzelfalls.

Neben der aufgezeigten Ausdehnung der Ausnahme zu Gunsten der *lex communis domicilii* wird auch eine Einschränkung gefordert, sofern die Ausnahme berechtigten Interessen eines Beteiligten zuwiderläuft.[359] In der Sache ist dieser Überlegung gewiss zuzustimmen, denn es sind Einzelfälle denkbar, in denen das gemeinsame Aufenthaltsrecht völlig zufällig und unpassend erscheint. Übersehen wird von jener Ansicht aber, dass auch die Regelausnahme gem. Art. 4 Abs. 2 Rom II-VO unter dem Vorbehalt der sonst engeren Verbindung gem. Art. 4 Abs. 3 Rom II-VO steht. Das Problem besteht somit gar nicht, da bereits ohne eine tatbestandliche Einschränkung des Art. 4 Abs. 2 Rom II-VO im Einzelfall Unbilligkeiten über die Ausweichklausel abgefangen werden können. In Betracht käme hier etwa die Haftung für im Ausland befindliche Gefahrenquellen, wenn der Versicherungsschutz an die ausländische Rechtsordnung angepasst wurde.[360]

bb. Offensichtlich engere Verbindung

Eine weitere Aufweichung der Grundanknüpfung findet sich in der Ausweichklausel des Art. 4 Abs. 3 Rom II-VO.[361] In Ausnahme zu Art. 4 Abs. 1 und 2 Rom II-VO ist das Recht des Staates anzuwenden, zu dem die unerlaubte Handlung „eine offensichtlich engere Verbindung“ aufweist. Gem. Art. 4 Abs. 3 S. 2 Rom II-VO kann sich diese Verbindung insbesondere aus einem zwischen den Parteien bestehenden Rechtsverhältnis ergeben. Diese akzessorische Anknüpfung ist der mit Abstand wichtigste Fall der Auflockerung des Tatortprinzips. Der klare Wortlaut („offensichtlich“) und vor allem die Kommissionsbegründung[362] machen den Ausnahmecharakter dieser Vorschrift deutlich. Eine Ausweichklausel ermöglicht zwar eine interessengerechte Entscheidung im Einzelfall. Indessen leidet darunter unausweichlich auch die Vorhersehbarkeit des anwendbaren Rechts. Zudem wird der Rechtsermittlungsaufwand dadurch erhöht.[363] Eine äußerst restriktive Handhabung der Auflockerung der Grundanknüpfung über eine engere Verbindung ist daher unbedingt geboten. Es dürfen die nach Art. 4 Abs. 1, 2 Rom II-VO gewonnenen Ergebnisse nicht im

359 So *Sonnentag*, ZVglRWiss 2006, 256, 272 f.

360 *Kadner Graziano*, RabelsZ 73 (2009), 1, 19; *G. Wagner*, IPRax 2006, 372, 378.

361 Ausführlich zu speziellen Auslegungsfragen zur Ausweichklausel *von Hein*, in: FS Kropholler, S. 553 ff.

362 KOM (2003) 427 endg., S. 13.

363 *Mankowski*, IPRax 2006, 101, 105.

großen Stil über eine angeblich engere Verbindung ausgehebelt werden.[364] In der Haftungspraxis soll die Grundregel eine ebensolche bleiben, indem sie für einen Großteil der Fälle maßgeblich ist. Diesbezüglich steht Art. 4 Abs. 3 Rom II-VO auch unter dem Eindruck der schlechten Erfahrungen mit Art. 4 Abs. 5 EVÜ, welcher dazu geführt hat, dass in großem Umfang die vorrangig zu prüfenden Vermutungen vernachlässigt wurden.[365] Nunmehr machen die vermutungsfreien Anknüpfungsregeln der Rom II-Verordnung und der klare Wortlaut der Ausweichklausel des Art. 4 Abs. 3 Rom II-VO den Ausnahmecharakter dieser Vorschrift in begrüßenswerter Weise hinreichend deutlich.

Die sich nun in der Rom II-Verordnung befindende Ausgestaltung der Ausweichklausel war keineswegs ohne Alternativen.[366] Die Auflockerung des Deliktsstatuts ist eine Frage von weitreichender Bedeutung und hat Auswirkungen auf die übrigen Regeln. Die Ausweichklausel ist die Nahtstelle im Gesamtsystem zwischen Rechtssicherheit und Einzelfallgerechtigkeit. Die Reibungen zwischen diesen gegenläufigen Prinzipien verlangen nach einem Druckventil, das Unbilligkeiten abfedern kann.[367] Dass es überhaupt eines solchen Schutzmechanismus bedarf, kann aus folgenden Erwägungen abgeleitet werden. Regelbildung bedeutet *per definitionem* eine Abstraktion der Unendlichkeit möglicher Fallgestaltungen zu einer endlichen Anzahl von Normen. Dabei kann nicht jede Unwägbarkeit des Einzelfalls vorhergesehen und mit einer passenden Regel versehen werden.[368] Um die Gerechtigkeit nicht über Gebühr zu beeinträchtigen, müssen daher Einfalltore für Einzelfallwertungen geschaffen werden. Ebensolche finden sich schon in den Sachrechten, siehe etwa die deutschen §§ 134, 138, 826 BGB. Das IPR als Rechtsanwendungsrecht ist dem Sachrecht vorgeschaltet. Es muss mit nur einer handvoll Normen sämtliche denkbaren Konstellationen erfassen. Das ist aber nur möglich mit einem noch deutlich höheren Abstraktionsniveau als im Sachrecht. Die Regeln sind daher naturgemäß weniger feingliederig und detailliert, wodurch erst Recht ein Ausgleichssystem für atypische Fälle erforderlich wird.[369] Die Vielfältigkeit der Delikte führt dazu, dass deren „kollisionsrechtliche Behandlung nicht notwendig nach einem starren Grund-

364 *Sonnentag*, ZVglRWiss 2006, 256, 273 f.

365 *Hirse*, Ausweichklausel, S. 438; *Mankowski*, IPRax 2006, 101, 104; *Sonnentag*, ZVglRWiss 2006, 256, 274.

366 Allgemein zur Ausweichklausel mit Blick auf das deutsche Recht *Hirse*, Ausweichklausel, S. 1 ff.

367 So ausdrücklich Erwägungsgrund Nr. 14 Rom II-VO.

368 Vgl. *Symeonides*, Tulane Law Review 2008, 1741, 1773.

369 Siehe schon *Binder*, RabelsZ 20 (1955), 401, 497; ferner *Hirse*, Ausweichklausel, S. 434; *Kreuzer*, ZfRV 33 (1992), 168, 191 f.

schema ohne Variablen erfolgen“ kann.[370] Wie die Vergangenheit lehrt, kann ein System ohne einen solchen Druckausgleich keinen Bestand haben. Im kontinentalen Europa wurde die strenge und mechanische Anknüpfung an den Tatort zunehmend als unbillig empfunden. Ausweichklauseln haben sich in der Folge entwickelt.[371] Dieselbe Ausgangssituation hat im US-amerikanischen Kollisionsrecht sogar zu einer „Explosion“ geführt, nämlich zur sogenannten „conflicts revolution“ in deren Zuge gänzlich von festen Regeln Abstand genommen wurde, um sich vorrangig der Einzelfallgerechtigkeit zu widmen.[372]

Die konkrete Ausgestaltung der grundsätzlich erforderlichen Ausweichklausel muss sich an den übrigen Normen orientieren. Erschöpft sich etwa das internationale Deliktsrecht in der Feststellung, das anwendbare Recht ergebe sich aus der engsten Verbindung, so ist eine weitere Klausel überflüssig. Eine noch engere als die engste Verbindung kann es nicht geben. Ein solches System macht die Ausweichklausel sogar zur Grundanknüpfung.[373] Zwar ist die engste Verbindung ein Grundprinzip des kontinentaleuropäischen Kollisionsrechts, jedoch bedient man sich hier zu Recht konkretisierender Normen. Eben jene geben den Ausschlag zu einer eng gefassten Ausweichklausel, wie sie in Art. 4 Abs. 3 Rom II-VO zu finden ist. Die Ausweichklausel darf gerade nicht das Werkzeug sein, um generelle Funktionsstörungen der übrigen Kollisionsnormen zu korrigieren;[374] dies ist bereits Aufgabe der entsprechenden Primäranknüpfungen.[375] Wohlüberlegt wurden dementsprechend die Grundanknüpfung in der Rom II-Verordnung auf den Erfolgsort konkretisiert und für bestimmte Deliktstypen Sonderkollisionsnormen geschaffen. Dadurch sollen die Rechtssicherheit und Vorhersehbarkeit des anwendbaren Rechts weitest möglich mit der Einzelfallgerechtigkeit in Einklang gebracht werden.[376] Ein eng gefasster und zurückhaltend anzuwendender Art. 4 Abs. 3 Rom II-VO fügt sich nach dem Gesagten passend

---

370 *Hohloch*, Deliktsstatut, S. 3; grundlegend dazu *Rabel*, The Conflict of Laws, Band 2, S. 301 ff.

371 Vgl. *Kreuzer*, ZfRV 33 (1992), 168, 169 f.; *Kropholler*, IPR, § 52 I, S. 515

372 *Symeonides*, Tulane Law Review 2008, 1741, 1745 ff.

373 Vgl. *Kropholler*, IPR, § 4 II 2 a, S. 26 f.

374 *Junker*, JZ 2000, 477, 485; *Mankowski*, GRUR Int. 1999, 909, 910. Zugespitzt formulieren *Basedow*, in: Japanese and European Private International Law, S. 3, 17: “Yet flexibility without certainty means anarchy.”; ebenso *Symeonides*, Tulane Law Review 2008, 1741, 1795:”[…] too much flexibility can be as bad as no flexibility at all.”

375 Ausführlicher zur Rollenverteilung zwischen Grundanknüpfung, Sonderkollisionsnormen und Ausweichklausel unten unter III.4.c.bb.[1].

376 Vgl. Erwägungsgrund Nr. 14 Rom II-VO.

sowohl in die Systematik der Rom II-Verordnung als auch in die kontinentaleuropäische Rechtstradition ein.

c. Theoretisches Fundament der Sonderkollisionsnormen

Für den Bereich der außervertraglichen Schuldverhältnisse aus unerlaubter Handlung sieht die Rom II-Verordnung, anders als das deutsche IPR, mit den Art. 5-9 Rom II-VO eine Reihe von Sonderanknüpfungen für bestimmte Deliktstypen vor. Einzelheiten im Hinblick auf die konkrete Ausgestaltung dieser Normen würden den Rahmen der vorliegenden Arbeit sprengen. Auf sie wird daher nicht vertieft eingegangen. Vielmehr soll die gewählte Regelungstechnik selbst, nämlich die einer Grundregel und mehrerer Sonderkollisionsnormen, den Gegenstand der Untersuchung bilden. Die Existenz ausdifferenzierter Sonderkollisionsnormen für bestimmte Deliktstypen stellt ein Novum im Vergleich zum bisherigen deutschen Recht dar, sodass sich schon allein deswegen die Frage stellt, ob ein solches Vorgehen sinnvoll ist.

Die rechtspolitische Berechtigung von sachgebietsspezifischen Sonderanknüpfungen im internationalen Deliktsrecht wurde im Vergleich zur Diskussion der konkreten Ausgestaltung jener Normen im Schrifttum bislang eher stiefmütterlich behandelt.[377] Offenbar wird überwiegend stillschweigend von deren Selbstverständlichkeit ausgegangen.[378] Die Rom II-Verordnung selbst stellt in ihrem Erwägungsgrund Nr. 14 lapidar fest: „Diese Verordnung bestimmt die Anknüpfungskriterien, die zur Erreichung dieser Ziele [nämlich Rechtssicherheit und Einzelfallgerechtigkeit, Anm. des *Verf.*] am besten geeignet sind. Deshalb sieht diese Verordnung neben einer allgemeinen Regel Sonderregeln und, in bestimmten Fällen, eine „Ausweichklausel“ vor […]“. Der deutsche Gesetzgeber dagegen hielt Sondernormen in seinem im Jahre 1999 Gesetz gewordenen Entwurf für überflüssig, da jener “nur einen Kernbestand kollisionsrechtlicher Grundsätze festlegen will” und bereits “sowohl bei der Tatortregel selbst als auch über die Ausweichklausel des Artikels 41 EGBGB-E allgemein ein hohes Maß an Flexibilität vorsieht”.[379] Es bestehen demnach durchaus verschiedene

377 Eine eher kritische Auseinandersetzung bietet aber schon *Kropholler*, RabelsZ 33 (1969), 601, 608 und 651, der die Notwendigkeit von Sonderregeln indes nicht schlechthin ausschließen will.

378 Mit Begründung aber *Kadner Graziano*, Gemeineuropäisches IPR, S. 360-362.

379 BT-Drucks. 14/343, S. 10. Die auf Fälle der Produkthaftung beschränkte Kritik des Bundesrats (ebenda, S. 20) wurde von der Bundesregierung zurückgewiesen (ebenda, S. 22) und verhallte letztlich ergebnislos.

Meinungen.[380] Wie so oft liegt dem Problem in letzter Instanz der Konflikt zwischen Gerechtigkeit und Rechtssicherheit zugrunde.[381] Für die folgende Diskussion muss zunächst vergegenwärtigt werden, dass die Problematik der Sonderkollisionsnormen untrennbar mit der deliktischen Grundregel verknüpft ist. Sie setzt genaugenommen eine konkrete Grundregel als Basis der Erörterung voraus, denn es gilt gerade zu klären, ob jene für alle Deliktstypen angemessene Ergebnisse produziert.[382] Als Basis in diesem Sinne und gewissermaßen als Auffangregel soll daher von der Grundregel der Rom II-Verordnung ausgegangen werden. Mithin soll also die Maßgeblichkeit des Erfolgsorts unter den beiden Vorbehalten der *lex communis domicilii* sowie der sonst engeren Verbindung unterstellt werden. Die Untersuchung will im Folgenden zunächst die Gründe aufzeigen, die eine Ausdifferenzierung des Deliktskollisionsrechts begünstigen. Hierbei wird auch auf die Besonderheiten eines supranationalen Rechtsakts, namentlich der Rom II-Verordnung, in diesem Zusammenhang einzugehen sein. Sodann soll allgemein die Methodik der Ausdifferenzierung betrachtet werden, mithin die Fragen nach Art und Maß von Sondernormen. Schließlich sollen Probleme, die sachgebietsspezifische Sonderanknüpfungen möglicherweise mit sich bringen, Berücksichtigung finden.

aa. Hintergründe der Ausdifferenzierung des Deliktsstatuts: Gewandelte soziale und ökonomische Rahmenbedingungen

Die Gründe für die Ausdifferenzierung des Deliktsstatuts, gleichsam die Frage nach dem „Warum“ von Sonderkollisionsnormen, lassen sich auf eine Ursachenkette zurückführen, deren erstes Glied der Wandel der tatsächlichen Lebensumstände der Gesellschaft ist. Der Zusammenhang dieses Lebenswandels zum Kollisionsrecht wird vermittelt durch das materielle Recht. Es drängt sich der Vergleich mit einem „Domino-Effekt“ auf: Die veränderten Lebensumstände ziehen als Objekt materieller Rechtssätze auch deren Anpassung nach sich. Das Kollisionsrecht wiederum ist sachrechtsbezogen und muss ebenfalls in irgendeiner Weise auf strukturelle Veränderungen im materiellen Recht reagieren.[383]

---

380 Positiv gegenüber dem deutschen Reformgesetz etwa *Junker*, RIW 2000, 241, 243; *Spickhoff*, NJW 1999, 2209, 2210. Mit pointierter Kritik dagegen *Puttfarken*, RIW 1999, Heft 10, S. I; *Schurig*, in: GS Lüderitz, S. 699, 701.

381 Siehe schon *Kropholler*, RabelsZ 33 (1969), 601, 608 f.

382 So schon *Kropholler*, RabelsZ 33 (1969), 601, 608; *Kadner Graziano*, Gemeineuropäisches IPR, S. 360; *Riegl*, Streudelikte im IPR, S. 67.

383 Siehe auch *von Bar*, IPR II, Rn. 653.

(1) Änderung der Lebensumstände

Ausgangspunkt der Überlegung ist der gesellschaftliche und ökonomische Wandel, welcher gegenüber dem materiellen Recht einen Anpassungsdruck nach sich zieht. Die stetige Veränderung der sozialen Lebensumstände ist eine unaufhörliche Entwicklung. Die Gesellschaft als Adressat des materiellen Rechts befindet sich immerzu in Bewegung. Illustriert wird dieser Effekt am Beispiel Deutschlands, das sich von der Agrar- zur Industrienation entwickelt hat und nun im Wandel zu einer Informationsgesellschaft begriffen ist. Freilich sind dies austauschbare Schlagwörter. Der zugrunde liegende Wandel des Lebensalltags ist jedenfalls real. Für den Bereich der außervertraglichen Schadenshaftung hat dies verschiedene Auswirkungen. Zum einen hat sich die absolute Zahl der Haftungsfälle drastisch erhöht, wenn nicht gar vervielfacht. Die moderne Gesellschaft ist so mobil wie nie zuvor. Der Auslandskontakt in einer globalisierten Welt nimmt ständig zu.[384] Längst sind Import-Produkte selbst bei Gütern des täglichen Gebrauchs und bei Grundnahrungsmitteln allgegenwärtig. Die Rechnung ist simpel: Ein erhöhter (internationaler) Verkehr führt zwangsläufig zu mehr Haftungsfällen. Weiterhin hat sich aber nicht nur die Zahl der Fälle erhöht, sondern auch ihre Qualität. Das Spektrum möglicher Verletzungen hat sich im digitalen Zeitalter neuer Medien erweitert. Jene fungieren nicht nur als effektives Kommunikationsvehikel, sondern stellen als Kehrseite auch neue Gefahrenquellen dar. Vor allem das Internet hat eine bislang unerhörte Beschleunigung und Erleichterung des Informationsaustausches ermöglicht und wurde damit zu einem Katalysator für den gesellschaftlichen Wandel. Es bietet aber auch eine beispielslose Bühne für unerlaubte Handlungen wie etwa ehrverletzende Äußerungen. Ferner haben sich auch neue Protagonisten in Haftungsfällen in den Vordergrund gedrängt. Heute stehen primär Versicherungen im Mittelpunkt der Schadensregulierung.[385] Als tatsächlicher Ausgangspunkt sieht sich das materielle Haftungsrecht damit Schadensfällen in neuer Qualität und Quantität gegenüber und muss außerdem berücksichtigen, dass Schäden in der Praxis häufig über eine Versicherung abgewickelt werden.

(2) Ausdifferenzierung und Verschärfung des materiellen Haftungsrechts

Vor diesen Entwicklungen konnte sich das materielle Haftungsrecht nicht verschließen und musste sich an die veränderten Umstände anpassen. Besonders der Versicherungsgedanke erlaubte eine allgemeine Verschärfung und Ausdifferenzierung des Haftungsrechts. Die Gefährdungshaftung konnte ihre Position im

384 *Basedow*, in: FS Stoll, S. 405, 411; *von Bar*, IPR II, Rn. 653: „Massenphänomen".

385 *von Bar*, IPR II, Rn. 653.

Vergleich zur Verschuldenshaftung ausbauen.[386] Immer mehr sickerten Elemente der Risikoverteilung in das sonst vom Kompensationsgedanken dominierte Haftungsrecht.[387] Neue Gefahrenquellen und neue Schutzgüter verlangten nach adäquaten Regelungen. Dies wird besonders anschaulich, wenn man sich die deutsche Entwicklung hinsichtlich der Produzentenhaftung oder des allgemeinen Persönlichkeitsrechts ins Gedächtnis ruft.[388] Aber auch sonst lassen sich die strukturellen Veränderungen des Haftungsrechts schon an den umfangreichen Fallgruppen in den einschlägigen Kommentierungen zu den §§ 823 ff. BGB ablesen. Bezeichnend ist ferner der Vergleich der heute praktisch besonders relevanten Fallgruppen, wie etwa Immaterialgüterrechtsverletzungen, Produkthaftung, Lauterkeits- und privates Kartellrecht, mit dem „Biedermeier-Idyll"[389] zur Zeit der Entstehung des BGB, welches vor allem für die Gefahren durch Kinder, Tiere und Gebäude spezielle Haftungstatbestände für nötig erachtete (§§ 832-838 BGB).

(3) Durchschlagen dieser Entwicklungen auf das IPR

Die eben beschriebene Entwicklung entfaltet auch Wirkung auf das IPR. Weil das IPR sachrechtsbezogen ist und das materielle Recht seinen Gegenstand ausmacht, muss es Änderungen des Sachrechts kollisionsrechtlich nachvollziehen.[390] Freilich auf einer höheren Abstraktionsstufe und mit einer gewissen Trägheit.[391] Nicht jede kleinste Änderung des materiellen Haftungsrechts muss auch eine Anpassung des internationalen Deliktsrechts nach sich ziehen; wohl aber eine strukturelle Umwälzung, wie sie die massive Verschärfung und Ausdifferenzierung des Haftungsrechts darstellt.[392] Letztlich handelt es sich um einen vom gesellschaftlichen Wandel induzierten und vom materiellen Haftungsrecht vermittelten Änderungsdruck auf Ebene des IPR. Es sind die Fernwirkungen geänderter Lebensumstände die auch auf das Kollisionsrecht durchschla-

---

386 *von Bar*, IPR II, Rn. 653; auch *Kreuzer*, IPRax 1982, 1.

387 Vgl. Münchener Kommentar/*G. Wagner*, Vor §§ 823 ff. BGB, Rn. 28.

388 Zum Allgemeinen Persönlichkeitsrecht als Schutzgut *Larenz/Canaris*, Schuldrecht, Band II/2, § 80 I, S. 491 ff.; *Kötz/G. Wagner*, Deliktsrecht, Rn. 166, 367 ff.

389 *von Bar*, IPR II, Rn. 653.

390 Vgl. *von Hein*, Günstigkeitsprinzip, S. 27; *Kegel/Schurig*, IPR, § 2 III, S. 145; *Koziol/Thiede*, ZVglRWiss 2007, 235, 238 f.

391 Zum sog. Trägheitsprinzip siehe *Schurig*, Kollisionsnorm, S. 197-204, sowie bereits oben unter III.4.a.aa.[2].[a].[aa].

392 *von Bar*, JZ 1985, 961, 969 spricht von „deutlichen Entwicklungsschüben" des Sachrechts.

gen.[393] Natürlich bleibt die Funktion des Kollisionsrechts formal unverändert. Es gilt weiterhin, die Rechtsanwendungsfrage angemessen zu lösen. Das vorhandene Instrumentarium, also die schlichte Tatortregel, gerät dabei aber immer mehr an seine Grenzen. Augenscheinlich wird das besonders bei schwer lokalisierbaren Delikten, wie etwa Persönlichkeitsrechtsverletzungen, oder solchen, bei denen der Begriff des Tatorts zunächst ohne wirklichen Aussagegehalt ist. Zur letztgenannten Gruppe gehören unerlaubte Handlungen im Lauterkeits- und Kartellrecht sowie im Immaterialgüterrecht. Hier bedarf die Tatortregel einer Konkretisierung oder Modifikation, um überhaupt sinnvolle Ergebnisse zu produzieren (respektive etwa das Recht des Marktorts oder des Schutzlands). Schließlich muss das Kollisionsrecht auch einer Häufung von Distanz- oder Streudelikten und der Haftung nur mittelbarer Verursacher begegnen. Mit diesen Feststellungen wird noch nicht der Schaffung bestimmter Sonderkollisionsnormen für die beispielhaft angeführten Bereiche das Wort geredet. Es soll lediglich festgehalten werden, dass das eingehende Fallmaterial heute diversifizierter, komplexer und schlicht umfangreicher ist als noch vor einigen Jahrzehnten. Diesen Herausforderungen kann das Kollisionsrecht nicht mehr gleichgültig gegenüberstehen. Auf irgendeine Weise müssen die neu auftauchenden Fragen von ihm beantwortet werden, da mit dem Wissen um die Maßgeblichkeit des Tatorts häufig nicht viel gewonnen ist. Eine Ausdifferenzierung wird deshalb auch für das Deliktsstatut erforderlich. Ob diese durch positiv-rechtliche Sonderkollisionsnormen oder mittels richterrechtlicher Fortbildung der Tatortregel vonstatten geht, ist damit allerdings noch nicht entschieden.

bb. Methode, Art und Maß der Ausdifferenzierung

Das Bestehen eines Handlungsbedarfs ist damit geklärt. Endlich soll dargelegt werden, dass positiv normierte Sonderkollisionsnormen unter Beachtung der konfligierenden Maximen - Rechtssicherheit und Einzelfallgerechtigkeit - die beste Strategie zur Lösung des Problems sind.

(1) Identifizierung der relevanten Fallgruppen

Wie jeder andere Rechtssatz muss nämlich auch eine Kollisionsnorm die schwierige Abwägung zwischen jenen beiden Prinzipien durchführen.[394] Dafür müssen die aufeinanderprallenden Interessen abstrakt und generalisierend ermittelt und abgewogen werden.[395] Dies ist grundsätzlich kein besonderes Problem

393 So auch *Basedow*, in: Japanese and European Private International Law, S. 3, 18.

394 *Kropholler*, RabelsZ 33 (1969), 601, 607; *Schurig*, Kollisionsnorm, S. 197.

395 *Schurig*, Kollisionsnorm, S. 200.

des IPR. Komplexität bekommt dieses Grundproblem des legislatorischen Handwerks durch den Charakter des IPR als Rechtsanwendungs- beziehungsweise Verweisungsrecht. Die verhältnismäßig wenigen Normen des IPR müssen für jede denkbare Fallgestaltung eine Verweisung aussprechen. Möglich ist das nur mittels eines deutlich höheren Abstraktionsgrads im IPR verglichen mit dem materiellen Recht. Die Normen des Kollisionsrechts sind daher notwendig oft sehr weit gehalten und regeln große Bereiche.[396] Bei diesem Maß an Abstraktion muss es zu einer zwangsläufigen Entfernung von den konkreten Fallumständen kommen.[397] Es wird daher unausweichlich vorkommen, dass eine forensische Konstellation so gelagert ist, dass die abstrakte Interessengewichtung der anwendbaren Kollisionsnorm sich nicht mit den sich im Fall aktualisierenden und konkretisierten Interessen deckt.[398] Diese Ausgangslage lässt sich in Anlehnung an *Schurig* wie folgt kurz beschreiben: Die Weite des Kollisionsrechts führt notwendig auch zu einer „Unschärfe".[399]

Für die deliktische Grundanknüpfung im IPR trifft dieser Satz in besonderem Maße zu. Nach der Grundregel sind sämtliche Schuldverhältnisse aus unerlaubter Handlung nach dem gleichen Recht, dem Recht des Tatorts, zu beurteilen. Gerade die möglichen Fallgestaltungen einer unerlaubten Handlung sind aber nahezu uferlos. Es erscheint als geradezu unmöglich, im Wege einer abstrakt-generalisierenden Interessenbewertung zu einem angemessenen Ergebnis für alle besonderen Deliktsformen zu gelangen. Daher fragt sich, ob die als „unerlaubte Handlung" zu qualifizierenden Sachverhalte überhaupt eine hinreichend homogene Masse sind, um in einer einzigen Kollisionsnorm das kleinste gemeinsame Vielfache aller denkbaren Einzelfälle herauskristallisieren zu können.

Bereits ein Blick auf die groben Fallgruppen, die im materiellen Deliktsrecht diskutiert werden, offenbart aber, dass die Frage zu verneinen sein wird. Zu groß sind die Unterschiede etwa zwischen Straßenverkehrsunfällen und Verstößen gegen das Lauterkeitsrecht; zwischen Produkthaftungsfällen und Persönlichkeitsrechtsverletzungen; zwischen illegalen Arbeitskampfmaßnahmen und der Haftung für Umweltschäden. Auch auf der Kollisionsrechtsebene verbindet jene Fallgruppen oft nicht viel. Zwar behält der Begriff des Tatorts für die meisten Deliktstypen in irgendeiner Form seine Relevanz. Sein unmittelbarer Aussagegehalt ist aber begrenzt bei Deliktsformen, in deren Terminologie der Tatort keine oder eine untergeordnete Rolle spielt (etwa bei den Immaterialgüterrech-

396 *Schurig*, Kollisionsnorm, S. 200.
397 *Schurig*, Kollisionsnorm, S. 200.
398 *Schurig*, Kollisionsnorm, S. 200.
399 *Schurig*, Kollisionsnorm, S. 201.

ten), oder bei denen die abstrakt-generelle Interessenabwägung durch hinzutretende Faktoren modifiziert wird. Im Ergebnis unterscheidet sich somit die Auslegung des Tatorts je nach Deliktskategorie stark. Die scheinbar unproblematische und leichte Handhabung der Tatortregel in allen Fällen ist eine Illusion.[400] Die Schwierigkeiten gehen nämlich bei der Bestimmung des Tatorts regelmäßig erst los.

Jener hat als Leitgedanke des internationalen Deliktsrechts ohne jeden Zweifel seine Berechtigung[401]; es bedarf aber einer weiteren Konkretisierung.[402] Diese hat, soweit dies möglich ist, im Wege präsumtiver, abstrakt-genereller Interessenabwägung zu erfolgen, um Vorhersehbarkeit und Rechtssicherheit zu gewährleisten. Es bedarf in anderen Worten einer gesetzlichen Regelung. Sachgebietsspezifische Sonderanknüpfungen erfüllen diese Aufgabe in bestmöglichem Umfang. Soweit ein bestimmter Deliktstyp von der Grundvorstellung der unerlaubten Handlung im Sinne der Grundanknüpfung so weit entfernt ist, dass die Anknüpfung an den Tatort ohne dessen näherer Konkretisierung als zu „flüchtig"[403] erscheint oder überhaupt zu keinem Ergebnis führt, ist eine Sonderkollisionsnorm für jene Kategorie zu schaffen. Kumulativ erforderlich ist freilich, dass die denkbaren Fälle des jeweiligen Deliktstyps typischerweise einen gemeinsamen inhaltlichen Schwerpunkt, also eine identifizierbare, regelmäßig vorliegende Nähebeziehung zu einem bestimmten Anknüpfungspunkt aufweisen. Sie müssen folglich selbst eine abgrenzbare Identität im Gesamtgefüge der unerlaubten Handlungen besitzen. Denn eines darf man nicht außer Acht lassen: Die Schaffung von Sonderkollisionsnormen kann kein Allheilmittel für die Weite und Unschärfe im IPR sein. Der Lösungsansatz lässt sich nicht bis ins Unendliche fortspinnen, bis jeder noch so atypische Fall mit einer passenden Sondernorm versehen ist.[404] Es ist nicht praktikabel, der angeblichen Einzelfallgerechtigkeit mit immer ausgefeilteren Sonderkollisionsnormen in die entlegensten Verästelungen nachzuspüren.[405] Von der Vorhersehbarkeit und Rechtssicherheit würde man sich damit letztlich im Gegensatz zur verfolgten Absicht gänzlich

400 Vgl. *Hoffmann*, Koordination, S. 106; *W. Lorenz*, in: Vorschläge und Gutachten, S. 97, 101 f.

401 Dazu bereits oben unter III.4.a.aa.

402 Vgl. auch *Schurig*, Kollisionsnorm, S. 286, der bei weit gefassten Kollisionsnormen eine Aufschlüsselung für „möglich und erforderlich" hält.

403 *Schurig*, Kollisionsnorm, S. 201.

404 Davor warnt schon *Kropholler*, RabelsZ 33 (1969), 601, 608 f.; vgl. auch *von Bar*, IPR II, Rn. 652.

405 *Schurig*, Kollisionsnorm, S. 201.

entfernen: „Die Folge wäre Chaos“.[406] Es gilt daher auch in diesem Zusammenhang: μηδὲν ἄγαν (medèn ágan), Nichts im Übermaß. Die Sonderkollisionsnorm ist eine Medizin, die nur in Maßen den gewünschten Effekt erzielt.[407]

Dies wird bestätigt von systematischen Erwägungen bezüglich der funktionalen Rollenverteilung des Instrumentariums im internationalen Deliktsrecht. Im geltenden System des internationalen Deliktsrechts ist die Aufgabe der Sicherstellung der Einzelfallgerechtigkeit in ganz besonders atypischen Fällen bereits vergeben. Funktional ist hierfür die (stets als eine Stufe des Deliktsstatuts erforderliche)[408] Ausweichklausel zuständig, vgl. etwa Art. 4 Abs. 3 Rom II-VO beziehungsweise Art. 41 EGBGB. In die hintersten Winkel der Einzelfallgerechtigkeit dürfen Sonderkollisionsnormen damit in systemgerechter Ausgestaltung gar nicht eingreifen. Es muss daher eine Abgrenzung zwischen den Anwendungsgebieten potentieller Sonderkollisionsnormen und der allgemeinen Ausweichklausel vorgenommen werden. Die Domäne der Sonderkollisionsnorm liegt dabei allseitig umzäunt zwischen der Grundanknüpfung und der Ausweichklausel. Die fraglichen Deliktstypen müssen daher auf der einen Seite ein gewisses quantitatives Gewicht und eine inhaltliche Verbundenheit als Fallgruppe aufweisen, um nicht bereits als Marginalie ausreichend mit der Ausweichklausel bewältigt werden zu können. Andererseits dürfen die betreffenden Fälle nicht schon mit der Grundanknüpfung einfach und sachgerecht gelöst werden können. Es ergibt sich damit folgende Rollenverteilung für die einzelnen Normarten: Sonderkollisionsnormen befassen sich mit Fallumständen, die die Tatortregel an ihre Grenzen führen würden und deshalb abweichender, jedenfalls aber modifizierter Beurteilung bedürfen. Die Grundanknüpfung nimmt sich jedes deliktischen Rechtsverhältnisses an, das nicht schon von den Sonderkollisionsnormen erfasst wird. Der diffuse, zusammenhanglose Randbereich völlig atypischer Konstellationen schließlich – die akzessorische Anknüpfung einmal außen vor gelassen[409] – wird durch die Ausweichklausel einer angemessenen Lösung zugeführt.

(2) Empirisch-statistische Kontrolle

Um geeignete Fallgruppen für Sonderkollisionsnormen zu identifizieren und um die Reichweite einer potentiell zu schaffenden Norm auszumachen, empfiehlt es sich auch, eine „empirische Probe“ durchzuführen. Für ein zeitliches Betrach-

406 *Schurig*, Kollisionsnorm, S. 201.

407 *Kreuzer*, IPRax 1982, 1, 3; *Spickhoff*, in: FS Kropholler, S. 671.

408 Dazu bereits oben unter III.4.b.bb.

409 Dazu ausführlich unten unter IV.2.a.cc.

tungsintervall könnte man aus dem dazu verfügbaren forensischen Fallmaterial diejenigen Fälle aussondern, die unter die fragliche Sonderkollisionsnorm subsumierbar wären. Für diese Vergleichsgruppe sind sodann die Schwierigkeiten bei der Anknüpfung nach der Grundregel und nach der zu schaffenden Sonderkollisionsnorm gegenüberzustellen. Ein Indiz hierbei kann sich aus der „Ausweichquote" ergeben, d.h. dem Anteil der Fälle, die ohne eine Sonderkollisionsnorm nach der Ausweichklausel beurteilt werden müssten.[410] Eine signifikant höhere Quote, als dies dem Durchschnitt aller Fälle entspricht, streitet dabei für die Schaffung einer Sonderkollisionsnorm. Auch schon bestehende Sonderkollisionsnormen können nach diesem „empirisch-statistischen" Ansatz auf ihre Effektivität hin überprüft werden. Dazu muss allerdings die Mühsal auf sich genommen werden, die in einem Vergleichszeitraum nach der fraglichen Sondernorm angeknüpften Fälle gedanklich mithilfe der Grundregel und ihrer Ausweichklausel zu lösen. Auch hier können die sich dabei ergebenden Schwierigkeiten und die Quote des Rückgriffs auf die Ausweichklausel das Urteil über die Sonderkollisionsnorm erleichtern. Gegebenenfalls werden mit dieser Methode Ausnahmetatbestände identifiziert, die infolge gewandelter Bedingungen ineffizient und damit obsolet geworden sind.

Freilich darf man sich – hier wie sonst – nicht von der scheinbaren Präzision einer solchen Statistik blenden lassen. Maßgeblicher Einfluss kommt auch hier wertender Beurteilung zu, etwa bei der Frage, ab wann man von einer „signifikant" höheren Ausweichquote in obigem Sinn sprechen, oder – schon bei Bildung dieser Quote – bis zu welchem Grad der Modifikation man ein Ergebnis noch der Tatortregel zuschreiben mag. Der Vorteil positivierter Sonderkollisionsnormen ist allerdings, dass die ganze Problematik und die statistische Betrachtung in der rechtspolitischen Diskussion der Wissenschaft und im etwaigen Gesetzgebungsverfahren stattfinden könnten. Demgegenüber müssen nicht die Gerichte ad hoc solchen möglicherweise umfangreichen Erwägungen nachgehen. Dazu wären sie aus Kapazitätsgründen auch kaum sinnvoll im Stande. Denn in einem konkreten Verfahren geht es naturgemäß um einen Einzelfall, für den entweder die Grundregel angemessen erscheint oder eben nicht und deswegen auf eine modifizierende Auslegung der Grundregel oder auf die Ausweichklausel rekurriert werden muss. Die Einzelfallbezogenheit der gerichtlichen Praxis verhindert, dass bei der Schaffung modifizierender Auslegungsgrundsätze zur Grundregel (was funktional einer Sonderkollisionsnorm entspricht) die Ge-

410 Gegebenenfalls sollten dazu auch die Fälle gezählt werden, die zwar formal nach der Grundregel angeknüpft wurden, für die aber eine abweichende oder modifizierte Auslegung des Tatortbegriffs zugrunde gelegt wurde.

samttendenz des Fallmaterials berücksichtigt werden kann. Umgekehrt werden so einmal in der Gerichtspraxis etablierte Fallgruppen kaum mehr kritisch mit Blick auf die Gesamtumstände auf ihre Effizienz überprüft werden können.

Es bleibt damit festzuhalten: Verständig und maßvoll gestaltete Sonderkollisionsnormen können der Überlastung und Überforderung der deliktischen Grundanknüpfung und vor allem der Ausweichklausel wirksam entgegenwirken, indem sie in Konstellationen, in denen die Interessenabwägung typischerweise zu einem anderen Ergebnis als die Grundanknüpfung gelangt, dieses klar und deutlich benennen. Die dabei erforderlichen Erwägungen werden auf diese Weise auch auf die Ebene der rechtspolitischen Diskussion abstrahiert und müssen nicht ad hoc im Einzelfall und jedes Mal aufs Neue durchgeführt werden.[411]

(3) Verschiebung des Problems?

Nun könnte man freilich obenstehende Ausführungen sämtlich auch auf jede einzelne Sonderkollisionsnorm übertragen und gewissermaßen auf der nächsten Stufe erneut anführen. Die ewigen Antagonisten der Rechtssicherheit und der Einzelfallgerechtigkeit machen selbstredend nicht vor Sonderkollisionsnormen halt.[412] Es wird auch hier Fälle geben, die zwar unter eine Sonderkollisionsnorm subsumiert werden können, bei denen in concreto die Interessengewichtung aber nicht mit den abstrakt-generellen Vorgaben der Kollisionsnorm übereinstimmt. Es handelt sich inhaltlich um das gleiche Problem wie es oben angesprochen wurde und dessen Lösung die Sonderkollisionsnormen sein wollen, nunmehr aber gewissermaßen eine Ebene tiefer und nicht im Ansatz mit vergleichbarer Intensität oder Dringlichkeit. Daher fragt sich, ob man mit diesem Ansatz die Problematik lediglich verschiebt, aber nicht effektiv löst.

Das theoretische Fundament für die Rechtfertigung von Sondernormen ließe sich hier im Grunde analog anwenden und so letztlich *ad absurdum* führen. Dafür fehlt es indes an der Notwendigkeit; es liegt dafür sozusagen keine planwidrige Regelungslücke vor. Die größte Last von anderenfalls als unpassend empfundenen Anknüpfungen wird durch Sonderkollisionsnormen bereits abgefangen. Die oben dargestellten Maximen für deren inhaltliche Gestaltung erreichen gerade, dass durch eine positive Norm eine interessengerechte Anknüpfung in möglichst vielen Fällen sichergestellt wird, ohne dafür ständig auf die Ausweichklausel Rückgriff nehmen zu müssen. Weitere Ebenen von untergeordneten Sonderkollisionsnormen beziehungsweise Rückausnahmen sind unnötig und sogar schädlich. Es darf, wie gezeigt, eben nicht durch die Potenzierung von

---

411 Vgl. *Kozyris*, AmJCompL 2008, 471, 474.

412 Zu diesem Grundkonflikt des IPR siehe schon *Kropholler*, RabelsZ 33 (1969), 601, 608.

immer weiter ausdifferenzierten Normen in einem regelrechten Schneeballsystem der Einzelfallgerechtigkeit hinterher gejagt werden.[413] Vielmehr muss das richtige Maß der Regelbildung gewahrt werden. Nach Sonderkollisionsnormen der „ersten Stufe" besteht deshalb kein Bedarf für solche höherer Ordnungen. Schließlich darf auch nicht vergessen werden, dass Sonderkollisionsnormen auch von Ausweichklauseln aufgelockert werden können, soweit sich aus der jeweiligen Interessenlage keine zwingenden Gründe dagegen ableiten lassen (so aber im Bereich des internationalen Wettbewerbsrechts)[414].

(4) Positiv-rechtliche Regelung

Ein weiteres Argument für die Positivierung der notwendigen Modifizierungen der deliktischen Grundregel lässt sich aus dem Gewaltenteilungsgrundsatz herleiten. Wenn das gesamte internationale Deliktsrecht nur aus einer einzigen Anknüpfungsregel (und deren Auflockerungen) bestünde, dann läge effektiv die Entscheidungsgewalt bei den Gerichten, obwohl es sich bei der Schaffung eines Deliktskollisionsrechts um eine originär legislatorische Aufgabe handelt. Der Gesetzgeber hätte sich seiner legislatorischen Verantwortung entzogen[415] und beschwörte ein paternalistisches Gerichtssystem geradezu herauf, welches uferlos das scheinbar „Beste" seinen Rechtssuchenden aufbürdet.[416] Rechtssicherheit, Gerechtigkeit und Gewaltenteilung sind hier tangiert. Und das ohne Not. Sonderkollisionsnormen setzen dieser Agonie ein Ende.[417]

Der deutsche Gesetzgeber hielt bei der IPR-Reform aus dem Jahre 1999 sachbereichsspezifische Sondernormen wegen mangelnder Flexibilität noch für untunlich.[418] Dabei existierten auch zu diesem Zeitpunkt faktisch schon lange Sonderkollisionsnormen, nur lediglich in Form richterlicher Rechtsfortbildung und nicht aufgrund eigentlich dafür vorgesehener, demokratisch legitimierter,

---

413 Vgl. *Schurig*, Kollisionsnorm, S. 201.

414 So ist diesbezüglich wegen der betroffenen Verkehrs- und Drittinteressen anerkannt, dass weder eine Rechtswahl der Parteien noch eine Auflockerung durch die *lex communis domicilii* oder durch eine sonstige engere Verbindung möglich ist, siehe zur Rom II-Verordnung etwa Bamberger/Roth/*Spickhoff*, Anh. zu Art. 42 EGBGB, Rn. 62; Palandt/*Thorn*, Art. 6 Rom II-VO, Rn. 1.

415 *Lüderitz*, IPR, Rn. 30 und 87 spricht von der „Abdankung des Gesetzgebers".

416 Die Gefahr eines zu großen Entscheidungsspielraums der Gerichte betont auch *Symeonides*, in: FS Juenger, S. 125, 139 f., allerdings im Zusammenhang mit der Frage, ob das Kollisionsrecht materiell-rechtliche Wertungen transportieren solle.

417 Vgl. schon die Bedenken des Bundesrates gegen das IPR-Reformgesetz von 1999, BT-Drucks. 14/343 S. 20.

418 BT-Drucks. 14/343, S. 10 und 22.

formeller Gesetzgebung. Veranschaulicht wird dies besonders, wenn man auf der einen Seite den äußerst knappen Wortlaut des Art. 40 Abs. 1 EGBGB und andererseits die tatsächlich aus dieser Norm entwickelten Grundsätze vergleicht.[419] Die richterrechtliche Fortentwicklung selbst ist dabei keinesfalls der Stein des Anstoßes, sondern die Tatsache, dass sich der Gesetzgeber aus der Verantwortung gestohlen hat. Es gehört nun einmal zu der Pflicht des Kollisionsrechts, alle denkbaren Fälle umfassend abzudecken; „weiße Flecken" können auf der Landkarte jedenfalls des national-autonomen IPR nicht existieren. Gewisse Modifikationen waren daher nur eine Frage der der Zeit, da die Tatortregel zu oft an ihre Grenzen geführt wurde.

(5) Heimwärtsstreben

Einen weiteren, mit dem eben Gesagten verwandten Aspekt stellt das Phänomen des sogenannten Heimwärtsstrebens dar, d.h. die Tendenz der Gerichte im Rahmen ihrer Möglichkeiten zur Anwendung ihres Heimatrechts zu gelangen. Gäbe es nur eine deliktische Grundregel (und eine Ausweichklausel), die alle Sachverhalte erfasste, so würde dem Heimwärtsstreben erheblich Vorschub geleistet.[420] Gerade in schwierigen Grenzfällen dürfte die gerichtliche Praxis dazu neigen, eher die bekannte *lex fori* anzuwenden, um sich dadurch auch aufwändige Recherchen zu einem ausländischen Rechtssystem zu ersparen.[421] Existieren dagegen Sonderkollisionsnormen für andernfalls problematische Fälle, werden die Gerichte weniger leicht „in Versuchung geführt", angebliche Berührungspunkte zur *lex fori* in den Vordergrund zu stellen und dieser den Vorzug zu geben.

(6) Redundanz von Sonderkollisionsnormen?

Schließlich sei noch ein Einwand aufgegriffen, der gegen einige Sonderkollisionsnormen geltend gemacht wird. In Bereichen, in denen bereits allgemein anerkannte Rechtsgrundsätze existieren[422], soll die Notwendigkeit von Sonderkol-

---

419 Vgl. etwa die Kommentierungen in den einschlägigen Großkommentaren zu Art. 40 EGBGB, wo oft elf und mehr Deliktstypen unterschieden werden und zu je voneinander abweichenden Auslegungen hinsichtlich der Konkretisierung der Tatortregel gelangt wird. Siehe statt aller Staudinger/*von Hoffmann*, Art. 40 EGBGB, Rn. 45-392; Münchener Kommentar/*Junker*, Art. 40 EGBGB, Rn. 72-198.

420 Vgl. *Kreuzer*, ZfRV 33 (1992), 168, 183, dort insbes. Fn. 115 f.

421 Die Gefahr des Heimwärtsstrebens bei zu unbestimmten Kollisionsnormen sieht auch *Blaurock*, in: FS Stoll, S. 463, 480.

422 Etwa das Schutzlandprinzip im Bereich der Immaterialgüterrechte; wohl auch die Anknüpfung an den Marktort im Bereich des unlauteren Wettbewerbs.

lisionsnormen entfallen.[423] Dagegen ist zu erwidern, dass es auf supranationaler Ebene, im Gegensatz zur rein nationalen, sehr viel seltener solche Grundsätze geben wird. Der Rechts- und Wertepluralismus der Gemeinschaft fordert hier seinen Tribut. Weiterhin spricht nichts gegen eine Klarstellung und Positivierung jener Regeln. Eine Zunahme der Rechtsunsicherheit ist damit nicht verbunden. Auch Abgrenzungsprobleme sind nicht zu erwarten. Wer dies bezweifelt, muss sich zwangsläufig in Widerspruch zu seiner eigenen Prämisse begeben, nämlich der Existenz „allgemein anerkannter Rechtsgrundsätze": Wenn Streit und Unsicherheit über deren Reichweite und Inhalt bestehen, kann es sich schwerlich um eben solche handeln. Eine etwaige Redundanz spricht daher nicht gegen die Schaffung von Sonderkollisionsnormen.

(7) Zwischenergebnis

Nach Allem war ein positiv-rechtlicher Niederschlag der bislang (nationalautonomen) richterrechtlichen Entwicklung überfällig. Verständig entworfene Sonderkollisionsnormen können die Tatortregel als Grundanknüpfung von unnötigem Ballast befreien, ohne dass darunter die Vorhersehbarkeit des anwendbaren Rechts über Gebühr eingeschränkt wird. Dieser Auffassung schlossen sich nun auch die Verfasser der Rom II-Verordnung mit Recht an.

cc. Besonderheiten auf europäischer Ebene

Die hier untersuchte Rom II-Verordnung ist ein Rechtsakt des sekundären Gemeinschaftsrechts. Die Grenzen national-autonomer Gesetzgebung im Kollisionsrecht wurden damit überwunden. Einige Erwägungen und Herleitungen bezüglich der Notwendigkeit von Sonderkollisionsnormen wurzeln spezifisch in diesem supranationalen Kontext der Verordnung.

(1) Evolution statt Revolution

Der jetzt auf europäischer Ebene eingeschlagene Weg kann in gewisser Weise auch als eine „organische Evolution" des IPR begriffen werden. In der Sache ging es schon immer um das Problem der Auflockerung des Deliktsstatuts. Nur die Methode war fraglich. Ausgangspunkt war die starre Tatortregel ohne jeden Vorbehalt und ohne eine Ausweichklausel. Die zunehmend als unbefriedigend empfundene Lösung verursachte, was häufig als „Krise des klassischen IPR"

423 In diesem Sinne etwa die Regierungsbegründung des IPR-Reformgesetzes von 1999, BT-Drucks. 14/343, S. 10.

bezeichnet wurde.[424] Während wie oben[425] dargelegt in der US-amerikanischen Kollisionsrechtsschule daraufhin eine radikale Revolution ausgerufen wurde, hat sich im kontinentalen Europa die Auflockerung des Deliktsstatuts schrittweise entwickelt.[426] Dabei musste sich das notwendige Maß der Auflockerung, also die Rollenverteilung zwischen Grundregel und Ausweichklausel erst herauskristallisieren. Wurde die strenge Tatortregel als zu starr empfunden, so ging man bisweilen bei der Auflockerung auch zu weit und die Vorhersehbarkeit des anwendbaren Rechts war nicht mehr gewährleistet. Nun scheint das Pendel zwischen Vorhersehbarkeit und Einzelfallgerechtigkeit seinen Ruhepunkt erreicht zu haben.[427] Regelausnahmen durch Sonderkollisionsnormen in der Rom II-Verordnung verkörpern jetzt einen Kompromiss zwischen wildwucherndem Auflockerungsdrang und notwendiger Vorhersehbarkeit.[428] Im Ergebnis kann der Gesamtprozess als europäische Evolution im Gegensatz zur transatlantischen Revolution begriffen werden.[429]

(2) Anderer Zweck der Rom II-Verordnung

Ein wesentlicher Unterschied der Rom II-Verordnung im Vergleich zu ihren nationalen Pendants liegt in den mit ihr verfolgten Zwecken. Anders als etwa im deutschen Recht, kann sich die Rom II-Verordnung nicht darauf beschränken, nur „einen Kernbestand kollisionsrechtlicher Grundsätze festzulegen"[430] und sich im Übrigen auf die etablierten (richterrechtlichen) Grundsätze zu verlassen. Weil die Rom II-Verordnung Pionierarbeit als erste gemeinschaftsrechtliche Verordnung auf dem Gebiet des Kollisionsrechts im engeren Sinne leistet, kann sie auch nicht auf einen überkommenen Konsens Bezug nehmen. Das Projekt „Rom II" bewegt sich in noch unvermessenem Terrain und muss daher sämtli-

---

424 Vgl. ausführlich *Hohloch*, Deliktsstatut, S. 121 ff.; ferner *Kreuzer*, ZfRV 33 (1992), 168, 169 f.; *Kropholler*, IPR, § 52 I, S. 515.

425 Siehe oben unter III.4.b.bb.

426 *Symeonides*, Tulane Law Review 2008, 1741 ff. vergleicht Methode und Ergebnisse der beiden Kollisionsrechtsschulen.

427 Vgl. *Symeonides*, Tulane Law Review 2008, 1741, 1795 f.

428 Einen Überblick zu Sonderanknüpfungen in den verschiedenen nationalen Kollisionsrechten der Mitgliedstaaten vor der Rom II-Verordnung gibt *Fallon*, in: Japanese and European Private International Law, S. 262 f.

429 *von Hein*, ZEuP 2009, 6, 9; *Kozyris*, AmJCompL 2008, 471 ff.; angedeutet auch bei *Kreuzer*, ZfRV 33 (1992), 168, 169 f.; *Kropholler*, IPR, § 53 I 1, S. 515; in diesem Sinne auch *Symeonides*, Tulane Law Review 2008, 1741, 1744 ff. und 1795 f; anders *Michaels*, in: FS Kropholler, S. 151 und 171 ff.

430 So die Regierungsbegründung zum Entwurf des deutschen IPR-Reformgesetzes, BT-Drucks. 14/343, S. 10; vgl. auch *R. Wagner*, IPRax 1999, 210.

che Grenzsteine selbst setzen. Als Fixpunkt kann dabei nur der Leitgedanke des Tatortprinzips fungieren. Die genauere Ausgestaltung der Kollisionsnormen muss die Verordnung indes selbst besorgen. Unter diesem Ausgangspunkt erscheint es zwingend erforderlich, die notwendigen Differenzierungen positivrechtlich niederzulegen. Die Rom II-Verordnung soll nämlich ausweislich ihrer Erwägungsgründe dazu beitragen, einen europäischen „Raum der Freiheit, der Sicherheit und des Rechts“ zu realisieren.[431] Überließe man den Gerichten die inhaltliche Konkretisierung allein mit dem Verweis auf den Leitgedanken des Tatorts, so würde dadurch eher ein Raum der Anarchie, der Rechtsunsicherheit und der gerichtlichen Willkür heraufbeschworen. Im Interesse einer einheitlichen Auslegung und Anwendung ist folglich ein möglichst ausdifferenziertes und abschließendes Regelungssystem zu präferieren. Den Gerichten soll nicht aufgebürdet werden, was sie zu leisten nicht im Stande sind. Erst ausdifferenzierte Sonderkollisionsnormen bieten überhaupt die Chance einen Zustand zu schaffen, wonach „unabhängig von dem Staat, in dem sich das Gericht befindet, bei dem der Anspruch geltend gemacht wird, dieselben Verweisungen zur Bestimmung des anzuwendenden Rechts”[432] herangezogen werden. Als notwendige Kontrollinstanz wacht darüber gem. Art. 267 AEUV (ex-Art. 234 EGV) der EuGH, denn Rechtseinheit setzt die einheitliche Anwendung, d.h. die einheitliche Auslegung und Fortbildung des vereinheitlichten Rechts voraus.[433]

(3) Geringere „Reibungsverluste“ in der Übergangsphase

Aus dem supranationalen Charakter der Kollisionsrechtsvereinheitlichung in der Europäischen Gemeinschaft lässt sich noch ein weiteres Argument für die Schaffung von Sonderkollisionsnormen gewinnen. Hier stellt sich das Problem der unterschiedlichen Auslegung einer einzigen Grundregel nämlich noch viel dringlicher als auf rein nationaler Ebene. Die geringe Regelungsintensität einer einfachen Tatortregel ließe den verschiedenen Rechtstraditionen der Mitgliedstaaten einen zu großen Spielraum, den Gemeinschaftsrechtsakt – bewusst oder unbewusst – national einzufärben.[434] Bis eine auch nur halbwegs gesicherte Judikatur des EuGH vorläge, würde zu viel Zeit vergehen, die von starker Rechtsunsicherheit geprägt wäre. Die zu erwartenden unterschiedlichen Auslegungsergebnisse hinsichtlich besonderer Deliktstypen würden während dieser – zeitlich

431 Siehe Erwägungsgrund Nr. 1 Rom II-VO.

432 Aus Erwägungsgrund Nr. 5 Rom II-VO.

433 *Kreuzer/R. Wagner*, in: Dauses (Hrsg.), Hdb. EU-Wirtschaftsrecht, R. 1., Rn. 23.

434 Vgl. *Kreuzer*, ZfRV 33 (1992), 168, 183 und dort insbesondere Fn. 115 f.: Je unbestimmter eine Kollisionsnorm ist, desto größer die Gefahr des Heimwärtsstrebens.

nicht abschätzbaren – Übergangsperiode ein *forum shopping* geradezu herausfordern. Dieser Rechtszustand stünde aber in einem diametralen Gegensatz zu den erklärten Zielen der Rom II-Verordnung und generell den Zwecken einer Vereinheitlichung des Kollisionsrechts.

Nun mag man allerdings die Frage stellen, ob die eben beschriebene „Erstverschlimmerung" des Fehlens von sachgebietsspezifischen Sonderanknüpfungen möglicherweise hinzunehmen ist, angesichts der durch eine gefestigte EuGH-Rechtsprechung zu erwartenden Überwindung der uneinheitlichen Auslegung und Anwendung des Kollisionsrechts. Zuzugeben ist diesem Gedanken, dass in der Tat Zweifelsfragen bei der Auslegung im Laufe der Zeit durch den EuGH entschieden werden könnten.[435] Diesem Ansatz sind jedoch keine Vorteile immanent, die nicht auch andernfalls bestünden. Denn auch mit Sonderkollisionsnormen wird sich endlich eine gesicherte Kasuistik herausbilden. Die Praxis der Anknüpfung nach den verschiedenen Deliktskollisionsnormen wird durch Übung und Gewohnheit an Qualität hinzugewinnen. Die Etablierung einer *interpretatio europea* ist nur in zeitlicher Perspektive ungewiss.[436] Letztlich ist das Saldo der „Reibungsverluste" nach dieser Lösung schlicht geringer: In der Übergangsphase ist im Vergleich zu einer unbestimmten Tatortregel weniger Rechtsunsicherheit zu erwarten.[437] Allerdings stellt sich ein gleich hohes Level an Rechtssicherheit ein, wenn sich das Regelungssystem in der höchstrichterlichen Rechtsprechung hinreichend konkretisiert hat.[438] Dieser Umstand ist umso gewichtiger, als die vollständige Erschließung der Rom II-Verordnung durch den EuGH aufgrund des Vorlageverfahrens sehr langwierig sein dürfte. Nach Art. 267 Abs. 3 AEUV (ex-Art. 234 Abs. 3 EGV) sind nämlich in Ansehung der Rom II-Verordnung nur nationale Höchstgerichte vorlageverpflichtet.[439] Der spezifische internationale Hintergrund der Kollisionsrechtsvereinheitlichung im Gegensatz zur rein nationalen Schaffung oder Kodifizierung[440] von Kollisions-

---

435 Vgl. *Leible/Lehmann*, RIW 2007, 721, 722, die eine Konkretisierung durch die Rechtsprechung bei zu allgemein gefassten Kollisionsnormen gar erst in „ferner Zukunft" erwarten.

436 *Siehr*, in: Kollisionsrecht in der Europäischen Union, S. 77, 89.

437 Einen positiven Effekt der Sonderkollisionsnormen auf die Rechtssicherheit prognostiziert auch *Kadner Graziano*, RabelsZ 73 (2009), 1, 35.

438 Eher kritisch *Hohloch*, in: FS Stoll, S. 533, 547, der Sonderkollisionsnormen ablehnt, aber zugleich die notwendige Einheitlichkeit der Auslegung betont.

439 Immerhin sind mittlerweile auch die Instanzgerichte vorlageberechtigt, da Art. 68 EGV bei der Überführung in den AEUV aufgehoben wurde, siehe dazu oben unter II.3.b.bb.

440 So spricht sich etwa im Zusammenhang mit der IPR Reform von 1999 *Spickhoff*, NJW 1999, 2209, 2210 gegen Sonderkollisionsnormen auf nationaler Ebene aus.

recht bringt also einen entscheidenden Unterschied mit sich, der Sonderkollisionsnormen für spezielle Deliktstypen als erforderlich erscheinen lässt.

dd. Probleme der Sonderkollisionsnormen

Wie gezeigt wurde, sind sachgebietsspezifische Sonderanknüpfungen grundsätzlich der richtige Weg, um den gewandelten Rahmenbedingungen im Kollisionsrecht – zumal im supranationalen Kontext – ausreichend Rechnung zu tragen. Auf diese Weise wird die notwendige Anknüpfungsgerechtigkeit unter gleichzeitiger Wahrung der Vorhersehbarkeit des anwendbaren Rechts sichergestellt. Gleichwohl haben Sonderkollisionsnormen nicht ausschließlich positive Auswirkungen. Die potenziellen Nachteile, die mit ihnen in Kauf genommen werden, sollen deshalb ebenfalls betrachtet werden. Es geht dabei letztlich darum, diejenigen Fallgruppen zu identifizieren, für die die Normierung besonderer Anknüpfungsregeln einen positiven Erwartungswert aufweist, d.h. bei denen die Vorteile die damit einhergehenden Probleme überwiegen. Bezüglich der Gefahr einer übertriebenen Ausdifferenzierung des Deliktsstatuts, die zu einer Regelungsflut und damit letztlich entgegen den verfolgten Zielen zu mehr Rechtsunsicherheit führt, kann auf die obigen Ausführungen verwiesen werden.[441] Selbstredend darf die Zahl der Sonderanknüpfungen nicht ins Unüberschaubare gehen.

(1) Konkurrenz der Sonderkollisionsnormen untereinander

Gegenüber Sonderkollisionsnormen als regelungstechnischem Instrument könnte man einwenden, dass sie in gewissem Maße das Problem, das zu lösen sie sich anheischig machen, nur verlagern. Denn zwischen den Anwendungsbereichen der einzelnen Sonderkollisionsnormen muss freilich ebenfalls abgegrenzt werden. Es besteht die Möglichkeit, dass ein Sachverhalt unter zwei oder mehr Kollisionsnormen subsumierbar ist. Es handelt sich dabei um eine sogenannte Doppel- beziehungsweise Mehrfachqualifikation im weiteren Sinne[442]. Bezogen auf die Rom II-Verordnung kann sich etwa der Fall ergeben, dass durch ein fehlerhaftes Produkt (Art. 5 Rom II-VO) eine Umweltschädigung verursacht wird (Art. 7 Rom II-VO).[443] Beispielshalber soll der Fall angenommen werden, dass ein exportiertes oder im Ausland erworbenes Pflanzenschutzmittel aufgrund einer fehlerhaften Zusammensetzung trotz ordnungsgemäßer Verwendung des abnehmenden Landwirts zu einer Kontamination des Grundwassers führt. Für die-

441 Siehe oben III.4.c.bb.[3].

442 Genauer zu diesem Begriff siehe unten unter IV.2.a.bb.[2].[c], insbesondere unter Fn. 604.

443 Beispiel aus Palandt/*Thorn*, Art. 5 Rom II-VO, Rn. 3.

sen konkreten Fall existiert nur ein und derselbe Primärschaden, nämlich das verseuchte Grundwasser, dessen Dekontamination als Schadensersatz vom Produzenten begehrt wird. In dieser Konstellation sind sowohl Aspekte der Produkthaftung als auch der Haftung für Umweltschäden tangiert. Nur eine der relevanten Kollisionsnormen, nämlich Art. 7 Rom II-VO, sieht hingegen ein Wahlrecht des Geschädigten zwischen dem Erfolgsorts- und dem Handlungsortsrecht vor. Der Primärschaden ist indes unteilbar und kann nicht „parzelliert" und auf die verschiedenen Kollisionsnormen verteilt werden. Es muss also eine Entscheidung auf der Kollisionsrechtsebene getroffen werden in Ansehung der Frage, ob das Wahlrecht des Art. 7 Rom II-VO besteht oder nicht. Der aufgezeigte Konflikt zweier Anknüpfungstatbestände muss aufgelöst werden, um eine widerspruchsfreie Entscheidung des Einzelfalls zu ermöglichen.

Die Existenz von Sonderkollisionsnormen kann somit Auslegungsprobleme aufwerfen, die sich andernfalls unter Geltung allein einer Grundregel ohne konkretisierender Sonderanknüpfungen nicht gestellt hätten. Für diese „Meta-Kollisionen" ist eine gesetzliche Lösung nicht vorhanden.[444] Es wird zu zeigen sein, dass diese – zugegebenermaßen schwierige – Auslegungsfragen kein spezifisch durch Sonderanknüpfungen verursachtes, zusätzliches Problem sind. Ferner existieren dafür befriedigende Lösungen.

Dass ein Sachverhalt die Voraussetzungen zweier oder mehrerer (Kollisions-)Normen erfüllen kann, ist zunächst keine Besonderheit. Es handelt sich um ein allgemeines Phänomen der Auslegung von Normen. Sonderkollisionsnormen spielen dabei keine andere Rolle als andere (IPR-)Normen. Jeder Rechtssatz eröffnet kraft Natur der Sache die Möglichkeit, dass sich Konfliktlagen im Zusammenspiel mit weiteren Normen ergeben. Schon deswegen ist der oben beschriebene Einwand als zu allgemein zu verwerfen. In der Sache handelt es sich also um ein Auslegungsproblem, dessen praktische Relevanz zudem zahlenmäßig sehr begrenzt sein dürfte. Es müssen gerade zwei Sonderkollisionsnormen einschlägig sein, deren Rechtsfolgen sich nicht decken. Dies dürfte in Anbetracht der Rom II-Verordnung fast ausschließlich in einer dem obigen Beispiel vergleichbaren Fallgestaltung denkbar sein.

Zudem ist abstrakt betrachtet das Problem keineswegs unlösbar oder sogar schon vermeidbar. So sollte nämlich schon bei dem Entwurf der entsprechenden Kollisionsnormen darauf geachtet werden, dass Überschneidungen weitestgehend vermieden werden. Außerdem könnte eine gesetzliche Regelung für das behandelte Problem geschaffen werden, etwa in Form von Subsidiaritätsklauseln. Diese Vorgehensweisen haben den zusätzlichen Vorteil, dass sie das Prob-

---

444 Vgl. Palandt/*Thorn*, Art. 5 Rom II-VO, Rn. 3.

lem an der Wurzel packen, es also abstrakt-generell, allgemeingültig klären und es nicht in ad hoc-Entscheidungen auslagern. Sollte schließlich dennoch ein Auslegungskonflikt in casu vorliegen, so kann er immer noch mit der allgemeinen Auslegungstechnik bewältigt werden. In obigem Beispiel etwa ist nach Sinn und Zweck der beiden in Betracht kommenden Kollisionsnormen zu fragen. Insgesamt dürfte sich das in Art. 7 Rom II-VO fortlebende Ubiquitätsprinzip wegen der darin zum Ausdruck kommenden überragenden Bedeutung des Umweltschutzes gegenüber einer Anknüpfung nach Art. 5 Rom II-VO durchsetzen.[445] Im Ergebnis besteht das Wahlrecht des Geschädigten für den gesamten Primärschaden.

Das geschilderte Fallbeispiel bezog sich auf das Konkurrenzverhältnis zweier Kollisionsnormen, die demselben Rechtsakt entstammen. Schwierig wird die Situation aber, wenn die Grenzen eines Rechtsakts überschritten werden. Dies ist besonders im Verhältnis der Rom II-Verordnung zum Haager Übereinkommen über das auf die Produkthaftpflicht anzuwendende Recht vom 2. 10. 1973 denkbar. Darauf wird an geeigneter Stelle zurückzukommen sein.[446]

(2) Gefährdung des Entscheidungseinklangs?

Ein weiterer negativer Aspekt von Sonderkollisionsnormen könnte in der Gefährdung des internationalen Entscheidungseinklangs im Verhältnis zu Drittstaaten liegen. Vor allem bei der erstmaligen Kodifizierung des internationalen Deliktsrechts auf Gemeinschaftsebene unter Verwendung eines ausdifferenzierten Systems von Sonderkollisionsnormen werden durchaus neue, innovative Lösungen Eingang in den Rechtsakt finden, die sich noch keiner allgemeinen Anerkennung erfreuen. Insbesondere wird sich eine Rechtsvereinheitlichung kaum auf das bloße Festschreiben des überkommenen Tatortprinzips beschränken können. Naturgemäß enthält die Rom II-Verordnung Sonderkollisionsnormen, die bisher so in einigen Mitgliedstaaten noch nicht gegolten haben. Erst recht nicht werden sich identische Regeln im größten Teil der nicht an der Kollisionsrechtsvereinheitlichung beteiligten Drittstaaten finden. Der internationale Entscheidungseinklang im Verhältnis zu Drittstaaten könnte daher in Gefahr sein, weil die Gemeinschaft einseitig ein neues Deliktsstatut mit Sonderkollisionsnormen einsetzt.

Dieser Blickwinkel, obschon die Beobachtung zweifelsohne korrekt ist, hat indes keinen materiellen Gehalt. Bei Neuschaffung von Regeln ist es nämlich nicht zu vermeiden, dass die Vorreiter der neuen Lösung zunächst ein gewisses

445 Palandt/*Thorn*, Art. 5 Rom II-VO, Rn. 3.

446 Siehe unten unter IV.2.b.cc.[2].

Maß an Entscheidungsdisharmonie in Kauf nehmen müssen.[447] Das Ideal der Entscheidungsharmonie verbietet nicht die Fortentwicklung des Rechts, sondern ist bei der Regelschaffung im Sinne einer möglichen zukünftigen Harmonie zu verstehen.[448] Andernfalls würde eine einmal gefestigte Ansicht auf ewig konserviert, ohne dass ein kritisches Hinterfragen möglich wäre.[449] In gewissem Sinne ist das Streben nach Harmonie deshalb in diesem Bereich als kategorischer Imperativ zu verstehen. Die neu zu schaffende Lösung muss sich zugleich als Prinzip einer allgemeinen Gesetzgebung eignen.[450]

Hier kann einmal mehr ein Argument aus der besonderen gemeinschaftsrechtlichen Perspektive gewonnen werden. Stünde eine nationale Kodifikation zum internationalen Deliktsrecht auf dem Prüfstand, so könnte man wohl eher mit Fug an der Berechtigung modifizierender Sonderkollisionsnormen zweifeln.[451] Nicht nur wird die internationale Entscheidungsharmonie dadurch zunächst gestört, sondern ein „Wettbewerb der Rechte" provoziert. Die Kollisionsrechtsschulen benachbarter Staaten werden sich gegenseitig übertreffen wollen durch immer ausgetüfteltere, noch detailreichere und originellere Lösungsvorschläge.[452] Zwar könnte man auf methodische Gemeinsamkeiten in der Grundanschauung zurückblicken, aber in der Praxis würden unübersichtliche Unterschiede in einzelnen Facetten der Rechtssicherheit erheblich zusetzen und einen dauerhaft negativen Effekt auf den Entscheidungseinklang entfalten. Dass diese Befürchtung nicht gänzlich aus der Luft gegriffen ist, beweist schon, dass die Einflussnahme auf zukünftiges Gemeinschaftsrecht ein wichtiges Motiv und ein Triebmotor für die deutsche IPR-Reform von 1999 gewesen ist.[453] Die Reform war vom Wetteifer geprägt, dem künftigen IPR der Gemeinschaft den eigenen nationalen Stempel aufzudrücken. Der vielgepriesene Wettbewerb der Rechte führt daher grundsätzlich nicht etwa zu mehr Gemeinsamkeiten, sondern - jedenfalls zunächst - zu divergierenden Ansätzen im Bemühen um die beste Lösung.[454] Wie die geschichtliche Entwicklung des Deliktsstatuts zeigt, ist auch eine definitive, allgemein akzeptierte Lösung des Problems dauerhaft nicht zu erreichen. Eingedenk dessen ist der supranationale Charakter der Vergemein-

---

447 *Kegel/Schurig*, IPR, § 2 II 3 a, S. 140.

448 *Kropholler*, IPR, § 6 II 2, S. 38.

449 *Kropholler*, IPR, § 6 II 2, S. 38.

450 *Kegel/Schurig*, IPR, § 2 II 3 a, S. 140; *Kropholler*, IPR, § 6 II 2, S. 38.

451 Siehe nur zum deutschen Reformgesetz von 1999 *Junker*, RIW 2000, 241, 243; *Spickhoff*, NJW 1999, 2209, 2210.

452 *Müller-Freienfels*, in: FS Vischer, S. 223, 232 f.; *Kropholler*, IPR, § 6 III 1, S. 40.

453 Vgl. *Spickhoff*, NJW 1999, 2209, 2215.

454 Vgl. *Kropholler*, IPR, § 6 III 1, S. 40.

schaftung des Kollisionsrechts in der Europäischen Gemeinschaft erneut von Relevanz. Das aufgezeigte Szenario eines Wetteiferns der nationalen IPR-Schulen auf dem nie endenden Weg zum besten Recht kann hier nicht eintreten. Die Gemeinschaft unterliegt in ihren Rechtsetzungsprojekten eo ipso nicht den Fesseln der Nationalität. Sie wird sich vielmehr im Gegenteil auf die Gemeinsamkeiten der Mitgliedstaaten konzentrieren müssen, um einen konsensfähigen Entwurf erarbeiten zu können. Eine gewisse „egozentrische" Betrachtungsweise der Gemeinschaft kann kaum geleugnet werden. Sie ist binnenmarktfixiert und will einen Raum der Freiheit, der Sicherheit und des Rechts vor allem *in* ihrem Hoheitsgebiet etablieren.

Zusammenfassend kann daher aus dem supranationalen Charakter der Rom II-Verordnung die Erkenntnis gezogen werden, dass ausdifferenzierte Sonderkollisionsnormen hier nicht denselben Bedenken in Bezug auf den internationalen Entscheidungseinklang begegnen wie auf rein nationaler Ebene. Unterstrichen wird dieses Ergebnis von der Erwägung, dass unabhängig von der Beziehung zu Drittstaaten jedenfalls innerhalb der Gemeinschaft absoluter Entscheidungseinklang erreicht wird. Soweit das IPR vereinheitlicht wird, ist äußere Entscheidungsharmonie garantiert.[455] Die Konkretisierung und Modifizierung des Tatortbegriffs für bestimmte Deliktstypen widerspricht daher nicht dem Ideal des Entscheidungseinklangs.[456]

(3) Einschränkung der Fortentwicklung des Rechts

Schließlich könnten sich positivierte sachbereichsspezifische Sondernormen im IPR dem Vorwurf ausgesetzt sehen, sie behinderten die Fortentwicklung des Rechts. Eine positiv-rechtliche Norm entfaltet nämlich stets gewisse Beharrungskräfte, die zu dem oben bereits erwähnten juristischen Trägheitsprinzip führen.[457] Darüber hinaus kann auch ein „politisches Trägheitsprinzip" erblickt werden. Wenn erst einmal die Notwendigkeit des Tätigwerdens erkannt wurde und man sich zum Eintritt in den Gesetzgebungsprozess durchgerungen hat; und wenn dieser auch noch in einen erfolgreichen Abschluss gemündet hat, dann stehen die Chancen schlecht, dass sogleich eine – obschon rechtspolitisch berechtigte – Reform folgen wird. Die Trägheit, die eine einmal erfolgte positivrechtliche Regelung entfaltet, kann durchaus von signifikantem Gewicht sein. Dies umso mehr, wenn es sich um ein Projekt in supranationalem Kontext han-

455 *Kegel/Schurig*, IPR, § 2 II 3 a, S. 140.

456 *Kropholler*, IPR, § 6 II 2, S. 38.

457 Zu diesem Prinzip bereits oben III.4.a.aa.[2].[a].[aa]; *Schurig*, Kollisionsnorm, S. 197-204.

delt, bei dem ein Kompromiss zwischen den beteiligten Staaten nicht ohne weiteres zu erreichen ist. Neben juristischen und rechtspolitischen Erwägungen spielen hier auch solche originär politischer Provenienz mit herein. Eine alsbaldige Reform würde als Eingeständnis des Scheiterns bei der ursprünglichen Unternehmung gewertet werden. Freilich sähe sich ein idealer Gesetzgeber nicht davon gehemmt, da jener stets frei von sachfremden Erwägungen und ohne Beeinflussung durch diverse Lobbyisten agiert. Die Realität aber sieht anders aus. Aus all dem folgt, dass unter Umständen positivierte Sonderkollisionsnormen den *status quo* perpetuieren und die notwendige Fortentwicklung des Rechts, wenn nicht verhindern, so doch wesentlich verzögern. Diese mangelnde Flexibilität könnte daher insgesamt gegen eine positiv-rechtliche Ausdifferenzierung des Deliktsstatuts in der Rom II-Verordnung sprechen.

Diese Bedenken können im Ergebnis aber nicht durchgreifen. Konsequent zu Ende gedacht, läge in dem beschriebenen Ansatz eine gänzliche Abkehr von kodifiziertem Recht. Die vorgetragenen Vorbehalte lassen sich im Grundsatz entsprechend auf alles geschriebene Recht übertragen. Folgerichtig müsste man dann generell für eine Hinwendung zum Common Law und eine Abkehr von der Zivilrechtstradition plädieren. Dieses Resultat kann nicht gewollt sein. Im Übrigen führt der Verzicht auf Sondernormen zu einer gewissen Spannungsposition gegenüber dem Gewaltenteilungsgrundsatz. Denn effektiv fordert man den Gesetzgeber auf, positiv-rechtliche Normen zu unterlassen, um den Gerichten den Freiraum zu belassen, selbst eine passende Regelung kreieren zu können. Darin liegt aber eine Perversion der Aufgabenzuweisung und -abgrenzung der Gewaltengliederung. Endlich ist keineswegs belegt, dass ohne Sonderkollisionsnormen die Fortentwicklung tatsächlich leichter beziehungsweise flexibler vonstatten gehen würde. Die Rechtsprechung des EuGH ist in ihrer praktischen Wirkung nämlich mit dem Case Law angelsächsischen Ursprungs durchaus vergleichbar. Die Entscheidungen des EuGH entfalten de facto eine ähnliche Wirkung wie formelle Gesetze. Die Überwindung einer gefestigten EuGH-Rechtsprechung dürfte also nicht weniger schwerfällig sein, als eine formal-gesetzliche Reform geschriebenen Rechts. Letztlich besteht zudem eine einfache Möglichkeit, die Bedenken gegenüber sachbereichsspezifischen Sondernormen im internationalen Deliktsrecht auszuräumen. Eine Überprüfungsklausel mit Berichtspflichten hinsichtlich der Auswirkungen und des Funktionierens eines Rechtsakts kann die Aufgabe einer „freiwilligen Selbstkontrolle" ausüben. In turnusmäßigen Berichten können so etwaige Revisionen des betreffenden Rechtsakts angesprochen und anschließend erforderlichenfalls umgesetzt werden. Eine solche Überprüfungsklausel erfüllt somit eine eigene, echte Funktion und ist somit nicht lediglich Ausdruck gesetzgeberischer Verlegenheit oder eines Minimalkompromisses. Sie fungiert als legislatives Druckventil für die inhaltlich wenig Spielraum lassenden Sonderkollisionsnormen und trägt damit selbst zum langfristigen Gerechtigkeitsgehalt des Rechtsakts bei. Mit Art. 30 Abs. 1 Rom II-VO hat sich auch der Gemeinschaftsgesetzgeber dieser Lösung angeschlossen. Jene Klausel ist allerdings streng von Art. 30 Abs. 2 Rom II-VO zu trennen. Dort wird exemplarisch gezeigt, wie eine Überprüfungsklausel nicht auszusehen hat. Mit der letztgenannten Norm wird nämlich nicht die langfristige Entwicklung und Anpassungsfähigkeit der Verordnung abgesichert, sondern vielmehr versucht, das gesetzgeberische Versagen in Bezug auf die Bereichsausnahme für Schuldverhältnisse aus der Verletzung der Privatsphäre oder der Persönlichkeitsrechte (Art. 1 Abs. 2 lit. g Rom II-VO) zu kaschieren.[458] Überprüfung im wohlverstandenen, hier befürworteten Sinne, setzt schon begrifflich ein Objekt auf dem Prüfstand voraus. Bei Art. 30 Abs. 2 Rom II-VO geht es aber um das Fehlen eines Prüfungsobjekts infolge einer Flucht aus der legislatorischen Verantwortung. In diesem Falle transportiert die Klausel keine sinnvolle Wertung. In jedem Falle vorzugswürdig wäre es, direkt eine angemessene Norm für den fraglichen Bereich der Persönlichkeitsdelikte in die Verordnung aufzunehmen und diese ebenfalls der Überprüfung im Rahmen des Art. 30 Abs. 1 Rom II-VO anheim zu stellen.

Insgesamt bleibt vorliegend festzuhalten, dass der Einwand der Einschränkung der Fortentwicklung des Rechts durch die Existenz von Sonderkollisionsnormen im internationalen Deliktsrecht insgesamt unbegründet ist. Darüber hinaus besteht bei positiv-rechtlichen Sonderkollisionsnormen sogar zusätzlich die Möglichkeit, die Anpassung und Fortentwicklung des Rechtsakts durch eine Überprüfungsklausel mit turnusmäßigen Berichtspflichten dauerhaft abzusichern.

ee. Zwischenergebnis

Im Ergebnis haben die Überlegungen ergeben, dass sachbereichsspezifische Sonderanknüpfungen im internationalen Deliktsrecht als rechtstechnisches Instrument grundsätzlich mehr Vorteile als Nachteile mit sich bringen. Dies gilt auch und sogar besonders im supranationalen Kontext, mithin also für die Rom II-Verordnung. Die Tage simpler und umfassender Regeln zum Deliktsstatut sind daher gezählt.[459] Die besagte Einfachheit der Tatortregel war ohnehin nie mehr als eine bröckelnde Fassade, denn im Detail zeigen sich große Unterschiede bei deren Auslegung. Bei der Kodifikation des internationalen Deliktsrechts

458 Vgl. Palandt/*Thorn*, Art. 1 Rom II-VO, Rn. 15; *G. Wagner*, IPRax 2008, 1, 3.

459 *Basedow*, in: Japanese and European Private International Law, S. 3, 18.

auf Gemeinschaftsebene sind Sonderkollisionsnormen daher unausweichlich.[460] Die Rom II-Verordnung tut also gut daran, sich dieses Mittels – in Maßen[461] – zu bedienen.

Was nun die konkrete Ausgestaltung der einzelnen Sonderkollisionsnormen sowie die Auslegung der sich jetzt in der Rom II-Verordnung befindlichen Sonderanknüpfungen betrifft, so muss auf das (künftige) Schrifttum[462] verwiesen werden. Im Rahmen dieser Arbeit kann ein so weites Feld nicht mit der gebotenen Ausführlichkeit bearbeitet werden. Überblicksmäßige Darstellungen zu den einzelnen Sonderkollisionsnormen der Rom II-Verordnung finden sich bereits im nachgewiesenen Schrifttum. Deshalb wird vorliegend darauf ebenfalls verzichtet.

7. Fazit zur Rom II-Verordnung

Im Ganzen überzeugt die Grundstruktur der Rom II-Verordnung damit vollauf. Sie hat die aus dem nationalen Recht vertrauten Prinzipien auf die supranationale, gemeinschaftliche Ebene übertragen und punktuell weiterentwickelt. Radikale Umbrüche finden nicht statt. Insofern mag man von einer Evolution im Gegensatz zu einer Revolution sprechen.[463] Im Vergleich zum deutschen IPR der außervertraglichen Schuldverhältnisse ist in erster Linie die Abkehr vom Ubiquitätsprinzip bei der deliktischen Grundanknüpfung neu. Der von der Rom II-Verordnung eingeschlagene Weg ist aber, wie gesehen, der überzeugendere. Insofern hat sich die Skepsis mancher Beobachter[464] der Entwicklung des Kollisi-

---

460 „Codification goes hand in hand with the specification of more detailed rules, which take into account the ever-growing complexities of social and economic life.“, *Basedow*, in: Japanese and European Private International Law, S. 3, 18; vgl. ferner schon *Binder*, RabelsZ 20 (1955), 401, 497: "[...]blieb als einzige Möglichkeit, um auch die Ausnahmefälle sachgemäß zu behandeln, eine Ergänzung des Grundsatzes der lex loci durch einen Katalog typischer Sonderfälle."

461 Siehe bereits oben unter III.4.c.bb und *Kreuzer*, IPRax 1982, 1, 3.

462 Statt aller bisher erschienenen Quellen siehe jeweils m.w.N. die Kommentierungen bei Bamberger/Roth/*Spickhoff*, Anh. zu Art. 42 EGBGB, Rn. 1 ff.; Palandt/*Thorn*, Vorbem. Rom II-VO, Rn. 1 ff.

463 Vgl. *von Hein*, ZEuP 2009, 6, 9

464 Deutlich *Jayme/Kohler*, IPRax 2000, 454, 465 a.E.: „Das europäische Kollisionsrecht steht so unter dem Eindruck einer unkoordinierten Aufbruchstimmung. Wie angesichts dessen die Herausforderungen bestanden werden, die sich mit der Vergemeinschaftung des EVÜ und der Ausarbeitung eines Rechtsakts über das Delikts-IPR stellen, kann nur mit Skepsis abgewartet werden.“; ferner *Kegel/Schurig*, IPR, § 4 II, S. 219 und § 4 III,

onsrechts unter dem Einfluss der Europäischen Gemeinschaft als unbegründet erwiesen. Freilich hätte der Wortlaut an einigen Stellen klarer gefasst werden können (insbesondere hinsichtlich des inhaltlich gemeinten Erfolgsorts in Art. 4 Abs. 1 Rom II-VO).[465] Alles in allem ist der Verordnungstext aber klar genug und verständlich, sodass auch die Sprachbarrieren im polylingualen Geltungsgebiet der Verordnung den Zugang zu deren inhaltlichen Aussagen nicht erschweren dürfte.

Als Erste ihrer Art ist die Rom II-Verordnung gleichsam eine „Rechtsinsel" im noch unvermessenen Meer der europäischen Rechtsvereinheitlichung auf dem Gebiet des Kollisionsrechts. Daher ist es von besonderem Interesse, ihr Zusammenwirken mit den bestehenden und künftigen Rechtsinstrumenten des Internationalen Privat- und Zivilverfahrensrechts zu untersuchen. Diese Fragestellung ist der Gegenstand des folgenden Kapitels.

S. 226 f.; *Kreuzer/R. Wagner*, in: Dauses (Hrsg.): Hdb. EU-Wirtschaftsrecht, R. 1., Rn. 83; *Kreuzer*, in: FS Trusen, S. 543, 558; *Spickhoff*, NJW 1999, 2209, 2214 f.

465 Vgl. dazu die ausführliche Kritik von *Kreuzer*, in: Europäisches Kollisionsrecht (2004), S. 13 ff.

IV. Zusammenspiel und Wechselwirkungen mit anderen Rechtsakten

Ausgehend von dem gerade dargestellten Zwischenergebnis hinsichtlich des Kollisionsrechts für deliktische Sachverhalte sollen nun die Wechselwirkungen und das Zusammenspiel des deliktischen Anknüpfungssystems im Gesamtgefüge beleuchtet werden. Dabei soll Diskussionsbasis die Grundanknüpfung der Rom II-Verordnung, also das Erfolgsortsrecht sein und von der Existenz von Sonderkollisionsnormen für bestimmte Deliktstypen ausgegangen werden. Die Rom II-Verordnung nimmt für die folgende Analyse also gleichsam die Rolle eines Lackmusstreifens ein.

Der Aufbau der Darstellung orientiert sich dabei grob an einer Dreiteilung der einzubeziehenden Normenebenen. Das zu würdigende Kollisionsrecht muss in den Gesamtzusammenhang gestellt werden. Dabei müssen Zuständigkeitsrecht einerseits und das Sachrecht andererseits in die Beobachtung mit einfließen. Freilich müssen darüber hinaus auch andere Regelungen auf dem Gebiet des Kollisionsrechts beachtet werden, um ein in sich geschlossenes, logisches Anknüpfungssystem zu gewährleisten. Auf der Ebene des Kollisionsrechts kann eine weitere Dreiteilung vorgenommen werden, differenzierend nach der Herkunft des jeweiligen Rechtsinstruments.[466] Hierher gehören nationale Rechtsakte, aus deutscher Perspektive also insbesondere Art. 40-42 EGBGB. In internationaler Hinsicht sind Staatsverträge, vor allem die Haager Übereinkommen relevant. Schließlich – und ganz besonders – ist das europäische Gemeinschaftsrecht bedeutsam. Die Interferenzen zwischen kollisionsrechtlichen Instrumenten gemeinschaftsrechtlicher Provenienz und der Rom II-Verordnung sollen dabei untersucht werden.

Bereits vorbeugend soll darauf hingewiesen werden, dass es nicht immer möglich sein wird, die hier zu untersuchenden Rechtsakte und thematischen Schwerpunkte hermetisch voneinander zu trennen. Es liegt in der Natur der Sache, dass eine Behandlung des Kollisionsrechts immer auch verschiedene andere Rechtsbereiche berührt. Es ist schließlich das Wesen des Kollisionsrechts als „Recht über dem Recht“, als Weiche zwischen Zuständigkeits- und Sachrecht, mit anderen Bereichen vernetzt zu sein. Auch wenn besondere Phänomene, wie etwa das *forum shopping* oder die sogenannte Mosaikbetrachtung behandelt werden, müssen sich zwangsläufig Argumente überschneiden, zumindest aber ergänzen. Die Materie ist zu komplex, als dass man Einzelbereiche isoliert be-

466 Ebenso *Sonnenberger*, in: FS Kropholler, S. 227, 229.

trachten könnte.[467] Unentbehrlich ist daher immer auch der Blick für den Gesamtzusammenhang, um die Vorzüge oder Nachteile einer bestimmten Lösung richtig würdigen zu können.

1. Zusammenspiel mit dem internationalen Zuständigkeitsrecht

Internationale Zuständigkeit und anwendbares Recht sind schon bei *Savigny*[468] verschiedene Seiten eines einheitlichen Ganzen. Beide Bereiche korrelieren miteinander, sind untrennbar miteinander verbunden.[469] Der international zuständige Richter entnimmt die Regeln zur Bestimmung des in der Sache anwendbaren Rechts immer der eigenen *lex fori*.[470] Das internationale Zuständigkeitsrecht ist somit gewissermaßen ein „Kollisionsrecht über Kollisionsrechten" und entfaltet so Bedeutung für die Rechtsanwendungsfrage. Betrachtet man nun die deliktische Grundanknüpfung im IPR, so wird man notwendig auch das zugehörige Zuständigkeitsrecht in die Untersuchung mit einbeziehen müssen. Gerade aus dem Zusammenspiel beider Gebiete ergeben sich oft juristische Erscheinungen, die man nur mit dem Blick auf die Gesamtkonzeption erfassen und bewältigen kann.[471] Notorische Berühmtheit hat das oben bereits angesprochene *forum shopping* erlangt, doch erschöpft sich die Problematik keineswegs in diesem Phänomen.

Zu den Aufgaben des IPR gehört es ferner, Informationslasten und –risiken angemessen zu verteilen.[472] Deshalb muss das Kollisionsrecht auch mit Blick auf die praktischen Auswirkungen im Zusammenspiel mit dem Zivilprozessrecht überprüft werden, denn Rechtsberatungs- und Rechtsverfolgungskosten sind für den Rechtssuchenden in der Praxis ein bedeutender Faktor und sollten daher mitbedacht werden.

---

467 Vgl. auch Bamberger/Roth/*Spickhoff*, Anh. zu Art. 42 EGBGB, Rn. 11.

468 *Savigny*, System des heutigen Römischen Rechts, Band 8 (1849), S. 77.

469 *Spickhoff*, in: FS Kropholler, S. 671, 675.

470 Statt aller *Schack*, IZPR, Rn. 215.

471 Die Notwendigkeit einer „breiten Perspektive" betont ausdrücklich *G. Wagner*, RabelsZ 62 (1998), 243, 253.

472 *W.-H. Roth*, IPRax 2006, 338, 346.

a. Die deliktische Grundanknüpfung im europäischen Prozessrecht

Wie bereits dargelegt, ist das Tatortprinzip für deliktische Sachverhalte sowohl auf Zuständigkeitsebene als auch im Kollisionsrecht anerkannt. Das eigentliche Problem des Tatortprinzips offenbart sich aber erst bei genauerer Betrachtung: Es liegt in der Konkretisierung des Tatorts. Bei Distanzdelikten muss man Farbe bekennen und sich mit der Präzisierung des Tatortbegriffs auseinandersetzen. Es wurde oben ausführlich dargelegt, dass und weshalb für die Zwecke des Kollisionsrechts unter dem Tatort der Erfolgsort zu verstehen ist. Mittlerweile hat sich diese Auffassung auch im geltenden Recht niedergeschlagen und in Form des Art. 4 Abs. 1 Rom II-VO Eingang in das vergemeinschaftete Kollisionsrecht gefunden. Im folgenden Abschnitt soll nun aber die internationale Zuständigkeit bei unerlaubten Handlungen behandelt werden. Dabei ist das Tatortprinzip bei allen hier relevanten Rechtsquellen durchweg anerkannt, siehe Art. 5 Nr. 3 EuGVO, Art. 5 Nr. 3 LugÜ, § 32 ZPO. Ebenso anerkannt ist indes die ubiquitäre Auslegung des Tatortbegriffs auf der Zuständigkeitsebene. Sowohl am Handlungs- als auch am Erfolgsort soll danach ein Gerichtsstand eröffnet sein.[473] Die im Verhältnis zum Kollisionsrecht abweichende Auslegung wirft freilich Fragen auf. Darauf wird zurückzukommen sein.[474]

aa. Anwendungsbereich

Bevor nun spezifische Fragestellungen des Zusammenwirkens von internationaler Zuständigkeit und anwendbarem Recht behandelt werden, soll das geltende Zuständigkeitsgefüge in deliktischen Angelegenheiten nach der EuGVO kurz dargestellt werden.

Als sekundäres Gemeinschaftsrecht hat die EuGVO in ihrem Anwendungsbereich stets Vorrang vor entsprechenden nationalen Vorschriften, in diesem Zusammenhang also vor den doppelfunktional ausgelegten §§ 12 ff. ZPO.[475] Gemäß ihrem Art. 1 erklärt sich die EuGVO sachlich für anwendbar auf alle Zivil- und Handelssachen, die nicht durch den Negativkatalog des Art. 1 Abs. 2 EuGVO ausgeschlossen sind. Zur inhaltlichen Ausfüllung dieser Begriffe muss

---

473 Grundlegend EuGH 30.11.1976, Rs. 21/76, *Bier/Mines de Potasse d'Alsace*, Slg. 1976, 1735; siehe ferner *Geimer/Schütze,* EuZVR, Art. 5 EuGVO, Rn. 239; Münchener Kommentar-ZPO/*Gottwald*, Art. 5 EuGVO, Rn. 62; *Kropholler,* EuZPR, Art. 2 EuGVO, Rn. 81; *Magnus/Mankowski*, Art. 5 EuGVO, Rn. 203 ff.

474 Siehe unten unter IV.1.a.cc.

475 *Nagel/Gottwald*, IZPR, § 3, Rn. 19, S. 80; *Kropholler,* EuZPR, Einl., Rn. 19.

die Verordnung in autonomer, einheitlicher Weise ausgelegt werden.[476] Rechtseinheit innerhalb der Gemeinschaft wäre anderenfalls unmöglich. Über die Auslegung wacht als oberste Instanz der EuGH, vgl. Art. 267 AEUV (ex-Art. 234 EGV). Die EuGVO hat mit ihrem Inkrafttreten ihren staatsvertraglichen Vorläufer, das EuGVÜ, abgelöst. Hierbei gab es im Bereich des allgemeinen und des deliktischen Gerichtsstands keine inhaltlichen Änderungen. Daher kann die zum EuGVÜ ergangene umfangreiche Rechtsprechung des EuGH auf die EuGVO übertragen werden.

Das Zuständigkeitssystem nach der EuGVO greift in persönlicher Hinsicht bereits dann, wenn nur der Beklagte seinen Wohnsitz in einem Mitgliedstaat hat, Art. 3 Abs. 1 EuGVO. Gleichgültig ist deshalb, ob auch der Kläger in der Gemeinschaft domiziliert.[477] Einen darüber hinausgehenden Bezug zur Gemeinschaft verlangt die EuGVO nicht. Anderen Merkmalen als dem Wohnsitz, etwa der Staatsangehörigkeit oder dem gewöhnlichen Aufenthalt, misst die Verordnung keinerlei Bedeutung bei. Damit ist der Rückgriff auf nationales Zuständigkeitsrecht nur dann möglich, wenn der Beklagte keinen Wohnsitz im Hoheitsgebiet eines Mitgliedstaates hat, oder wenn es sich beim Streitgegenstand um einen reinen Inlandssachverhalt ohne Bezug zu irgendeinem anderen Staat handelt.[478] Für die besonderen Gerichtsstände des Art. 5 EuGVO verdeutlichen dessen Eingangsworte, dass der Wohnsitz des Beklagten und das befasste Gericht in verschiedenen Mitgliedstaaten liegen müssen.[479]

Für die Zwecke der hiesigen Untersuchung ist freilich Art. 5 Nr. 3 EuGVO die wichtigste Norm der Verordnung, welcher einen besonderen Gerichtsstand der unerlaubten Handlung festschreibt. Immer mitbedacht werden muss allerdings, dass dies eine Ausnahme vom Leitprinzip der Verordnung, *actor sequitur forum rei*, darstellt. Gem. Art. 2 Abs. 1 EuGVO ist neben den besonderen nämlich immer auch der allgemeine Gerichtsstand am Beklagtenwohnsitz eröffnet. Durch Art. 5 Nr. 3 EuGVO wird dem Rechtssuchenden also nur eine zusätzliche Option zur einfacheren und vor allem sachnäheren Rechtsverfolgung eingeräumt.

---

476 Statt aller *Nagel/Gottwald*, IZPR, § 3, Rn. 10, S. 77; *Hess*, IPRax 2006, 348, 352.

477 *Nagel/Gottwald*, IZPR, § 3, Rn. 28, S. 83.

478 *Nagel/Gottwald*, IZPR, § 3, Rn. 34, S. 85; *Kropholler,* EuZPR, vor Art. 2 EuGVO, Rn. 8.

479 *Kropholler,* EuZPR, vor Art. 2 EuGVO, Rn. 8.

bb. Ubiquitäre Auslegung der Tatortregel der EuGVO

(1) Unerlaubte Handlung

Art. 5 Nr. 3 EuGVO erfasst seinem Wortlaut nach „eine unerlaubte Handlung oder eine Handlung, die einer unerlaubten Handlung gleichgestellt ist". Was hierunter im Einzelnen zu verstehen ist, muss durch gemeinschaftsrechtlich autonome Interpretation geklärt werden.[480] Nach ständiger Rechtsprechung des EuGH gehören hierzu alle Klagen, „mit denen eine Schadenshaftung des Beklagten geltend gemacht wird und die nicht an einen Vertrag im Sinne von Art. 5 Nr. 1 anknüpfen"[481]. In der Sache wird damit eine Negativabgrenzung vom Vertragsgerichtsstand gem. Art. 5 Nr. 1 EuGVO getroffen, wobei natürlich auch der Begriff „Vertrag" autonom auszulegen ist, da ansonsten eine einheitliche Interpretation der Verordnung in den Mitgliedstaaten nicht erreichbar ist.

Schwierigkeiten bereitet diesbezüglich insbesondere die Einordnung von Schuldverhältnissen aus *culpa in contrahendo.*[482] Das Gebot gemeinschaftsrechtlich autonomer Auslegung verwehrt es hier, zur Einordnung auf die materielle *lex fori* zurückzugreifen. Die Lösung muss vielmehr im Zusammenspiel von Art. 5 Nr. 1 und Nr. 3 EuGVO gesucht werden. Der Vertragsbegriff des Art. 5 Nr. 1 EuGVO setzt nach dem EuGH voraus, dass eine „freiwillig eingegangene Verpflichtung"[483] und nicht nur eine gesetzliche Verpflichtung vorliegt. Unter dieses Merkmal muss ein konkreter Fall der Haftung für Verschulden bei Vertragsverhandlungen subsumiert werden. Fällt er nicht unter Art. 5 Nr. 1 EuGVO, so ist der Deliktsgerichtsstand eröffnet, *tertium non datur.*[484] Die Fallgruppen der *culpa in contrahendo* können nach diesem Ansatz nicht sämtlich über einen Kamm geschoren werden, sondern müssen über das Freiwilligkeitskriterium des EuGH differenziert werden. Zielt etwa eine Klage auf Ver-

480 Münchener Kommentar-ZPO/*Gottwald*, Art. 5 EuGVO Rn. 55; *Nagel/Gottwald*, IZPR, § 3, Rn. 66, S. 99.

481 EuGH 27.9.1988, Rs. 189/87, *Kalfelis*, Slg. 1988, 5565, Rn. 18; bestätigend EuGH 27.10.1998, Rs. C-51/97, *Réunion européenne*, Slg. 1998, I-6511, Rn. 22; EuGH 11.7.2002, Rs. 96/00, *Gabriel*, Slg. 2002, I-6367, Rn. 33; EuGH 1.10.2002, Rs. 167/00, *Henkel*, Slg. 2002, I-8111, Rn. 36; EuGH 20.1.2005, Rs. 27/02, *Engler*, Slg. 2005, I-481, Rn. 29.

482 Münchener Kommentar-ZPO/*Gottwald*, Art. 5 EuGVO Rn. 58. Zum Problem der *culpa in contrahendo* auf Ebene des Kollisionsrechts siehe unten unter IV.2.a.dd.

483 EuGH 17.9.2002, Rs. 334/00, *Tacconi*, Slg. 2002, I-7357, Rn. 23; EuGH 20.1.2005, Rs. 27/02, *Engler*, Slg. 2005, I-481, Rn. 26; EuGH 27.10.1998, Rs. C-51/97, *Réunion européenne*, Slg. 1998, I-6511, Rn. 17.

484 *Henk*, Die Haftung für culpa in contrahendo, S. 58.

tragsaufhebung wegen der Verletzung vorvertraglicher Aufklärungspflichten, ist Art. 5 Nr. 1 EuGVO einschlägig. Geht es dagegen um Schadensersatz wegen des Abbruchs von Vertragsverhandlungen, so kann in Ermangelung einer besonderen freiwilligen Verpflichtung nur ein Verstoß gegen Rechtsvorschriften, konkret gegen den Grundsatz von Treu und Glauben, ausgemacht werden.[485] Dieser Sachverhalt fällt unter Art. 5 Nr. 3 EuGVO.[486] Aus diesen Fallbeispielen lässt sich für die im hiesigen materiellen Recht diskutierten Fallgruppen der *culpa in contrahendo* eine grobe Abgrenzung ableiten. Die Obhutspflicht ist Ausfluss des Grundsatzes von Treu und Glauben und fußt somit nicht auf einer freiwilligen Selbstverpflichtung.[487] Diesbezügliche Streitigkeiten müssen im deliktischen Gerichtsstand ausgefochten werden. Den Abbruch von Vertragsverhandlungen qualifiziert der EuGH, wie gerade erwähnt, ohne Hinzutreten einer besonderen Verpflichtung ebenfalls deliktisch.[488] Aufklärung- und Beratungspflichten wurzeln im konkreten, von den Beteiligten freiwillig begründeten, Schuldverhältnis. Von einer freiwilligen Verpflichtung kann in diesen Fällen also ausgegangen werden, womit Art. 5 Nr. 1 EuGVO einschlägig ist.

Die soeben dargestellte Abgrenzung zwischen Art. 5 Nr. 1 und 3 EuGVO in Ansehung des Verschuldens bei Vertragsverhandlungen entspricht der Rechtslage vor Inkrafttreten der Rom II-Verordnung, sowie der derzeitigen Praxis unter dem Eindruck erster Erfahrungen mit Rom II. Wie unten noch zu zeigen sein wird, ist die Abgrenzung über das Freiwilligkeitskriterium infolge des Inkrafttretens der Rom II-Verordnung nach der hier vertretenen Ansicht indes überholt. Künftig sollte die vorvertragliche Haftung im Internationalen Zivilprozessrecht der EuGVO einheitlich deliktisch qualifiziert werden.[489]

(2) Tatort

Liegt eine unerlaubte Handlung im Sinne der Verordnung vor, so folgt daraus die Zuständigkeit des Gerichts „des Ortes, an dem das schädigende Ereignis eingetreten ist oder einzutreten droht". Der Wortlaut der Norm („des Ortes") verdeutlicht, dass sie doppelfunktional zu verstehen ist. Neben der hier vor allem diskutierten internationalen Zuständigkeit wird auch die örtliche mitgeregelt, sodass die jeweiligen nationalen Regeln insoweit völlig verdrängt werden.[490]

---

485 EuGH 17.9.2002, Rs. 334/00, *Tacconi*, Slg. 2002, I-7357, Rn. 25.

486 *Kropholler,* EuZPR, Art. 5 EuGVO, Rn. 18.

487 *Mankowski*, IPRax 2003, 127, 135.

488 EuGH 17.9.2002, Rs. 334/00, *Tacconi*, Slg. 2002, I-7357, Rn. 25.

489 Dazu genauer unten unter IV.2.a.dd.[3].[b].

490 Münchener Kommentar-ZPO/*Gottwald*, Art. 5 EuGVO Rn. 53; *Kropholler,* EuZPR, vor Art. 5 EuGVO, Rn. 5.

Es soll also am Tatort ein Gerichtsstand eröffnet sein. Ihren sachlichen Grund hat diese Ausnahme vom Grundsatz *actor sequitur forum rei* darin, dass ein deliktischer Sachverhalt zum Tatort eine besonders enge Beziehung hat und dort typischerweise eine leichtere Beweisaufnahme möglich ist.[491] Für Platzdelikte ist Art. 5 Nr. 3 EuGVO unmittelbar einsichtig und sachgerecht. Probleme ergeben sich aber, sobald es um Distanzdelikte geht, wenn also Handlungs- und Erfolgsort der deliktischen Handlung in verschiedenen Staaten liegen. Der EuGH hat sich in dem vielbeachteten sogenannten Rheinverschmutzungsfall[492] für eine ubiquitäre Auslegung des Tatortbegriffs entschieden und stellt dem Kläger die beiden verschiedenen Orte zur Wahl.[493] Das ist schon deswegen bemerkenswert, da dem Wortlaut, auch bei Betrachtung aller sprachlichen Fassungen der EuGVO, diese Interpretation nicht zu entnehmen ist. Begründet wird die Auslegung mit dem Sinn und Zweck der Norm mit folgenden zwei Hauptargumenten: Zum einen seien die möglichen Fallgestaltungen derart polymorph, dass je nach Sachlage eine besonders enge Beziehung entweder zum Handlungsort oder zum Erfolgsort bestehen kann. Eine typisierende Schwerpunktbildung sei bei der Vielfalt der unerlaubten Handlungen nicht sinnvoll durchführbar. Außerdem verbiete sich eine Einschränkung des Art. 5 Nr. 3 EuGVO auf den Handlungsort schon deshalb, da er dann neben dem allgemeinen Gerichtsstand weitgehend bedeutungslos wäre, denn typischerweise domiziliere der Schädigende auch am Handlungsort. Umgekehrt würde die alleinige Maßgeblichkeit des Erfolgsorts dazu führen, dass eine engere Beziehung zum Handlungsort nicht berücksichtigt werden könnte, wenn jener nicht mit dem Wohnsitz des Schädigers zusammenfällt.[494]

Entgegnen könnte man der ubiquitären Interpretation des Art. 5 Nr. 3 EuGVO, dass dadurch die Zahl der Gerichtsstände erhöht wird. Damit geht auch einher, dass die Möglichkeiten zum *forum shopping* erweitert werden.[495] Dieses Argument ist aber mit Inkrafttreten der Rom I- und II-Verordnungen überholt. Ein vereinheitlichtes Kollisionsrecht eliminiert die Voraussetzung für ein *forum shopping*, nämlich die Möglichkeit, dass aufgrund von Unterschieden im Verweisungsrecht je nach Gerichtsstand ein anderes Sachrecht zur Anwendung kommt. Es gilt damit nicht mehr der Satz: *Qui eligit forum etiam eligit ius*. Freilich bezeichnet auch künftig das IPR der jeweiligen *lex fori* das anwendbare

491 *Coester-Waltjen*, in: FS Schütze, S. 175, 177; *G. Wagner*, RabelsZ 62 (1998), 243, 263.

492 EuGH 30.11.1976, Rs. 21/76, *Bier/Mines de Potasse d'Alsace*, Slg. 1976, 1735.

493 *Nagel/Gottwald*, IZPR, § 3, Rn. 68, S. 99; *Kropholler,* EuZPR, Art. 5 EuGVO, Rn. 81; *Geimer/Schütze*, EuZVR, Art. 5 EuGVO, Rn. 240.

494 Vgl. dazu m.w.N. *Kropholler,* EuZPR, Art. 5 EuGVO, Rn. 82.

495 *Kropholler,* EuZPR, Art. 5 EuGVO, Rn. 82 a.E.

Recht. Weil das Kollisionsrecht aber vereinheitlicht ist, kommt dasselbe Sachrecht zur Anwendung - unabhängig vom Mitgliedstaat, in dem das Gericht belegen ist. Die Rom II-Verordnung führt durch die Vergemeinschaftung des Kollisionsrechts also in ihrem Anwendungsbereich zu einer effektiven Bekämpfung des unerwünschten Phänomens.

cc. Wertungsunterschiede zwischen IPR und IZVR

Die im Vergleich zum Kollisionsrecht der Rom II-Verordnung unterschiedliche Auslegung des Tatorts im Rahmen der EuGVO führt zurück auf die Frage, wie diese Differenz zu rechtfertigen ist.[496] Angesichts des Kohärenzgebots gem. Erwägungsgrund Nr. 7 Rom II-VO mögen die Unterschiede zwischen den beiden Rechtsakten zunächst verwundern. Aufklärung verspricht indes ein Blick auf die Wertungsunterschiede zwischen den beiden betroffenen Rechtsgebieten.

(1) Unterschiedliche Fragestellungen

Zuständigkeits- und Kollisionsrecht verfolgen teilweise divergierende Ziele. Auf Ebene des IZVR steht der Rechtssuchende im Vordergrund, dem eine erleichterte Rechtsverfolgung ermöglicht werden soll. Daher werden häufig mehrere Gerichtsstände zur Wahl gestellt. Das IPR dagegen sucht gemäß dem *Savignyschen* Verständnis nach dem Sitz des Rechtsverhältnisses, also nach der angemessensten Rechtsordnung.[497] Das Leitprinzip des Kollisionsrechts ist die Ausschließlichkeit seiner Anknüpfung, indem es auf das *eine* passende Recht verweist. Im Zuständigkeitsrecht ist dagegen eine Vielfalt möglich, ja sogar der Regelfall.[498] Die jeweilige Fragestellung unterscheidet sich grundsätzlich. Das moderne IPR ist allseitig gestaltet, um auf das eine passende Recht zu verweisen, auch wenn dies nicht die *lex fori* ist. Die Möglichkeit, dass vor eigenen Gerichten fremdes Recht zur Anwendung kommt, ist gerade der Grundgedanke und die Daseinsberechtigung des Kollisionsrechts. Das Zuständigkeitsrecht dagegen kann naturgemäß nur einseitig konzipiert sein. Reichweite und Grenzen der internationalen Zuständigkeit eines Staates sind selbstbestimmt. Über den Zugang zu seinen staatlichen Gerichten kann nur und muss jeder Staat selbst entscheiden.[499] Die Staatensouveränität verbietet es, einem anderen Staat einen Gerichtsstand „auf-

496 Vgl. *Mankowski*, in: FS Heldrich, S. 867, 884.

497 *Heldrich*, Internationale Zuständigkeit, S. 63.

498 *Mankowski*, in: FS Heldrich, S. 867, 868 f.; *Coester-Waltjen*, in: FS Schütze, S. 175, 180 f.

499 *Heldrich*, Internationale Zuständigkeit, S. 131; *Kropholler*, IPR, § 58 I, S. 607.

zudrängen". Es wäre zum Beispiel undenkbar, dass ein französisches Gesetz einen Gerichtsstand normieren würde, der für deutsche Gerichte bindend ist.

An dem aufgezeigten Unterschied ändert sich insbesondere auch nichts durch die Vergemeinschaftung von Zuständigkeits- und Kollisionsrecht durch die EuGVO beziehungsweise die Rom II-VO. Auch die Europäische Gemeinschaft kann nicht kraft ihres hoheitlichen Aktes einen Gerichtsstand in einem Drittstaat begründen. Das IZVR der Gemeinschaft behält somit die einseitige Architektur bei. Dass die Gemeinschaft ihren Mitgliedstaaten per Verordnung das Zuständigkeitssystem gewissermaßen „aufzwingt", Art. 288 Abs. 2 AEUV (ex-Art. 249 Abs. 2 EGV), betrifft eine andere Angelegenheit, nämlich die Frage nach der europäischen Kompetenz.

Auf den Nenner gebracht lässt sich somit sagen: Das internationale Verfahrensrecht geht von einer anderen Fragestellung aus und kommt daher in Ansehung deliktischer Sachverhalte auch zu einer abweichenden Antwort, nämlich der ubiquitären Auslegung des Tatortbegriffs. Zu klären ist freilich, aus welchen Gründen genau diese Unterschiede gerechtfertigt werden können. Dass die Tatortregel auch auf Ebene des IZVR für deliktische Sachverhalte sinnvoll ist, kann wohl nicht ernsthaft in Zweifel gezogen werden. Die Interessen sollen also nur insoweit thematisiert werden, als sie etwas zu der divergierenden Auslegung des Tatorts auf Zuständigkeits- und IPR-Ebene aussagen können.

(2) Keine erhöhten Rechtsermittlungskosten durch konkurrierende Gerichtsstände

Erneut kommen hier die konzeptionellen Unterschiede zwischen dem Recht der internationalen Zuständigkeit und dem Kollisionsrecht zum Tragen. Ein echtes Günstigkeitsprinzip im Kollisionsrecht, wie es bis 1999 geltendes Recht in Deutschland war, oder die etwas abgeschwächte Form des Wahlrechts in Art. 40 Abs. 1 EGBGB erhöhen die Kosten der Rechtsfindung enorm.[500] Die Ermittlung ausländischen Rechts ist immer ein mühevolles und fehlergeneigtes Unterfangen.[501] Dies war unter anderem für den deutschen Gesetzgeber der Grund, das Günstigkeitsprinzip im Kollisionsrecht einzuschränken und für den Gemeinschaftsgesetzgeber mitursächlich für die völlige Abwendung von einer alternativen Anknüpfung. Auf Ebene des IZVR steht es dagegen anders. Die einseitige Fragestellung des IZVR erfordert weder die Ermittlung noch die Prüfung ausländischen Rechts. Vielmehr lässt sich anhand der jeweiligen *lex fori* mit Ja oder Nein beantworten, ob die internationale Zuständigkeit gegeben ist, gleichviel ob

500 *Mankowski*, in: FS Heldrich, S. 867, 885.

501 *Heldrich*, Internationale Zuständigkeit, S. 110.

jene für deliktische Sachverhalte eine ubiquitäre Anknüpfung vorsieht oder nicht.[502] Konkurrierende Gerichtsstände führen im Gegensatz zu einer alternativen Anknüpfung im Kollisionsrecht daher nicht zu erhöhten Rechtsermittlungskosten.

(3) Starre Architektur des Zuständigkeitsrechts

Ein weiterer wichtiger architektonischer Unterschied betrifft das Fehlen von Ausweichklauseln im IZVR. Das Konzept des Kollisionsrechts verlangt nach der Einheitsanknüpfung. Das bedeutet, dass grundsätzlich immer nur ein einziges Recht zur Anwendung berufen wird. Das IPR muss wegen dieser Ausschließlichkeit für ein Rechtsverhältnis nicht nur ein akzeptables Recht, sondern von allen möglichen das (räumlich) beste Recht bestimmen. Die Suche nach dem so verstandenen Schwerstpunkt, erfordert deshalb Ausweichklauseln, um atypischen Fallgestaltungen Rechnung zu tragen. Ganz anders dagegen verhält es sich im Zuständigkeitsrecht. Hier ist nicht notwendig die engste Beziehung zu suchen; eine bloß enge ist bereits ausreichend. In den Worten *Mankowskis* ausgedrückt: „Gefragt ist nur nach dem Positiv, nicht nach dem Superlativ“[503]. Der Wertungsunterschied zwischen IZVR und IPR ermöglicht Ersterem somit, mehrere Gerichtsstände nebeneinander im Konkurrenzverhältnis zu eröffnen. Diese sind auch erforderlich, da eine Ausweichklausel auf Zuständigkeitsebene nicht existiert, die eine im Einzelfall unbillig eingeschränkte Zugänglichkeit zu den Gerichten kompensieren könnte.

Was die Tatortregel betrifft kann man natürlich weiterhin fragen, ob eine Konkretisierung auf einen der beiden relevanten Orte nicht dennoch vorzugswürdig erscheint. Das Kollisionsrecht hat sich aus den oben bereits dargelegten Gründen mit Recht für den Erfolgsort entschieden. Das IZVR dagegen ist in seiner Konzeption freier und kann sich dieser schwierigen Entscheidung entziehen. Zwar ist es richtig, wenn festgestellt wird, dass eine Beschränkung des Art. 5 Nr. 3 EuGVO auf den Erfolgsort keine wesentlichen Verschlechterungen für den Rechtssuchenden im Vergleich zum *status quo* mit sich brächte.[504] Dem Geschädigten würde dadurch häufig ein Klägergerichtsstand eröffnet, da sich regelmäßig die verletzten Rechtsgüter auch an seinem Lebensmittelpunkt befinden werden.[505] Anders als das IPR kann und muss es sich das IZVR aber leisten, auch atypische Fälle bereits in der Grundanknüpfung zu berücksichtigen, in de-

502 *Mankowski*, in: FS Heldrich, S. 867, 885.
503 *Mankowski*, in: FS Heldrich, S. 867, 869.
504 Vgl. *Mankowski*, in: FS Heldrich, S. 867, 885.
505 *Mankowski*, in: FS Heldrich, S. 867, 885.

nen der Sachverhalt eine enge Beziehung zum vom Wohnsitz des Beklagten verschiedenen Handlungsort aufweist. Eine Ausweichklausel existiert gerade nicht, sodass andernfalls – ohne Not – das Waagpendel im ewigen Konflikt zwischen notwendiger Regelbildung und der Flexibilität im Einzelfall zu stark in die erstgenannte Richtung neigen würde.

(4) Andere Interessenlage im IZVR

Die angeführten Argumente für die Beibehaltung der Ubiquität im Recht der internationalen Zuständigkeit werden bestätigt durch die teilweise andere Interessenlage im IZVR.[506] Hier werden die Parteiinteressen auf Rechtsgewährung und Zugang zu den Gerichten stark gewichtet.[507] Kläger und Beklagtem wird an der besonderen Sach- und Beweisnähe des Gerichtsstands am Tatort gelegen sein.[508] Auf der anderen Seite steht das Interesse des Beklagten, nicht in ausufernder Weise gerichtspflichtig zu werden. Für diesen Konflikt sucht das Zuständigkeitsrecht einen angemessenen Kompromiss.[509] Die abstrakteren Ordnungsinteressen, besonders der sogenannte internationale beziehungsweise äußere Entscheidungseinklang, werden davon etwas in den Hintergrund gedrängt.[510] Außerdem gibt es einen besonderen Aspekt gerade auf der Ebene des Zuständigkeitsrechts, nämlich den verfassungsrechtlich verankerten Anspruch auf Justizgewährung[511], der als Indiz für die ubiquitäre Interpretation des Art. 5 Nr. 3 EuGVO sprechen kann, um in jedem Fall einen sach- und beweisnahen Gerichtsstand zu eröffnen.[512] Freilich geht es bei dem Justizgewährungsanspruch zunächst darum, dass überhaupt ein Zugang zu den Gerichten ermöglicht wer-

---

506 Allgemein zu den Interessen im IZPR: *Heldrich*, Internationale Zuständigkeit, S. 105-129. Zu den Interessen im IPR insbesondere *Kegel/Schurig*, IPR, § 2 et passim.

507 Zum Interesse der Zugänglichkeit des Gerichtsschutzes siehe *Heldrich*, Internationale Zuständigkeit, S. 106-110; auch *Kropholler*, IPR, § 7 III, S. 48. In eine ähnliche Richtung geht *G. Wagner*, RabelsZ 62 (1998), 243, 259, der aus der Schwierigkeit eines internationalen Sachverhalts für den Geschädigten folgert, dass sowohl am Handlungsort als auch am Erfolgsort Zugang zu den Gerichten gewährt werden muss.

508 *Kubis*, Internationale Zuständigkeit, S. 30.

509 *Coester-Waltjen*, in: FS Schütze, S. 175, 182.

510 *Mankowski*, in: FS Heldrich, S. 867, 871; die prominente Bedeutung der Parteiinteressen vor den Staatsinteressen als „Mittelpunkt der Betrachtung" betont *Buchner*, Kläger- und Beklagtenschutz, S. 59 f.

511 Dazu umfassend *Pfeiffer*, Internationale Zuständigkeit und prozessuale Gerechtigkeit, insb. S. 337 ff.; siehe auch *Buchner*, Kläger- und Beklagtenschutz, S. 59 ff.

512 Zur weiten Auslegung der Gerichtsstände im Zuständigkeitsrecht siehe *Schröder*, Internationale Zuständigkeit, S. 108.

den soll, soweit der Streitgegenstand Bezug zum Inland aufweist.[513] Gerade die aufgezeigten Fälle, in denen der Sachverhalt eine enge Verbindung zum vom Beklagtenwohnsitz verschiedenen Handlungsort offenbart, werden aber vom ubiquitären Tatort des Art. 5 Nr. 3 EuGVO „abgefedert", sodass man mit dem Justizgewährungsanspruch gar nicht erst operieren muss.

Der internationale Entscheidungseinklang, also die Vermeidung sich widersprechender Entscheidungen als Ordnungsinteresse muss auf Zuständigkeitsebene Einschränkungen hinnehmen. Zwar besteht ein gewisser Zusammenhang zwischen multiplen Gerichtsständen und internationaler Entscheidungs*dis*harmonie. Je größer die Zahl der möglichen Fora, desto größer ist auch die Wahrscheinlichkeit von Divergenzen zwischen ihnen.[514] Insofern könnte man der ubiquitären Auslegung des Tatortbegriffs im IZVR kritisch gegenüber stehen.

Die eigentliche Entscheidung, welche die Entscheidungsharmonie verwirklicht – oder vereitelt – wird allerdings erst auf der Ebene des Kollisionsrechts getroffen. Deswegen ist hier auch der richtige Ansatzpunkt, um den äußeren Entscheidungseinklang zu fördern, und zwar am effektivsten über den Weg der Kollisionsrechtsvereinheitlichung.[515] Zusätzlich muss sich immer auch vor Augen gehalten werden, dass jener Einklang nur ein rechtstheoretisches Ideal sein kann, was sich schon an der bloßen Existenz der zusätzlichen, besonderen Gerichtsstände der EuGVO ablesen lässt.[516] Völlige Harmonie ist nicht möglich.[517] Aus diesen Erwägungen heraus lässt sich ableiten, dass den Parteiinteressen auf erleichterten Zugang zu den Gerichten und der Möglichkeit, in jedem Einzelfall das sach- und beweisnähere Gericht anzurufen, im IZVR höheres Gewicht zukommt als dem Ordnungsinteresse nach möglichst weitgehender äußerer Entscheidungsharmonie. Die geringen Auswirkungen auf ein ohnehin nur theoretisches Ideal lassen sich daher durch die damit konfligierenden Parteiinteressen rechtfertigen. Materialisiert sich jenes Ordnungsinteresse in einem anhängigen Rechtsstreit, so wird durch die Litispendenzregeln der Art. 27, 28 EuGVO auf einfache, aber effektive Weise sichergestellt, dass die Entscheidungsharmonie nicht kompromittiert wird.[518]

Schließlich sei der Aspekt des Gleichlaufs zwischen Zuständigkeit und anwendbarem Recht aufgegriffen. IPR und IZVR müssen, soweit tunlich, auf glei-

---

513 *Nagel/Gottwald*, IZPR, § 3, Rn. 305, S. 164; *Mankowski*, in: FS Heldrich, S. 867, 876.

514 *Mankowski*, in: FS Heldrich, S. 867, 871.

515 *Kropholler*, IPR, § 6 III, S. 39.

516 *Kropholler*, IPR, § 6, S. 36; *Mankowski*, in: FS Heldrich, S. 867, 871.

517 *Juenger*, in: FS Drobnig, S. 299, 305 f.; *Kropholler*, IPR, § 6 III, S. 42.

518 *Mankowski*, in: FS Heldrich, S. 867, 871 spricht von einer „Lösung mit der Brechstange".

chen Wertungen aufbauen und aufeinander abgestimmt sein.[519] Ein Auseinanderfallen von zuständigem Gericht und anwendbarem Recht soll nach Möglichkeit vermieden werden.[520] Dass daraus aber keine strenge Parallelität abgeleitet werden kann, liegt schon aufgrund der konzeptionellen Unterschiede zwischen den Rechtsgebieten auf der Hand: Im IZVR sind namentlich in der Regel mehrere Gerichtsstände eröffnet, während im Kollisionsrecht immer nur eine *einzige* Rechtsordnung für maßgeblich erklärt wird.[521] Seine Grenze findet das Gebot des Gleichlaufs daher, wenn und soweit die Wertungen und die Interessenlage auf den verschiedenen Ebenen divergieren. Wie bereits dargelegt spricht aber eine Reihe von anders gelagerten Interessen für die unterschiedliche Interpretation des Tatortprinzips im IPR und IZVR.

Der Gleichlauf ist dabei ohnehin ein Aspekt, der über eine gewisse Fehlertoleranz verfügt. Die Folge einer asynchronen Anknüpfung ist nämlich zunächst nur, dass ein Gericht möglicherweise ein fremdes Recht anzuwenden hat – ein Resultat, das im Bereich des IPR und IZVR beileibe nichts Ungewöhnliches ist.[522] Überdies dürften diese Fälle in der Praxis auch vergleichsweise selten sein, denn die Tatortregel in Art. 5 Nr. 3 EuGVO begünstigt den Gleichlauf weitestgehend, ohne aber dabei die atypischen Einzelfälle zu vernachlässigen. Insbesondere würde das potenzielle Auseinanderlaufen von Zuständigkeit und anwendbarem Recht durch eine ebenfalls ubiquitäre Auslegung der Tatortregel im Kollisionsrecht, wie sie im deutschen Kollisionsrecht immer noch existiert (Art. 40 Abs. 1 EGBGB), gerade nicht verhindert, sondern im Gegenteil noch verstärkt werden. Denn gleich ob der Kläger am Handlungs- oder Erfolgsort vorginge bestünde in beiden Fällen die Möglichkeit, dass entweder nach seiner Wahl oder gar von Amts wegen ein fremdes Recht zur Anwendung berufen wäre. Bei alternativen Anknüpfungen *hindern* somit identische Anknüpfungsmerkmale im IZVR und IPR sogar den Gleichlauf.[523]

Zusammenfassend lässt sich daher sagen: Die ubiquitäre Interpretation des Tatorts in Art. 5 Nr. 3 EuGVO ist der unterschiedlichen Art der Fragestellung des IZVR im Vergleich zum Kollisionsrecht geschuldet. In jedem Falle muss am Erfolgsort aus Gründen der Sach- und Beweisnähe auch ein Zugang zu den Gerichten ermöglicht werden. Dass daneben auch noch der Handlungsort relevant

---

519 *Nagel/Gottwald*, IZPR, § 1, Rn. 47, S. 19; *Spickhoff*, in: FS Kropholler, S. 671, 675; *G. Wagner*, RabelsZ 62 (1998), 243, 253.

520 *Kubis*, Internationale Zuständigkeit, S. 31; *Nagel/Gottwald*, IZPR, § 1, Rn. 47, S. 19.

521 So schon *Savigny*, System des heutigen Römischen Rechts, Band 8 (1849), S. 109 f.; *Kropholler*, IPR, § 58 II 2, S. 612.

522 Vgl. Bamberger/Roth/*Spickhoff*, Anh. zu Art. 42 EGBGB, Rn. 23 a.E.

523 Andeutungsweise auch *Wandt*, in: FS 100 Jahre DVS, S. 127, 133.

ist, kompensiert in gewisser Weise die im IZVR fehlende Ausweichklausel. Dabei wird dem Handlungsort in der gerichtlichen Praxis vergleichsweise wenig Bedeutung zukommen.[524] Es bedarf einiger Fantasie, einen entsprechenden Beispielsfall zu konstruieren. Abstrakte Prämisse ist nämlich, dass Handlungs- und Erfolgsort der fraglichen unerlaubten Handlung nicht mit den Wohnsitzen von Beklagtem respektive Kläger übereinstimmen. Das bedeutet, dass eine Reihe von Umständen eintreten muss, um die Anknüpfung an den Handlungsort aktiv eingreifen zu lassen. Zunächst muss überhaupt ein Distanzdelikt vorliegen, andernfalls sich die Frage nach der Ubiquität gar nicht erst stellt. Zweitens ist seit der Rom II-Verordnung das Kollisionsrecht innerhalb der Gemeinschaft vereinheitlicht, sodass der Kläger ohne Möglichkeit zum *forum shopping* meist schlicht das für ihn bequemste Gericht anrufen wird, d.h. möglichst ein Forum in seinem Heimatstaat. Dies ist aber regelmäßig das Gericht am Erfolgsort, wenn – wie es typischerweise der Fall sein dürfte – das verletzte Rechtsgut am Wohnsitz beziehungsweise gewöhnlichen Aufenthalt des Geschädigten belegen ist. Mitbedacht werden muss ferner immer der allgemeine Gerichtsstand am Beklagtenwohnsitz, Art. 2 Abs. 1 EuGVO. In vielen Fällen wird die Anknüpfung an den Handlungsort darin aufgehen, nämlich wenn die Person, deren Haftung geltend gemacht wird, an ihrem Wohnsitz auch die zum Schadenseintritt führende Handlung ausgeführt hat.[525] Nur dann also, wenn bei einem Distanzdelikt der nicht mit dem Beklagtenwohnsitz übereinstimmende Handlungsort für den Kläger günstiger gelegen ist als der vom Wohnsitz des Klägers verschiedene Erfolgsort, kommt die ubiquitäre Auslegung des Art. 5 Nr. 3 EuGVO faktisch zum Tragen.

Abgesehen von der Problematik hinsichtlich der Haager Übereinkommen für Straßenverkehrsunfälle und für Produkthaftung[526] ist ein *forum shopping* innerhalb der Gemeinschaft durch die Rom II-Verordnung im deliktischen Bereich ausgeschlossen. Im Verhältnis zu Drittstaaten bleiben die Möglichkeiten eines *forum shoppings* selbstredend weiterhin bestehen. Sie werden aber durch die wahlweise Anknüpfung an Erfolgs- oder Handlungsort in der EuGVO weder erweitert noch verringert, da jedes innergemeinschaftliche Gericht in der Sache das gleiche, nach der Rom II-Verordnung zu bestimmende Recht anwenden wird. Naturgemäß können weder die EuGVO noch die Rom II-Verordnung auf Zuständigkeits- und Kollisionsregeln von Drittstaaten direkten Einfluss nehmen. Allerdings bleibt zu hoffen, dass ein überzeugendes Lösungskonzept im gemein-

524 *Mankowski*, in: FS Heldrich, S. 867, 885.
525 *Kosmehl*, in: FS Rauscher, S. 79, 92.
526 Siehe dazu unter IV.2.b.cc.

schaftlichen Internationalen Privat- und Verfahrensrecht aufgrund seiner Überzeugungskraft als Modellgesetz für etwaige Reformen in Drittstaaten dienen mag.

Nach allem ist festzuhalten, dass aus Gründen der Sach- und Beweisnähe für deliktische Sachverhalte die besondere internationale Zuständigkeit aus Art. 5 Nr. 3 EuGVO notwendig ist und der Tatortbegriff in seiner dortigen Ausprägung, anders als im Kollisionsrecht, ubiquitär zu verstehen ist.

b. Shevill-Doktrin des EuGH: Beschränkung der Kognitionsbefugnis trotz Vergemeinschaftung des Kollisionsrechts?

aa. Fragestellung

Nach der Darstellung des Inhalts der deliktischen Grundanknüpfung im europäischen Zivilverfahrensrecht soll nun ein besonderes Problem im Zusammenspiel von internationaler Zuständigkeit und anwendbarem Recht angesprochen werden. Es geht dabei um Streudelikte und die mögliche Beschränkung der Kognitionsbefugnis der Gerichte am Erfolgsort nach der *Shevill*-Doktrin des EuGH. Konkret soll hier der Frage nachgegangen werden, ob für diese Rechtsprechung in einem Europa des vereinheitlichten Kollisionsrechts überhaupt noch Raum ist. Die Rom II-Verordnung könnte hier eine Veränderung der Umstände mit sich gebracht haben, die ein Festhalten am Mosaikprinzip als obsolet erscheinen lässt. Dieses Ergebnis könnte aufgrund einer verordnungsübergreifenden, systematischen Auslegung der EuGVO und der Rom II-Verordnung bereits in der *lex lata* Geltung beanspruchen.[527]

Zunächst aber soll der Sachverhalt der in Frage stehenden Entscheidung kurz aufgezeigt werden.

bb. Sachverhalt der Shevill-Entscheidung

Dem EuGH wurden durch das House of Lords mit Beschluss vom 1. 3. 1993 sieben Fragen zur Vorabentscheidung vorgelegt.[528] Die Fragen stellten sich in einem Rechtsstreit mit folgendem verkürzten Sachverhalt: Über die in England wohnhafte Frau Fiona Shevill wurde von einem französischen Boulevardblatt im

527 Vgl. zum Gebot kohärenter Auslegung verwandter Gemeinschaftsrechtsakte Erwägungsgrund Nr. 7 Rom II-VO.

528 Sachverhalt nach EuGH 7.3.1995, Rs. C-68/93, *Shevill*, Slg. 1995, I-415 = IPRax 1997, 111 ff.

Zusammenhang mit einem Falschgeldskandal in einer Weise berichtet, die ihr Persönlichkeitsrecht verletzte. Die Problematik des Falles lag darin, dass die fragliche Zeitung nicht nur in Frankreich, sondern in vielen Ländern vertrieben wurde. Ein sehr geringer Teil der Auflage schließlich gelangte auch nach England. Mithin handelte es sich inhaltlich um ein Streudelikt, dessen Erfolg an einer Vielzahl verschiedener Orte eintrat. Die ubiquitäre Auslegung des (damals noch) Art. 5 Nr. 3 EuGVÜ stand außer Zweifel, sodass die Gerichte in England grundsätzlich unproblematisch international zuständig waren. Deshalb erhob Frau Shevill auch vor einem englischen Gericht Klage auf Schadensersatz. Die entscheidende Frage war nun, ob an jedem der einzelnen Erfolgsorte die Gerichte eine umfassende Kognitionsbefugnis hinsichtlich des gesamten Schadens haben. Der EuGH verneinte die Frage und begrenzte die Entscheidungskompetenz der Gerichte am Erfolgsort auf denjenigen Teil des Gesamtschadens, der sich in dem entsprechenden Staat realisiert hat.[529] Die Kognitionsbefugnis an den Erfolgsorten zerfällt also unter Umständen in ein vielteiliges Mosaik (Mosaikprinzip). Für Frau Shevill hatte dies zur Folge, dass das englische Gericht die Sache nur im Hinblick auf die sehr geringe Quote des Gesamtschadens, die sich in England realisierte, entscheiden konnte.

cc. Hauptargumente für und wider die Beschränkung der Kognitionsbefugnis

Die Entscheidung des EuGH traf auf ein geteiltes Echo im Schrifttum.[530] Einige Argumente für und wider die Beschränkung der Kognitionsbefugnis der Gerichte an den Erfolgsorten bei Streudelikten sollen im Folgenden kurz dargestellt werden.

Konsequenz des Mosaikprinzips ist, dass der Kläger zwar den gesamten Schaden am Handlungsort und am Wohnsitz des Beklagten (Art. 2 Abs. 1 EuGVO) geltend machen kann. Andernfalls muss er aber parallele Verfahren an den jeweiligen Erfolgsorten in Kauf nehmen.[531] Diese Begünstigung von Mehrfachprozessen vor dem Hintergrund einer einzelnen schädigenden Handlung ist den

---

529 EuGH 7.3.1995, *Shevill*, Rn. 30.

530 Zustimmend etwa *Buchner*, Kläger- und Beklagtenschutz, S. 139 ff.; *Huber*, ZEuP 1996, 295, 304 ff.; *Kropholler*, EuZPR, Art. 5 EuGVO, Rn. 84; *Löffler*, Mediendelikte im IPR und IZPR, S. 201 ff., 263 ff.; *G. Wagner*, RabelsZ 62 (1998), 243, 279 ff. Kritisch dagegen etwa *Coester-Waltjen*, in: FS Schütze, S. 175, 185; *Kreuzer/Klötgen*, IPRax 1997, 90, 94 ff.; *Kubis*, Internationale Zuständigkeit, S. 130 ff.; *Rauscher*, ZZP Int. 1996, 145, 158 ff.

531 Staudinger/*Fezer/Koos*, IntWirtschR, Rn. 1087.

Kritikern des EuGH ein Dorn im Auge. Zu sehr würde die Prozessökonomie leiden.[532] Außerdem bedeute dies eine faktische Entwertung des Erfolgsorts: Parallele Prozesse in verschiedenen Staaten mit all den Schwierigkeiten, die daraus resultieren, wie etwa erhöhte Kosten für Rechtsberatung, Kosten im Zusammenhang mit der Sprachbarriere und mehrfache Gerichtskosten, könnten sich nur wirtschaftlich potente Kläger leisten.[533]

Als Hauptargument für die Beschränkung der Kognitionsbefugnis wird vor allem angeführt, dass andernfalls ein Wildwuchs der Möglichkeiten zum *forum shopping* nicht wirksam zu verhindern sei. Pressedelikte seien geradezu typischerweise Streudelikte, was zu einer potentiell weltweiten Gerichtspflichtigkeit des verantwortlichen Verlags führen und dem Kläger über die Wahl des Forums mittelbar auch die Wahl des strengsten materiellen Rechts eröffnen würde.[534] Dieser faktische Zwang, grenzüberschreitende Publikationen auf den strengsten Standard im Hinblick auf Persönlichkeitsrechte auszurichten, soll durch die *Shevill*-Doktrin eingeschränkt werden. Ebenfalls wird auf die größere Sach- und Beweisnähe der Gerichte für den jeweils im Staatsgebiet eingetretenen Schaden verwiesen.[535]

dd. Reichweite der Shevill-Doktrin

Die *Shevill*-Entscheidung des EuGH erging in einer Fallkonstellation, in der ein Presseerzeugnis Persönlichkeitsrechte verletzte. Es ist daher noch keine Selbstverständlichkeit, dass das Mosaikprinzip nun automatisch für alle Streudelikte Geltung beanspruchen soll.[536] Die spezifische Interessenlage im der *Shevill*-Entscheidung zugrunde liegenden Sachverhalt hat der EuGH aber nur als einen Aspekt unter mehreren angeführt. Besonders betont wurden die Argumente der Sach- und Beweisnähe der Gerichte[537] und der Einschränkung des *forum shopping*.[538] Es darf deshalb angenommen werden, dass die *Shevill*-Doktrin und das von ihr geforderte Mosaikprinzip Geltung auch in den Bereichen der Immateri-

---

532 *Kreuzer/Klötgen*, IPRax 1997, 90, 96; *G. Wagner*, RabelsZ 62 (1998), 243, 277.

533 *Kreuzer/Klötgen*, IPRax 1997, 90, 96; *Kubis*, Internationale Zuständigkeit, S. 135 f.; vgl. auch Bamberger/Roth/*Spickhoff*, Anh. zu Art. 42 EGBGB, Rn. 23.

534 Vgl. EuGH 7.3.1995, *Shevill*, Rn. 33; *Huber*, ZEuP 1996, 295, 307; Staudinger/*Fezer*/*Koos*, IntWirtschR, Rn. 1087.

535 EuGH 7.3.1995, *Shevill*, Rn. 31; *Ebner*, Markenschutz im internationalen Privat- und Zivilprozessrecht, S. 193; Staudinger/*Fezer*/*Koos*, IntWirtschR, Rn. 1087; *Löffler*, Mediendelikte im IPR und IZPR, S. 207.

536 Bamberger/Roth/*Spickhoff*, Art. 40 EGBGB, Rn. 67.

537 EuGH 7.3.1995, *Shevill*, Rn. 31.

538 Vgl. *Kropholler*, EuZPR, Art. 5 EuGVO, Rn. 85.

algüterrechts-[539] und Wettbewerbsverletzungen und damit im Grunde generell für alle Streudelikte erhalten soll.[540] Vor dieser Prämisse sind die weiteren Erwägungen zu sehen.

ee. Zuspitzung der Problematik durch die Rom II-Verordnung

Immer wieder wurde der *Shevill*-Doktrin in der Vergangenheit bezogen auf die Vervielfältigung von Prozessen an den Erfolgsorten mangelnde Praktikabilität vorgeworfen.[541] Mit Inkrafttreten der Rom II-Verordnung gewinnt dieses Argument aber eine ganz neue Dimension. Die Rom II-Verordnung ist geprägt von einer grundlegenden Absage an den Handlungsort und der alleinigen[542] Maßgeblichkeit des Erfolgsorts bei Distanzdelikten. Bei mehreren verschiedenen Erfolgsorten im Rahmen eines Streudelikts gilt auf Ebene des IPR eine Mosaikbetrachtung, d.h. der Gesamtschaden ist territorial aufzuteilen und unterliegt für jedes Hoheitsgebiet dem dort geltenden materiellen Recht; es erfolgt mithin eine Parzellierung des Schadens.[543] Im Zusammenspiel mit der *Shevill*-Rechtsprechung ergeben sich aus der Erfolgsortsanknüpfung im Kollisionsrecht allerdings unerwünschte Nebenwirkungen. Unter der Geltung des Art. 40 Abs. 1 EGBGB war – sogar primär – der Handlungsort ein weiterer Anknüpfungspunkt neben dem Erfolgsort. Dadurch stand es dem Kläger bei einem Streudelikt offen, eine Entscheidung für den Gesamtschaden nach einer einzigen Rechtsordnung, nämlich dem Handlungsortsrecht, herbeizuführen.[544] Bei einer Klage am Handlungsort selbst (Art. 5 Nr. 3 EuGVO) konnte das Gericht für den gesamten Schaden dadurch sogar seine *lex fori* anwenden. Diese Möglichkeit wurde durch die Neuregelung in der Rom II-Verordnung eliminiert.[545] Unabhängig vom Ort der Klageerhebung besteht das Problem, dass ein Streudelikt nach der Grundanknüpfung nie nach nur einem Recht beurteilt werden kann. Die (optionale) Geltung des Handlungsortsrechts besteht gerade nicht mehr. Es ist bei Streudelikten

---

539 Staudinger/*Fezer*/*Koos*, IntWirtschR, Rn. 1087; *Reber*, ZUM 2005, 194, 196 ff.

540 *Kropholler*, EuZPR, Art. 5 EuGVO, Rn. 85; Rauscher/*Leible*, EuZPR, Art. 5 EuGVO, Rn. 92; *Magnus*/*Mankowski*, Art. 5 EuGVO, Rn. 208 und 212; *Schlosser*, EuZPR, Art. 5 EuGVO, Rn. 20.

541 Siehe nur *Kreuzer*/*Klötgen*, IPRax 1997, 90, 96.

542 Abgesehen von dem Wahlrecht bei Umweltschädigungen, Art. 7 Rom II-VO.

543 Siehe zur Mosaikbetrachtung auf Ebene des IPR bereits oben unter III.4.a.cc.

544 Nach *G. Wagner*, RabelsZ 62 (1998), 243, 278 ist die deutsche Gerichtspraxis in allen Fällen diesen Weg gegangen. Die andernfalls erforderliche kollisionsrechtliche Mosaikbetrachtung erschien zu aufwändig und unpraktikabel.

545 *van Volxem*, Die unerlaubte Nutzung von Domain-Namen, S. 179 f.

daher stets das Erfolgsortsrecht und die damit einhergehende rechtliche Parzellierung auf Kollisionsrechtsebene einschlägig.

Dies mündet in das unausweichliche Dilemma, dass entweder dem Gericht am Handlungsort beziehungsweise am allgemeinen Gerichtsstand (Art. 2 Abs. 1 EuGVO) die Bürde auferlegt wird, viele verschiedene fremde Rechte anwenden zu müssen – ein Verfahren, das sicherlich mit einem sehr hohen Zeit- und Kostenaufwand verbunden ist.[546] Andernfalls, d.h. bei einem Vorgehen an den Erfolgsorten, wird dem Kläger eine „Gerichtstour" quer durch Europa aufgezwungen. Denn er müsste aufgrund der *Shevill*-Doktrin an jedem Erfolgsort den im betreffenden Hoheitsgebiet eingetretenen Anteil des Gesamtschadens gesondert einklagen. Der Kläger muss also entscheiden: Ein sehr schwerfälliges und teures Verfahren, das zudem nicht nach der *lex fori* zu entscheiden ist; oder eine Vielzahl von Parallelverfahren in jedem Mitgliedstaat, in dem ein Schadenserfolg eingetreten ist und der nicht so unerheblich ist, dass die Prozessrisiken diesbezüglich überwiegen.[547] Bislang bestand zwar die theoretische Möglichkeit, dass das Gericht am Handlungsort auf Wahl des Klägers hin (Art. 40 Abs. 1 S. 1 EGBGB) ebenfalls zu einer Entscheidung nach einem je nach „Schadensparzelle" verschiedenen, fremden Recht gezwungen wird. Der erhöhte Kosten- und Zeitaufwand führte aber dazu, dass in der Praxis von der Möglichkeit Gebrauch gemacht wurde, ein einheitliches Urteil für den Gesamtschaden nach der *lex fori*, also dem Recht des Handlungsorts zu erwirken.[548] Für Streudelikte lief somit die Anknüpfung an den Erfolgsort sowohl im Zuständigkeits- als auch im Kollisionsrecht weitgehend leer.

Konsequenz der alleinigen Anknüpfung an den Erfolgsort in der Rom II-VO ist aber, dass jene Option zugunsten des praktikableren Rechts entfällt. Damit spitzt sich die Problematik dramatisch zu.[549] Obwohl also die Rom II-Verordnung die Bedeutung des Erfolgsorts stärken will, wird sie diesbezüglich aufgrund der Beschränkung der Kognitionsbefugnis an den Erfolgsorten durch die *Shevill*-Rechtsprechung konterkariert. Es ist zum Beispiel unter der *Shevill*-Doktrin nicht möglich, eine Klage am Gericht des (rein quantitativ und untechnisch zu verstehenden) Schwerpunkterfolgsorts zu erheben und dort den soge-

---

546 Anders lässt sich die völlig fehlende Praxis dieses Vorgehens nicht erklären, vgl. *G. Wagner*, RabelsZ 62 (1998), 243, 278.

547 Dieses Dilemma wird auch kritisiert von Bamberger/Roth/*Spickhoff*, Anh. zu Art. 42 EGBGB, Rn. 23; vgl. ferner Münchener Kommentar/*Junker*, Anh. zu Art. 42 EGBGB, Rn. 36. Ebenfalls an der Praktikabilität eines solchen Vorgehens zweifelnd Staudinger/*von Hoffmann*, Art. 40 EGBGB, Rn. 26.

548 Vgl. Münchener Kommentar/*Junker*, Art. 40 EGBGB, Rn. 33.

549 Vgl. auch *van Volxem*, Die unerlaubte Nutzung von Domain-Namen, S. 179 f.

nannten *overspill*, d.h. weniger gewichtige Schädigungen, die im Hoheitsgebiet eines anderen Staates eingetreten sind, mit geltend zu machen. Gerade der *overspill*, also regelmäßig eher marginale Schadenspositionen, rechtfertigt kaum noch, eine Reihe weiterer Parallelverfahren zu führen.[550] Faktisch muss der Kläger also entweder von dessen Geltendmachung absehen, oder wird an einen Gerichtsstand mit unbeschränkter Kognitionsbefugnis gezwungen. Im praktischen Ergebnis wird der deliktische Gerichtsstand des Art. 5 Nr. 3 EuGVO dadurch auf den Handlungsort beschränkt. Dieser stimmt aber häufig mit dem Wohnsitz des Beklagten beziehungsweise dem Sitz einer juristischen Person überein.[551] Der besondere deliktische Gerichtsstand im IZVR droht dadurch insgesamt leerzulaufen.[552] Diese Wirkung stimmt freilich nicht mit dem Willen des Verordnungsgebers überein und widerspricht dem Effizienzgebot des Gemeinschaftsrechts.[553] Der Gerichtsstand des Delikts ist gerade als Alternative zum allgemeinen Grundsatz *actor sequitur forum rei* (Art. 2 Abs. 1 EuGVO) konzipiert und sollte deshalb einen nennenswerten Anwendungsbereich behalten.[554]

Die Frage liegt damit auf der Hand: Hat die *Shevill*-Doktrin in Zeiten des vergemeinschafteten Kollisionsrechts noch eine Existenzberechtigung?

ff. Existenzberechtigung der Shevill-Doktrin?

Prämisse der *Shevill*-Doktrin war und ist die stark erhöhte Möglichkeit zum *forum shopping* bei Streudelikten. Die aktuellen Entwicklungen auf Gemeinschaftsebene stellen diesen Ansatzpunkt aber in Frage. Mit der Rom II-Verordnung wurde ein Meilenstein auf dem Weg zu einem Raum der Freiheit, der Sicherheit und des Rechts in der Europäischen Union gesetzt. Die Rom II-Verordnung ist die erste Verordnung zur Vergemeinschaftung des Kollisionsrechts.

Mag man sie auch bisher bereits für verfehlt gehalten haben, so ist die *Shevill*-Doktrin seit der Anwendbarkeit der Rom II-Verordnung in jedem Fall funktionslos und daher überflüssig. Das hat letztlich zwei entscheidende Gründe. Zum einen wurde mit der Rom II-Verordnung das Kollisionsrecht der unerlaubten Handlungen gemeinschaftsweit vereinheitlicht. Die Möglichkeit des *forum shopping* setzt jedoch divergierende Kollisionsrechtssysteme verschiedener

550 Dies wollen *Magnus/Mankowski*, Art. 5 EuGVO, Rn. 209, offenbar hinnehmen.

551 *Kosmehl*, in: FS Rauscher, S. 79, 92.

552 *Kosmehl*, in: FS Rauscher, S. 79, 92; *Kreuzer/Klötgen*, IPRax 1997, 90, 96.

553 Vgl. auch *Coester-Waltjen*, in: FS Schütze, S. 175, 177.

554 *Coester-Waltjen*, in: FS Schütze, S. 175, 182.

Staaten voraus. Diese Bedingung entfällt mit der Rom II-Verordnung.[555] Soweit auf etwaige Abweichungen im Kollisionsrecht von Drittstaaten hingewiesen wird, ändert auch dies nichts an der hier vertretenen These. Die *Shevill*-Doktrin wurde zum europäischen internationalen Zuständigkeitsrecht entwickelt. Wie oben dargelegt, ist das IZVR seinem Wesen nach aber einseitig konzipiert, d.h. es kann zwar abschließend über die Zuständigkeitsfrage entscheiden, allein immer nur für das Hoheitsgebiet des jeweiligen Gesetzgebers.[556] Das bedeutet konkret: Die EuGVO kann kraft Natur der Sache eine Zuständigkeit nur für ein Gericht eines Mitgliedstaates begründen. In diesen gilt aber uneingeschränkt die Rom II-Verordnung.[557] Drittstaaten spielen in diesem Zusammenhang somit keine Rolle und müssen aus der Betrachtung ausgeklammert werden. Innerhalb der Gemeinschaft wurde dem *forum shopping* infolge des Inkrafttretens der Rom II-Verordnung also der Boden entzogen, weshalb eine weitere Eindämmung durch eine Beschränkung der Kognitionsbefugnis an den Erfolgsorten unnötig erscheint.

Der zweite Umstand, der die *Shevill*-Doktrin in einem System des vereinheitlichten Kollisionsrechts überflüssig macht, liegt im Zusammenwirken von IPR und IZVR. Inhaltlich beruft die Rom II-Verordnung im Grundsatz das Erfolgsortsrecht zur Anwendung, Art. 4 Abs. 1 Rom II-VO. Es wurde oben aufgezeigt, dass die Verweisung auf das Erfolgsortsrecht bei Streudelikten unweigerlich in eine kollisionsrechtliche Mosaikbetrachtung mündet.[558] Genau genommen stellt dann *forum shopping* kein Problem dar. Völlig unabhängig von den gerichtlichen Zuständigkeiten gilt das Erfolgsortsrecht immer nur für den jeweils im betreffenden Hoheitsgebiet eingetretenen Schaden. Daran ändert weder zum vermeintlich Guten noch zum Schlechten die zuständigkeitsrechtliche *Shevill*-Doktrin etwas. Auch ohne die Beschränkung der Kognitionsbefugnis kann der Kläger ohne die Mitwirkung[559] des Beklagten nie erreichen, dass ein in einem Staat eingetretener Schadenserfolg nach dem Recht eines anderen Staates, in dem ebenfalls ein Schadenserfolg eingetreten ist, beurteilt wird. Es besteht also für den Kläger gerade nicht die Möglichkeit aus der Gesamtheit der beteiligten Rechtsordnungen die ihm günstigste auszuwählen. Es war indes gerade jenes Schreckensszenario[560], welches zur Rechtfertigung der *Shevill*-Doktrin he-

555 Vgl. *Kosmehl*, in: FS Rauscher, S. 79, 91 f., unter Fn. 83.

556 *Heldrich*, Internationale Zuständigkeit, S. 131; *Kropholler*, IPR, § 58 I, S. 607.

557 Freilich ist diese Sichtweise aus Gründen der Darstellung etwas idealisiert. Zum Sonderstatus Dänemarks siehe unten unter IV.1.b.gg.[1].

558 Siehe oben unter III.4.a.cc.

559 Es besteht freilich die Möglichkeit der Rechtswahl, Art. 14 Rom II-VO.

560 Vgl. *Magnus/Mankowski*, Art. 5 EuGVO, Rn. 207: „nightmare“.

rangezogen wurde.[561] Bei genauerer Betrachtung können sich diese Befürchtungen allerdings nie realisieren, solange bereits im Kollisionsrecht die Mosaikbetrachtung einschlägig ist.[562] Solange das IPR noch nicht vereinheitlicht war, konnte mit Sicherheit nicht gewährleistet werden, dass in allen Staaten, in denen das EuGVÜ beziehungsweise die EuGVO anwendbar ist, im Kollisionsrecht für Streudelikte eine Mosaikbetrachtung normiert ist. Eine gewisse „Absicherung" vor besagtem Szenario konnte die Beschränkung der Kognitionsbefugnis nach der *Shevill*-Rechtsprechung daher bieten. Mit dem Projekt „Rom II" ist das Bedürfnis nach Absicherung allerdings entfallen. Die gemeinschaftsrechtliche Verordnung gilt gem. Art. 288 Abs. 2 AEUV (ex-Art. 249 Abs. 2 EGV) unmittelbar in allen Mitgliedstaaten und beansprucht Geltungsvorrang vor nationalen Regeln. Es ist daher nicht länger möglich, dass einzelne Mitgliedstaaten für Streudelikte eine von der Mosaikbetrachtung abweichende Kollisionsregel schaffen. Es gilt folglich: Solange das Mosaikprinzip auf Ebene des Kollisionsrecht Anwendung findet, ist im Zuständigkeitsrecht die *Shevill*-Doktrin überflüssig. Mit Inkrafttreten der Rom II-Verordnung ist eben diese Bedingung erfüllt.

gg. Relativierung der These?

(1) Sonderstatus Dänemarks

Nach dieser grundsätzlichen Absage gegenüber der *Shevill*-Doktrin infolge des Inkrafttretens der Rom II-Verordnung muss allerdings überprüft werden, ob in Teilbereichen eine Relativierung dieser These notwendig ist. Zum einen ist hier der Sonderstatus Dänemarks anzusprechen. Gem. Art. 1 Abs. 4 Rom II-VO gilt die Rom II-Verordnung nicht in Dänemark. Das gleiche scheint Art. 1 Abs. 3 EuGVO auszudrücken. Es ist dabei aber zu beachten, dass Dänemark mit der Gemeinschaft am 19. 10. 2005 völkerrechtlich vereinbart hat[563], dass die EuGVO auch für und im Verhältnis zu Dänemark Anwendung findet. Dieses Abkommen ist am 1. 7. 2007 in Kraft getreten.[564] In Dänemark gilt somit die EuGVO, nicht aber die Rom II-Verordnung. Es fragt sich daher, welche Auswirkungen dies auf die Berechtigung der *Shevill*-Doktrin in diesem Verhältnis hat. Bei

561 *Magnus/Mankowski*, Art. 5 EuGVO, Rn. 207 f.; vgl. auch *G. Wagner*, RabelsZ 62 (1998), 243, 263 und 265.

562 Diesen Aspekt sieht auch *I. Roth*, Internationale Zuständigkeit bei Persönlichkeitsrechtsverletzungen im Internet, S. 311. Dort wird aber übersehen, dass das Mosaikprinzip im Kollisionsrecht aller Mitgliedstaaten anerkannt sein müsste, um diese Schlussfolgerung ziehen zu können.

563 ABl. EU Nr. L 299 vom 16.11.2005, S. 62.

564 ABl. EU Nr. L 94 vom 4.4.2007, S. 70.

einem Streudelikt mit einem Erfolgsort (unter anderem) in Dänemark kann der Kläger durch die Wahl des dänischen Gerichtsstands die Anwendung des dänischen nationalen Kollisionsrechts erreichen. Bei umfassender Kognitionsbefugnis könnte der Kläger somit eine Entscheidung des dänischen Gerichts über den Gesamtschaden zuwege bringen und das nach einem materiellen Recht, welches nicht von der Rom II-Verordnung bestimmt wird. Vor Klageerhebung wird der Prätendent daher prüfen, ob die Rom II-Verordnung oder das dänische Kollisionsrecht auf das ihm günstigere Sachrecht verweist. Ohne eine Beschränkung der Kognitionsbefugnis im Verhältnis zu Dänemark besteht somit weiterhin die Gefahr des *forum shopping*. Hier kann es sich also unter Umständen als sinnvoll erweisen, an der *Shevill*-Doktrin festzuhalten, jedenfalls solange Dänemark eine Mitwirkung am Projekt „Rom II" verweigert. Mit Blick auf die Zukunft darf daher zuversichtlich prophezeit werden, dass der genannte Aspekt nicht mehr als einen vorübergehenden „Schönheitsfehler" darstellt, der sich erledigt haben wird, sobald Dänemark ebenfalls vom Erfolg der Rom II-Verordnung profitieren will.

(2) Anwendungsbereich der Rom II-Verordnung, insbesondere Persönlichkeitsdelikte

Weiterhin muss bedacht werden, dass nach dem oben Gesagten die Rom II-Verordnung die entscheidende Grundlage für eine Abkehr von der *Shevill*-Rechtsprechung darstellt. Das bedeutet im Umkehrschluss, dass bei denjenigen Streudelikten, die nicht der Rom II-Verordnung unterfallen, sich nichts geändert hat. Hier ist an den Ausnahmekatalog des Art. 1 Abs. 2 Rom II-VO zu denken. Relevant im hier interessierenden Zusammenhang der Streudelikte ist nur der Ausschluss von Atomschäden (lit. f) und von Ansprüchen aus der Verletzung der Privatsphäre oder der Persönlichkeitsrechte (lit. g). Wenig problematisch dürften die Atomschäden sein. Hier gilt weithin staatsvertraglich vereinheitlichtes Sachrecht[565], sodass sich die Fragestellung nach dem anwendbaren Recht

565 Pariser OECD-Übereinkommen vom 29. 7. 1960 über die Haftung gegenüber Dritten auf dem Gebiet der Kernenergie mit Zusatzprotokoll vom 28. 1. 1964 (BGBl. 1976 II S. 308), zuletzt geändert durch Protokoll vom 16. 11. 1982 (BGBl. 1985 II S. 690); ferner Brüsseler Zusatzübereinkommen vom 31. 1. 1963 zum Pariser Übereinkommen vom 29. 7. 1960 und Zusatzprotokoll vom 28. 1. 1964 (BGBl. 1976 II S. 310), zuletzt geändert durch Protokoll vom 16. 11. 1982 (BGBl. II 1985 S. 690), beide neu bekanntgemacht BGBl. 1985 II S. 963, für die Bundesrepublik Deutschland in Kraft seit dem 7. 10. 1988 (BGBl. 1989 II S. 144); Abkommen zwischen der Bundesrepublik Deutschland und der Schweizerischen Eidgenossenschaft über die Haftung gegenüber Dritten auf dem Gebiet der Kernenergie, BGBl. 1988 II S. 598 und 955.Dem Wiener IAEO-

erübrigt. Höchst problematisch sind aber die Fälle der Persönlichkeitsverletzungen. Der *Shevill*-Entscheidung selbst lag eine solche Konstellation zugrunde. Wie oben bereits dargestellt ist der Ausschluss dieser Schuldverhältnisse von der Rom II-Verordnung nichts weniger als eine Flucht aus der legislatorischen Verantwortung und daher kategorisch abzulehnen.[566] Gleichwohl ist dieser Zustand derzeit geltendes Recht, sodass er mitbedacht werden muss. Im verfassungsrechtlich sensiblen Bereich der Persönlichkeitsrechte, welcher auch noch stark normativ geprägt ist, kann ohne eine gemeinschaftsrechtliche Vereinheitlichung der Kollisionsregeln nicht davon ausgegangen werden, dass die mitgliedstaatlichen Rechte von sich aus zu dem gleichen Ergebnis gelangen. Damit liegt auch hier eine Situation vor, die die Beschränkung der Kognitionsbefugnis der Gerichte an den Erfolgsorten noch nicht als überflüssig erscheinen lässt. Zwar ist es bedauerlich, dass die *Shevill*-Doktrin sich durch die Rom II-Verordnung im Grundsatz erledigt hat, aber gerade im Bereich der besonders zu Streudelikten neigenden Persönlichkeitsdelikte, auf Basis deren die Rechtsprechung entwickelt wurde, zunächst noch aufrechterhalten werden muss. Zuversichtlich stimmt insoweit die Überprüfungsklausel in Art. 30 Abs. 2 Rom II-VO, die hoffen lässt, dass sich mittelfristig eine Erstreckung der Rom II-Verordnung auch auf Schuldverhältnisse aus der Verletzung von Persönlichkeitsrechten ergeben wird. Auch hier darf also auf eine Erledigung der Problematik durch die künftige Entwicklung gesetzt werden.

hh. Zwischenergebnis und Lösungsvorschlag

Abgesehen von den zwei erwähnten, sich künftig wohl erledigenden Ausnahmen, ist die *Shevill*-Doktrin im Lichte des vergemeinschafteten Kollisionsrechts der Rom II-Verordnung nunmehr obsolet. Um beide Ausnahmen zu berücksichtigen, lässt sich als Anwendungsregel für eine Beschränkung der Kognitionsbefugnis die umgekehrte Anknüpfung an vergemeinschaftetes Kollisionsrecht formulieren: Bei Streudelikten ist die Kognitionsbefugnis der Gerichte am Erfolgsort auf den im jeweiligen Staatsgebiet eingetretenen Teilschaden begrenzt, wenn das anwendbare Recht nicht nach der Rom II-Verordnung oder einer anderen gemeinschaftsrechtlichen Rechtsquelle bestimmt wird.

Übereinkommen vom 21. 5. 1963 über die zivilrechtliche Haftung für Nuklearschäden (Text in BGBl. 2001 II S. 207) ist die Bundesrepublik ebenso wie die übrigen Vertragsstaaten des Pariser OECD-Übereinkommens nicht beigetreten.

566 Siehe oben unter III.5.a.cc.

ii. Unbilligkeit des Ergebnisses?

Dieses Ergebnis mag für den Beklagten zunächst als hart erscheinen, sieht er sich doch als Verursacher eines Streudelikts nunmehr einer potenziell gemeinschaftsweiten Gerichtspflichtigkeit ohne eine Beschränkung der Kognitionsbefugnis ausgesetzt. Deshalb sollen, gleichsam als Gegenprobe, mögliche Einwände gegen die hier vertretene These erörtert werden.

(1) Sach- und Beweisnähe

Der besondere deliktische Gerichtsstand, Art. 5 Nr. 3 EuGVO, findet wie oben gesehen seine Rechtfertigung in der besonderen Sach- und Beweisnähe des Tatorts für das Verfahren.[567] Nun könnte man argumentieren, dass die *Shevill*-Doktrin der Gewährleistung dieser Nähebeziehung dient, indem sie verhindert, dass ein Gericht über Schadenserfolge in einem anderen Staat Beweis erheben und urteilen müsste. Die Beschränkung der Kognitionsbefugnis könnte so verstanden nur eine Absicherung der Beweisnähe darstellen, freilich aber auf eine wenig subtile Weise, sondern gewissermaßen mit der Brechstange. Diese Funktion würde durch das vereinheitlichte Kollisionsrecht der Rom II-Verordnung nicht tangiert. Deshalb könnte man auch weiterhin an die Beibehaltung der *Shevill*-Rechtsprechung denken.

Dieser Gedanke greift indes zu kurz.[568] Es würde verkannt, dass auch unter Geltung der *Shevill*-Doktrin das Gericht am Handlungsort unbeschränkt über die Klage befinden kann, ohne dass hier zu den einzelnen Erfolgsorten eine Nähebeziehung bestehen müsste. Würde die *Shevill*-Rechtsprechung tatsächlich primär der Absicherung der Sach- und Beweisnähe dienen, so müsste sie auch am Handlungsort die unbeschränkte Kognitionsbefugnis an eine gewisse Nähebeziehung knüpfen.[569] Der EuGH dagegen schließt von der, von ihm in dieser Entscheidung erst geschaffenen, Beschränkung des Zuständigkeitsumfangs auf der Seite des Erfolgsorts auf die Unbeschränktheit jenes im Handlungsort.[570] Dieser Schluss ist aber keineswegs zwingend.[571] Angesichts der Begründung für die *Shevill*-Doktrin müsste konsequenterweise eher der umgekehrte Rückschluss

---

567 *G. Wagner*, RabelsZ 62 (1998), 243, 263.

568 Gegen eine Überbetonung der Sreitgegenstandsnähe in diesen Fällen auch *Kosmehl*, in: FS Rauscher, S. 79, 91; *Magnus/Mankowski*, Art. 5 EuGVO, Rn. 206.

569 Diese Unstimmigkeit monieren auch *Kreuzer/Klötgen*, IPRax 1997, 90, 94; *Kubis*, Internationale Zuständigkeit, S. 135.

570 EuGH 7.3.1995, *Shevill*, Rn. 25.

571 *Kreuzer/Klötgen*, IPRax 1997, 90, 94.

gezogen werden.[572] Art. 5 Nr. 3 EuGVO bestimmt den Tatort abstrakt als sachnahes Anknüpfungsmoment.[573] Es ist nicht in jedem Einzelfall zwingend erforderlich, dass sich die Sach- und Beweisnähe sowohl am Handlungs- als auch am Erfolgsort konkretisieren. Die Lehre des *forum non conveniens* ist in unserem System starrer Regelbildung weder erforderlich noch nützlich.[574] Es ist daher davon auszugehen, dass es das Kriterium der Proximität nicht um jeden Preis verbieten will, dass ein Gericht (auch) über einen Schadenserfolg im Hoheitsgebiet eines anderen Staates entscheiden kann. Jenem Partei- und Gerichtsinteresse ist Genüge getan, wenn jedenfalls auch im Hoheitsgebiet des angegangenen Gerichts ein Schadenserfolg eingetreten ist. In dieser Lesart des Erfordernisses der Sach- und Beweisnähe sind damit aber die Gerichte jedes mitgliedstaatlichen Erfolgsorts zur umfassenden Entscheidung über den Gesamtschaden eines Streudelikts befugt.[575]

(2) Prozessuale Waffengleichheit

Eine Vielzahl von – im Falle des Wegfalls der *Shevill*-Dotrin praktisch auch nutzbaren – Gerichtsständen an den Erfolgsorten könnte weiterhin unter dem Gesichtspunkt der prozessualen Waffengleichheit problematisch sein. Der Beklagte könnte durch die zusätzlichen Wahlmöglichkeiten des Klägers unangemessen benachteiligt werden. Zwar muss hierbei bedacht werden, dass auch dem angeblichen Schädiger in der Theorie die gleichen Möglichkeiten des *forum shopping* für eine negative Feststellungsklage offen stehen.[576] Freilich ist dies keine vollwertige Kompensation für die Wahlmöglichkeiten des Geschädigten, da hier andere Erwägungen vor Klageerhebung getroffen werden müssen. Das IZVR geht zwar im Grunde davon aus, dass die Parteirollen beliebig austauschbar sind. Faktisch macht es aber einen großen Unterschied, ob man als mutmaßlicher Schädiger oder als Geschädigter einen Prozess führen will. Es handelt sich um eine andere taktische und psychologische Situation.[577] Aufgrund der Litispendenzregelung der Art. 27, 28 EuGVO gilt für die Prozessführung schlicht das Prioritätsprinzip. Wer seine Klage zuerst anbringt, der entscheidet auch über

572 *Kreuzer/Klötgen*, IPRax 1997, 90, 94.

573 *Coester-Waltjen*, in: FS Schütze, S. 175, 185.

574 Siehe nur *Nagel/Gottwald*, IZPR, § 3, Rn. 18, S. 79; *Kropholler,* EuZPR, vor Art. 2 EuGVO, Rn. 2; *Magnus/Mankowski*, Introduction, Rn. 4.

575 Ebenso *Kreuzer/Klötgen*, IPRax 1997, 90, 96.

576 *I. Roth*, Internationale Zuständigkeit bei Persönlichkeitsrechtsverletzungen im Internet, S. 312; *Kropholler*, in: FS Firsching, S. 167 f.; *Coester-Waltjen*, in: FS Schütze, S. 175, 182.

577 *Kropholler*, in: FS Firsching, S. 168.

die Wahl des Forums. Der Geschädigte kann nun ausgiebig abwägen, ob er eine Klage erheben oder den Streit auf andere Weise beizulegen versuchen möchte. Es ist ja keineswegs die Regel, dass jede unerlaubte Handlung ein Gerichtsverfahren nach sich zieht; vielmehr überwiegt die außergerichtliche Streitbeilegung in der Praxis deutlich. Falls doch der gerichtliche Weg beschritten wird, stehen die oben dargelegten Wahlmöglichkeiten offen. Für den in Anspruch Genommenen stellt sich die Situation allerdings anders dar. Wegen den Litispendenzregeln kann er das Forum nur wählen, wenn er der Leistungsklage des angeblich Geschädigten zuvorkommt. Er wird also schnell entscheiden müssen, wenn ihm an einem bestimmten Forum gelegen ist. Zu diesem Zeitpunkt kann der Feststellungskläger aber kaum wissen, ob die andere Partei überhaupt den gerichtlichen Weg einschlagen möchte. Üblicherweise wartet der Anspruchsgegner daher ab, bis er sich tatsächlich gerichtlich verteidigen muss und nimmt erst dann Rechtsberatung in Anspruch.[578] Außerdem besteht wegen dem Prioritätsprinzip nur wenig Zeit zur Überprüfung der Erfolgsaussichten. Der mutmaßliche Schädiger wird mit seiner negativen Feststellungsklage also unter Umständen gezwungen „blind zu schießen", wenn ihm an einem bestimmten Forum gelegen ist.[579] Dieser Nachteil besteht auf der Rolle des Anspruchstellers nicht in gleichem Maße, sodass dieser durch konkurrierende Zuständigkeiten mehr begünstigt wird.

Zwar ist diesem Gedankengang zuzugeben, dass ohne jede Beschränkung der Kognitionsbefugnis bei einem Streudelikt eine große Zahl konkurrierender Gerichtsstände eröffnet sein mag. Das angesprochene Problem der prozessualen Chancengleichheit wurzelt aber nicht spezifisch in Streudelikten, sondern ist ein generelles, strukturelles Phänomen des hiesigen Systems internationaler Zuständigkeitsvorschriften. Bezüglich der Streudelikte handelt es sich um keine *qualitative* Verschärfung dieser Erscheinung, sondern allenfalls um eine *quantitative* im Sinne einer Erhöhung der Zahl der möglichen Gerichtsstände. Die grundsätzliche Mehrzahl von Gerichtsständen hat als solche aber nichts mit der Beibehaltung oder Abkehr von der Beschränkung der Kognitionsbefugnis durch die *Shevill*-Rechtsprechung zu tun, sondern ist ein allgemeiner Grundsatz des (europäischen) Zivilprozessrechts. Es ist eben ein charakteristisches Element, dass neben dem allgemeinen Gerichtsstand eine Reihe besonderer Zuständigkeiten existiert.[580] Im Regelfall und nicht als Ausnahme konkurrieren mehrere Gerichtsstände miteinander. Die darin liegende Begünstigung des Prätendenten, also der

578 *Kropholler*, in: FS Firsching, S. 168 f.

579 Vor dem drohenden Wettlauf zu den Gerichten warnen auch *Kropholler*, in: FS Firsching, S. 169; *G. Roth*, IPRax 1984, 183, 184.

580 *Nagel/Gottwald*, IZPR, § 3, Rn. 39, S. 87.

erleichterte Zugang zu den Gerichten, ist von Sinn und Zweck der Zuständigkeitsvorschriften der EuGVO gedeckt. Die Auswahlmöglichkeit unter mehreren Gerichtsständen ist ausdrücklich erwünscht.[581] Weiterhin führt die *Shevill*-Doktrin streng genommen ohnehin nicht zu einer Reduktion der Zahl der Gerichtsstände, sondern lediglich zu einer Beschränkung der Kognitionsbefugnis der weiterhin eröffneten Fora an den Erfolgsorten. Eine Verbesserung der prozessualen Waffengleichheit ist darum ohnedies fraglich. Im Gegenteil: Eine Abkehr von den Restriktionen besagter Judikatur eröffnet dem angeblichen Schädiger erst die Möglichkeit, an jedem Erfolgsort negative Feststellungsklage bezogen auf den Gesamtschaden zu erheben und so seine grundsätzlich schwächere prozesstaktische Ausgangslage etwas zu entschärfen.

Die Argumentation über die prozessuale Chancengleichheit wendet sich somit in Wahrheit gegen das bestehende Zuständigkeitssystem als solches. Für die hiesige Diskussion kann ihr daher keine schlagende Wertung entnommen werden. Einer Abkehr von der *Shevill*-Doktrin steht sie nicht entgegen.

(3) Effizienzsteigerung

Ein letzter Aspekt, der die hier vertretene These unterstützt, liegt in der Erhöhung des „Wettbewerbs" der (Prozess-)Rechte. Faktoren wie Verfahrensdauer und -kosten können die Wahl eines Forums beeinflussen. Sind mehrere Gerichtsstände eröffnet, wetteifern in gewisser Weise die verschiedenen Prozessrechtssysteme gleichsam als Serviceanbieter um die Gunst des Kunden, d.h. des Klägers. Dieser Effekt könnte eine Konvergenz der Rechtssysteme hin zu einem möglichst effizienten und kostengünstigen Verfahren fördern. Freilich darf man sich davon nicht zu viel versprechen, die Tendenz weist jedenfalls in die richtige Richtung.

jj. Ergebnis

Mit den oben angeführten Argumenten für die ubiquitäre Auslegung des Art. 5 Nr. 3 EuGVO und den Gründen gegen die Aufrechterhaltung der *Shevill*-Doktrin in Fällen, in denen sich das anwendbare Recht nach der Rom II-Verordnung oder anderem vergemeinschafteten Kollisionsrecht richtet, ist die freie Wahl zwischen verschiedenen Erfolgsortsgerichtsständen daher künftig ohne Beschränkung der Kognitionsbefugnis zu tolerieren.

Die hier vorgetragene Lösung entschärft das angesprochene klägerische Dilemma zwar nicht völlig, doch es ist jedenfalls ein Schritt hin zu einer effiziente-

581 *I. Roth*, Internationale Zuständigkeit bei Persönlichkeitsrechtsverletzungen im Internet, S. 312.

ren Rechtspraxis. Der hier vertretene Ansatz verhilft bei Streudelikten dem Gerichtsstand am Erfolgsort wieder zu einer praktischen Bedeutung. Letztlich sprechen auch die anerkannten Auslegungsgrundsätze sowie der *effet utile*[582] für diese Ansicht: Es steht außer Frage, dass Art. 5 Nr. 3 EuGVO ubiquitär zu verstehen ist. Dann darf aber über die *Shevill*-Doktrin dieser Grundsatz bei Streudelikten nicht bis zur faktischen Bedeutungslosigkeit ausgehöhlt werden.[583] Andererseits sprechen, wie gesehen, im innergemeinschaftlichen Bereich keine schlagenden Argumente gegen die Abkehr von dieser Rechtsprechung. Es ist daher zu fordern, dass der EuGH im Lichte des vergemeinschafteten Kollisionsrechts die Beschränkung der Kognitionsbefugnis der Gerichte am Erfolgsort auf den jeweils dort eingetretenen Schaden aufgeben möge.

2. Zusammenspiel mit kollisionsrechtlichen Rechtsakten

a. Zusammenspiel mit dem Vertragsstatut

Das Deliktsstatut muss nicht nur mit dem Recht der internationalen Zuständigkeit abgestimmt werden. Sein Gegenstück findet das internationale Deliktsrecht nämlich im Vertragsstatut. Auch im Verhältnis zum internationalen Schuldvertragsrecht ergeben sich deshalb häufig praktisch relevante Abgrenzungsfragen und daher ein Koordinierungsbedarf. Besonders die „deliktische Vertragsverletzung", also ein Sachverhalt, in dem eine Handlung gleichzeitig eine Vertragsverletzung darstellt sowie eine deliktische Haftungsnorm erfüllt, ist hier relevant. Im Folgenden soll zunächst ein kurzer Überblick über die Rechtsquellen des Vertragsstatuts gegeben werden, bevor die Schnittstellen zwischen den beiden Rechtsgebieten aufgezeigt werden und daraus die Notwendigkeit einer Koordination abgeleitet wird. Anschließend werden die Fragestellung eröffnet und Lösungsmöglichkeiten aufgezeigt. Sodann ist das gewählte Koordinierungsinstrument auf seine Tauglichkeit zu überprüfen. Schließlich befasst sich die Arbeit vertieft mit den in diesem Zusammenhang besonders problematischen Fällen des Verschuldens bei Vertragsverhandlungen.

---

582 Diesen Aspekt heben auch *Kreuzer/Klötgen*, IPRax 1997, 90, 94 und 95, hervor; *Hess*, IPRax 2006, 348, 363, sieht ebenfalls im Effizienzgebot eine „Interpretationsmaxime".

583 Ebenso *Kreuzer/Klötgen*, IPRax 1997, 90, 94.

aa. Überblick über die Rechtsquellen

Das internationale Schuldvertragsrecht war bislang in Deutschland in den Art. 27-37 EGBGB a.F. geregelt. Dieser Unterabschnitt des Einführungsgesetzes beruhte bereits auf einer internationalen Konvention, namentlich dem Römischen EWG-Übereinkommen vom 19. 6. 1980 über das auf vertragliche Schuldverhältnisse anzuwendende Recht (EVÜ)[584]. Die Rom I-Verordnung vom 17. 6. 2008 hat aber auch diesen Bereich zum 17. 12. 2009 in Gemeinschaftsrecht überführt.

Inhaltlich ist damit allerdings kein radikaler Bruch im Vergleich zum bisher geltenden Recht verbunden. Die neue Rom I-Verordnung behält große Teile des EVÜ im Wesentlichen bei. Als prominenteste Kollisionsnorm findet sich in beiden Rechtsakten die subjektive Anknüpfung, also die Einräumung der Parteiautonomie durch Rechtswahl, Art. 3 Rom I-VO beziehungsweise Art. 27 EGBGB a.F. (Art. 3 EVÜ). Die objektive Grundanknüpfung wird im jeweils folgenden Artikel geregelt. Dabei kann grosso modo festgestellt werden, dass das Recht am Sitz der Partei, die die charakteristische Leistung zu erbringen hat, zur Anwendung berufen ist. Hier unterscheidet sich allerdings die Regelungstechnik im Einzelnen. Die Rom I-Verordnung bestimmt ausdrücklich jene Regel zu einer starren, vermutungsfreien Kollisionsnorm in Art. 4 Abs. 2 Rom I-VO. Darüber hinaus werden für einige besonders wichtige Typen von Schuldverträgen in Art. 4 Abs. 1 Rom I-VO Konkretisierungen der Grundregel festgeschrieben. Das Anknüpfungsergebnis steht jeweils unter dem Vorbehalt einer sonst engeren Verbindung, Art. 4 Abs. 3 Rom I-VO. Auf der anderen Seite verwendet Art. 28 EGBGB a.F. (Art. 4 EVÜ) die Regelungstechnik von Vermutungen zur Konkretisierung des Prinzips der engsten Verbindung. Die Grundregel beruft hier ausdrücklich das Recht des Staates, mit dem der Sachverhalt die engste Verbindung aufweist, Art. 28 Abs. 1 EGBGB a.F. Absatz 2 spricht sodann die Vermutung aus, dass dies derjenige Staat sei, in dem die Partei, welche die charakteristische Leistung zu erbringen hat, im Zeitpunkt des Vertragsschlusses ihren gewöhnlichen Aufenthalt beziehungsweise Hauptverwaltungssitz hat. Relativiert wird die gerade ausgesprochene Vermutung wiederum von Art. 28 Abs. 5 EGBGB a.F., der im Falle einer engeren Verbindung mit einem anderen Staat die Vermutung entkräftet. Zusammengefasst lässt sich der Inhalt sowohl des EVÜ beziehungsweise EGBGB als auch der Rom I-Verordnung für die objektive Grundanknüpfung wie folgt paraphrasieren: Es gilt das Heimatrecht des Erbringers der vertragscharakteristischen Leistung unter Vorbehalt einer Ausweichklausel zuguns-

584 BGBl. II 1986, S. 810.

ten einer engeren Verbindung. Der Unterschied zwischen den beiden Rechtsakten dürfte de facto dennoch erheblich sein. Wie nämlich bereits oben angesprochen wurde, verführte Art. 28 Abs. 5 EGBGB a.F. (Art. 4 Abs. 5 EVÜ) die Gerichte der Vertragsstaaten des EVÜ vielfach dazu, die Vermutungsregeln weitgehend zu ignorieren und sofort auf die engste Verbindung abzustellen.[585] Die diffusen Grenzen der Ausweichklausel begünstigten so unerwünschte Tendenzen wie das Heimwärtsstreben der Gerichte und konterkarierten die Vorhersehbarkeit des anwendbaren Rechts.

Neben der objektiven Grundregel enthält die Rom I-Verordnung Sonderkollisionsnormen für Beförderungsverträge (Art. 5 Rom I-VO), Verbraucherverträge (Art. 6 Rom I-VO), Versicherungsverträge (Art. 7 Rom I-VO) und Individualarbeitsverträge (Art. 8 Rom I-VO). Sie geht damit in zweierlei Hinsicht über den bisherigen Bestand an Kollisionsnormen im EGBGB a.F. hinaus. Zum einen werden Beförderungsverträge mit einer eigenen Norm adressiert, die nun auch die Beförderung von Personen explizit regelt, Art. 5 Abs. 2 Rom I-VO. Das EGBGB in seiner alten Fassung hat sich auf eine Vermutung lediglich für Güterbeförderungsverträge beschränkt, Art. 28 Abs. 4 EGBGB a.F. (Art. 4 Abs. 4 EVÜ). Außerdem wurde eine Norm zum internationalen Versicherungsvertragsrecht in die Rom I-Verordnung aufgenommen. Im bislang geltenden deutschen Recht waren hierfür die Art. 7 ff. EGVVG[586] als spezielle Rechtsquelle einschlägig. Inhaltlich enthalten die Sondernormen für spezielle Vertragstypen Einschränkungen im Hinblick auf die Rechtswahlmöglichkeiten und Modifizierungen der objektiven Anknüpfung. Leitgedanke war dabei das Schutzbedürfnis der jeweils typischerweise schwächeren Partei.[587]

Als kurzer Überblick soll das Gesagte zu den Rechtsquellen des Vertragsstatuts genügen.[588] Für die anzusprechenden Probleme im Zusammenwirken mit dem internationalen Deliktsrecht kommt es auf Details der Kollisionsnormen nicht wesentlich an.

---

585 Siehe oben unter III.3.d.

586 Einführungsgesetz zum Versicherungsvertragsgesetz, Gesetz vom 30.5.1908, RGBl. I 1908, S. 305; zuletzt geändert durch Gesetz vom 10.12.2007, BGBl. I 2007, S. 2833.

587 Vgl. nur Erwägungsgrund Nr. 23 Rom I-VO.

588 Ausführlich zur Rom I-Verordnung Münchener Kommentar/*Junker*, Band 10, 5. Aufl, vor Art. 1 Rom I-VO, Rn. 1 ff. m.w.N. Zur Entwurfsfassung etwa Ferrari/Leible (Hrsg.), Ein neues Internationales Vertragsrecht für Europa. Der Vorschlag für eine Rom I-Verordnung; *Leible/Lehmann*, RIW 2008, 528 ff.; *Martiny*, ZEuP 2008, 79 ff.; *Pfeiffer*, EuZW 2008, 622 ff.

bb. Notwendigkeit der Koordination

Internationales Vertrags- und Deliktsrecht sind beides Teilbereiche des IPR und jenes wiederum ist nur ein Teil der Gesamtrechtsordnung. Aus der Zugehörigkeit zum selben Ganzen ergibt sich bereits zwanglos das Bedürfnis nach einer Mindestkoordination zwischen den einzelnen Bereichen. In Ansehung der Rom I-Verordnung sind dabei zwei grundsätzliche Arten der Koordination zu unterscheiden.

(1) Allgemeines Koordinationsbedürfnis im Hinblick auf das Verwandtschaftsverhältnis der Schwesterverordnungen

Zum einen geht es um die „organisatorische" Koordination der beiden Schwesterverordnungen gemeinschaftsrechtlicher Provenienz Rom I und Rom II. Die jeweiligen materiellen Anwendungsbereiche müssen aufeinander abgestimmt werden. Schließlich wollen die beiden Verordnungen zusammenwirkend das gesamte internationale Schuldrecht abdecken. Den diesbezüglichen Koordinierungsbedarf hat der Verordnungsgeber jeweils in Erwägungsgrund Nr. 7 Rom I- und Rom II-VO ausdrücklich festgestellt. Ferner muss dem Umstand Rechnung getragen werden, dass im Rahmen systematischer Auslegung auch parallele Rechtsakte mit einzubeziehen sein können. Die systematische Auslegung von Gemeinschaftsrechtsakten darf sich nämlich nicht isoliert auf den jeweiligen Rechtsakt selbst beschränken, sondern muss darüber hinaus rechtsaktübergreifend verwandte Instrumente berücksichtigen.[589] Besonders augenfällig ist dies im Verhältnis der Schwesterverordnungen Rom I und Rom II.[590]

Einen weiteren Aspekt birgt der spezifische Charakter der beiden Rom-Verordnungen als Meilensteine auf dem Weg zu einer europäischen Gesamtkodifikation zum IPR. Die Rom II-Verordnung enthält ebenso wie die Rom I-Verordnung einige Regeln, die systematisch dem Allgemeinen Teil des IPR zuzuordnen sind. Aufgrund der Aufsplitterung des europäischen Kollisionsrechts in eine Vielzahl von Rechtsakten wiederholen sich jene Regeln in jedem einzelnen Rechtsinstrument.[591] Gleichwohl unterscheidet sich der Wortlaut teilweise im Detail, vgl. etwa Art. 20 Rom II-VO und Art. 16 Rom I-VO.[592] Es handelt sich beim derzeitigen Stand partikularer Kodifikationen für einzelne Bereiche aber wohl nur um ein Durchgangsstadium auf dem Weg zu einer einheitlichen

---

589 *Heinze*, in: FS Kropholler, S. 109.

590 *Hess*, IPRax 2006, 348, 356; Palandt/*Thorn*, Vorbem. Rom II-VO, Rn. 4; Münchener Kommentar/*Junker*, Anh. zu Art. 42 EGBGB, Rn. 8.

591 Palandt/*Thorn*, Vorbem. Rom II-VO, Rn. 5.

592 Palandt/*Thorn*, Vorbem. Rom II-VO, Rn. 5.

Gesamtkodifikation des europäischen Kollisionsrechts.[593] Die inhaltlich einander entsprechenden Regeln der verschiedenen Rechtsakte sollten künftig also „vor die Klammer“ gezogen werden. Aus offensichtlichen Gründen sind daher eine einheitliche Rechtssprache und eine Gleichbehandlung gleicher Probleme geboten. Andernfalls werden nur Angleichungsschwierigkeiten geschaffen, die materiell nicht existent sind.[594] Ohne Not würde die Zusammenführung der einzelnen Module des europäischen Kollisionsrechts gefährdet – mindestens aber erschwert werden.[595]

(2) Inhaltliche Koordination der Anknüpfung

Neben der eben genannten unspezifischen Koordinationsnotwendigkeit zweier verwandter Rechtsakte stellt sich im Grenzbereich zwischen Vertrag und Delikt auch ein ganz spezielles Bedürfnis nach der inhaltlichen Abstimmung der jeweiligen Anknüpfung. Im Ergebnis geht es um die mögliche Diskrepanz zwischen rechtlicher Würdigung und zugrundeliegendem Lebenssachverhalt, welche Friktionen besorgen lässt.[596] Dies bedarf einer Erläuterung.

(a) Ambivalentes Lebensverhältnis

Ausgangspunkt der Überlegung soll ein, oben bereits erwähnter, ambivalenter Lebenssachverhalt sein. Anschaulich wird dies im Falle einer „deliktischen Vertragsverletzung“, d.h. einer Handlung, die sowohl eine vertragliche als auch eine deliktische Schadenshaftung nach sich ziehen kann. Die Bestimmung des anwendbaren Rechts erfolgt in diesem Fall grundsätzlich nicht anders als sonst: Der Sachverhalt muss unter alle in Frage kommenden Kollisionsnormen subsumiert werden. Das Problem liegt aber darin, dass sowohl die vertragliche als auch die deliktische Grundanknüpfung in Betracht zu ziehen sind. Es handelt sich damit um ein Auslegungsproblem, in der Diktion des Kollisionsrechts also um eine Angelegenheit der Qualifikation.[597]

---

593 Vgl. *Siehr*, in: Kollisionsrecht in der Europäischen Union, S. 77, 93; *Sonnenberger*, in: FS Kropholler, S. 227, 237; Palandt/*Thorn*, Vorbem. Rom II-VO, Rn. 3.

594 Palandt/*Thorn*, Vorbem. Rom II-VO, Rn. 5.

595 Vgl. *Siehr*, in: Kollisionsrecht in der Europäischen Union, S. 77, 83 f.

596 Vgl. *von Walter*, Konkurrenz, S 102.

597 Statt aller *Kegel/Schurig*, IPR, § 7 III 1, S. 336.

(b) Rechtsfrage als Gegenstand der Qualifikation

Dies führt die Erwägungen zu der Frage, was genau der Qualifikationsgegenstand ist.[598] Wäre das bloße Lebensverhältnis als solches Gegenstand der Qualifikation, so würde man eine deliktische Vertragsverletzung sowohl unter die vertragliche als auch die deliktische Grundanknüpfung fassen können. Es würde sich somit um einen Fall der Mehrfachqualifikation handeln.[599] Indes entspricht es der heute herrschenden Meinung, dass nicht das Lebensverhältnis als solches, sondern vielmehr die jeweilige Rechtsfrage den Gegenstand der Qualifikation bildet.[600] Die Rechtsfrage stellt die Verbindung zwischen dem rein faktischen Lebensverhältnis und der juristischen Begrifflichkeit der Kollisionsnorm her.[601] Sie spiegelt das Zusammenspiel von Lebenssachverhalt und der in Frage kommenden Kollisionsnorm wieder.[602] Die Rechtsfrage als Qualifikationsgegenstand führt damit zu einer differenzierteren Betrachtung als das zu pauschale Lebensverhältnis. Um Erstere stellen zu können bedarf es nämlich eines „Hin- und Herwandern des Blicks"[603] auf die potentiell einschlägigen Kollisions- und Sachnormen. Die dort verwendeten Systembegriffe wirken sich auf die Art der Fragestellung aus.

(c) Rechtliche Aufspaltung des Lebensverhältnisses

Auf den Fall einer deliktischen Vertragsverletzung übertragen bedeutet dies, dass es mit der unspezifischen Frage nach einer etwaigen Schadensersatzpflicht nicht sein Bewenden haben darf. Vielmehr sind in Ansehung der vertraglichen und deliktischen Grundkollisionsnorm zwei zu unterscheidende Rechtsfragen zu stellen: Einmal fragt sich, ob der Lebenssachverhalt vertraglichen Schadensersatz nach sich zieht. Andererseits könnte er auch eine deliktische Schadenshaftung begründen. Diese beiden Rechtsfragen sind jeweils völlig eindeutig entweder vertraglich oder deliktisch einzuordnen und anzuknüpfen. Genau besehen handelt es sich bei der deliktischen Vertragsverletzung also nicht um einen Qua-

598 Vgl. *Hoffmann*, Koordination, S. 154.

599 Ausführlich zu diesem Phänomen *Heyn*, Doppel- und Mehrfachqualifikation, S. 1 ff., insbes. 43 ff.

600 *Heyn*, Doppel- und Mehrfachqualifikation, S. 20; *Kropholler*, IPR, § 15 II 3, S. 118; *Looschelders*, Anpassung im IPR, S. 416.

601 *Heyn*, Doppel- und Mehrfachqualifikation, S. 20.

602 *Kropholler*, IPR, § 15 II 3, S. 119; *Looschelders*, Anpassung im IPR, S. 416.

603 *Kropholler*, IPR, § 15 II 3, S. 119.

lifikationskonflikt, der eine Mehrfachqualifikation im engeren Sinne[604] auslösen könnte. Es existiert lediglich ein Lebensverhältnis, das in zwei (oder mehrere) Rechtsfragen aufzuteilen ist. Diese wiederum sind jeweils isoliert völlig eindeutig und unproblematisch zuzuordnen.[605] Eine der beiden Fragen untersteht dabei dem Vertragsstatut, die andere dem Deliktsstatut.

(d) Problemstellung

Die eben dargestellte rechtliche Aufspaltung eines einheitlichen Lebensverhältnisses birgt gleichwohl Konfliktpotenzial. Der vormals einheitliche Lebensvorgang wird über differenzierende Rechtsfragen aufgespalten. Die einzelnen Sektoren können somit verschiedenen Kollisionsnormen und in Konsequenz daraus auch unterschiedlichen materiellen Rechten unterliegen.[606] Dies lässt Friktionen im Rechtsschutz besorgen. Denn jedes Rechtssystem hat es selbst in der Hand, seine normativen Rechtsschutzzwecke zu gewichten und ist ebenso frei in der Wahl des konstruktiven Wegs zur Umsetzung seiner ordnungspolitischen Zielvorstellungen.[607] Gerade im oft schwierigen Verhältnis zwischen Vertrags- und Deliktsrecht differieren die Möglichkeiten der Zuordnung und Grenzziehung zwischen den beiden Instituten im internationalen Vergleich.[608] Innerhalb eines Rechtssystems sind vertragliche und deliktische Regelungen daher aufeinander abgestimmt; nicht aber die entsprechenden Teilbereiche *verschiedener* Rechtsordnungen.[609] Die Aufspaltung des Lebensvorganges in Rechtsfragen induziert bei der Rekombination der einzelnen Aspekte also Konfliktpotenzial.[610] Je nach Konstellation kann es hier zu einer Normenhäufung oder zu einem Normenmangel kommen.[611] Normenmangel liegt zum Beispiel vor, wenn für die Fälle der

604 Der Begriff der Doppel- oder Mehrfachqualifikation wird leider in verschiedenen Bedeutungen gebraucht. Vorliegend soll er in Ermangelung einer anderslautenden Kenntlichmachung ausschließlich in einem engen Sinne verstanden sein, d.h. nur eine Situation erfassen in welcher der konkrete Qualifikationsgegenstand – mithin eine Rechtsfrage – nicht eindeutig zuzuordnen ist. In einem weiteren Sinne wird der Terminus der Doppelqualifikation etwa bereits in Bezug auf einen ambivalenten Lebenssachverhalt gebraucht, vgl. *Kadner Graziano*, Gemeineuropäisches IPR, S. 443.

605 *Heyn*, Doppel- und Mehrfachqualifikation, S. 47 f.; *Hoffmann*, Koordination, S. 155 f.

606 *Kadner Graziano*, RabelsZ 73 (2009), 1, 20 f.

607 *Looschelders*, Anpassung im IPR, S. 154.

608 *Kadner Graziano*, Gemeineuropäisches IPR, S. 437 ff.

609 *Kadner Graziano*, RabelsZ 73 (2009), 1, 21; *Looschelders*, Anpassung im IPR, S. 326; *Stoll*, IPRax 1989, 89, 91.

610 *Kropholler*, IPR, § 34 II 1, S. 235 f.; *Looschelders*, Anpassung im IPR, S. 326.

611 *Kadner Graziano*, Gemeineuropäisches IPR, S. 443 ff.; *Kropholler*, IPR, § 34 III, S. 236 f.; *Looschelders*, Anpassung im IPR, S. 326 f.

deliktischen Vertragsverletzung eine Rechtsordnung „A" ihr Rechtsschutzziel mit Mitteln des Deliktsrechts verwirklichen möchte und eine andere Rechtsordnung „B" dafür eine vertragsrechtliche Konstruktion wählt, beide Rechtsordnungen aber infolge der kollisionsrechtlichen Verweisung nur für den jeweils anderen Sektor des Schuldrechts anwendbar sind. Dann hält weder das anwendbare Vertragsrecht „A" noch das Deliktsrecht „B" einen erfüllten Haftungstatbestand vor, obwohl bei einer Gesamtentscheidung nach dem Sachrecht „A" oder „B" jeweils Ansprüche bestünden. In der umgekehrten Konstellation kann es entsprechend zur Normenhäufung kommen.[612]

Teilweise wird neben den aufgezeigten Friktionen eine weitere Fallgruppe diskutiert. Die unterschiedliche Behandlung der Frage nach der Anspruchskonkurrenz in den verschiedenen Rechtsordnungen wird als spezifisches Problem aufgefasst.[613] Das Risiko von Konflikten ist dabei durchaus real. Es könnten etwa nach dem sogenannten „non cumul"-Prinzip französischer Prägung deliktsrechtliche Ansprüche vom Vorrang vertraglicher Haftungsgründe insgesamt verdrängt werden.[614] Dann würde dieser Teilbereich des materiellen Rechts in seiner Gänze von der Anwendung ausgeschlossen. Bei einer entsprechenden Kreuzung der Regelungen der Anspruchskonkurrenz verschiedener Rechte infolge einer kollisionsrechtlichen Aufspaltung kann es demgemäß dazu kommen, dass überhaupt keine materielle Anspruchsgrundlage für das Begehren des Anspruchsstellers zur Verfügung steht. Allerdings ist die geschilderte Konstellation lediglich ein Teilbereich, gar ein „Oberflächenphänomen"[615], des bereits oben dargelegten Grundkonflikts. Bei der Frage der Anspruchskonkurrenz kann es freilich im Einzelfall zu besonders krassen Diskrepanzen zwischen dem tatsächlichen Ergebnis und dem verfolgten Schutzzweck jeder der beiden beteiligten Rechtsordnungen kommen. Letztlich geht es aber auch hier nur um die Auswirkungen der Aufspaltung eines Lebensverhältnisses und der daraus folgenden Anwendbarkeit zweier materieller Rechte. Setzt man bei diesem Ausgangspunkt mit der Koordination an, so erübrigt sich auch die Problematik der Anspruchskonkurrenz.[616] Für die folgende Diskussion hat jene Fallgruppe daher keine eigenständige Bedeutung.

Eine Linderung des beschriebenen Konflikts könnte sich daraus ergeben, dass die zwar mögliche Anwendbarkeit zweier verschiedener Rechte de facto nur selten zum Zuge kommt, wenn die Kollisionsnormen für vertragliche und

---

612 *Looschelders*, Anpassung im IPR, S. 154; 326 f.

613 Eine solche Zweiteilung der Konflikte ist angedeutet bei *Stoll*, IPRax 1989, 89, 91.

614 *Spickhoff*, IPRax 2009, 128, 133.

615 *Hoffmann*, Koordination, S. 224.

616 *Spickhoff*, IPRax 2009, 128, 133 f.

für deliktische Schuldverhältnisse trotz unterschiedlicher Anknüpfungskriterien regelmäßig auf dasselbe Recht weisen. Die deliktische Grundanknüpfung war schon seit jeher die Tatortregel, welche derzeit in Form von Art. 4 Abs. 1 Rom II-VO geltendes Recht ist. Für vertragliche Schuldverhältnisse stellen das bisherige Recht (Art. 28 Abs. 2 EGBGB a.F., Art. 4 Abs. 2 EVÜ) und die *lex lata* (Art. 4 Abs. 1, 2 Rom I-VO) auf den Sitz der Partei ab, welche die vertragscharakteristische Leistung erbringt. Der Sitz des Verkäufers, zum Beispiel, ist aber für die Bestimmung des Tatorts ohne Belang.[617] Eine typischerweise vorliegende Übereinstimmung des Tatorts mit dem Sitz des Verkäufers liegt daher nicht vor. Wenn überhaupt, dann dürfte im Falle der deliktischen Vertragsverletzung der Tatort eher mit dem Sitz derjenigen Partei des Vertrags übereinstimmen, die *nicht* die charakteristische Leistung zu erbringen hat, denn eine deliktische Schädigung dürfte vornehmlich im Rahmen der Leistungserbringung auf Seiten des Leistungsempfängers auftreten. Die geschützten Rechtsgüter der nichtleistenden Partei und damit der deliktische Erfolgsort dürften aber regelmäßig an deren Sitz – also nicht an dem Sitz der Partei, die die vertragscharakteristische Leistung erbringt – belegen sein. Ein faktischer Gleichlauf zwischen den jeweiligen Kollisionsnormen lässt sich daher nicht feststellen.[618]

Die Konfliktsituation potentieller Normenwidersprüche bleibt damit akut und kann keineswegs in jedem Fall vermieden werden.[619] Dieser Ausgangsbefund legt nahe, dass Vertrags- und Deliktsstatut zwingend einer Koordinierung bedürfen, die den aufgezeigten Konflikt zumindest entschärft. Fraglich ist allein, auf welchem Wege diesem Ziel am besten entsprochen werden kann.

cc. Lösungsmöglichkeiten

Wie diese Problemlage zu bewältigen ist, war lange Zeit umstritten. Die akzessorische Anknüpfung des Deliktsstatuts an das Vertragsstatut hat sich aber schließlich durchgesetzt und auch Eingang in die Rom II-Verordnung gefunden, Art. 4 Abs. 3 Rom II-VO.

An dieser Stelle mag kurz auf alternative Lösungsmöglichkeiten eingegangen werden. Spätestens bei der Zusammenführung der Rom-Verordnungen zu einer Gesamtkodifikation des IPR auf Gemeinschaftsebene werden die bisher erreichten Lösungen und Ergebnisse, selbstredend auch die Koordination des Vertrags- und Deliktsstatuts, einer Revision standhalten müssen. Denkbare Alternativen sollen daher bereits hier zumindest ins Bewusstsein gerufen werden.

617 *Hoffmann*, Koordination, S. 124.

618 *Hoffmann*, Koordination, S. 125; 340.

619 *Looschelders*, Anpassung im IPR, S. 333.

Dabei konkurrieren im Wesentlichen vier Konzepte miteinander. Eine Möglichkeit besteht darin, dass auf Ebene des Kollisionsrechts eine Anknüpfungsnorm geschaffen wird, welche die Sozialverbindung der Parteien direkt zum Anknüpfungsgegenstand macht und damit die herkömmliche Unterscheidung zwischen Vertrags- und Deliktsstatut in dieser neuen Norm aufgehen lässt.[620] Andererseits kann versucht werden, über Qualifikationstechniken überhaupt die Aufspaltung eines Lebensvorgangs in zunächst unabhängige Teilbereiche zu vermeiden. Ferner könnte man die freie Konkurrenz beider Statuten im Kollisionsrecht zulassen und eine Lösung über die Anpassung auf Sachrechtsebene suchen.[621] Zuletzt existiert die akzessorische Anknüpfung. Die verschiedenen Lösungswege setzen auf unterschiedlichen Ebenen an, dienen gleichwohl allesamt der Lösung des gemeinsamen Kernproblems, nämlich der potentiellen Anwendbarkeit mehrerer Rechte auf einen einheitlichen Lebenssachverhalt im Grenzbereich zwischen Vertrag und Delikt. Dies ist die Wurzel des zu bekämpfenden Übels, derer man sich stets bewusst sein muss. Andernfalls besteht die Gefahr, dass nur oberflächlich Symptome behandelt werden, anstatt sich des Grundleidens anzunehmen. Vor diesem Hintergrund müssen die Lösungsalternativen verglichen werden.

(1) Einheitliche Anknüpfung an die Sozialverbindung

Von *Hoffmann* wurde angedacht, künftig überhaupt von der Trennung von Vertrags- und Deliktsstatut im Kollisionsrecht Abstand zu nehmen und einheitlich die Sozialbeziehung zwischen den Parteien zum Anknüpfungsgegenstand einer neuen Kollisionsnorm zu machen.[622] Beim derzeitigen Stand der Rechtsharmonisierung sowohl auf sachrechtlicher wie auch auf kollisionsrechtlicher Ebene kann diese Lösung, wie von *Hoffmann* explizit eingeräumt[623], aber nicht überzeugen.

Gegen den Anknüpfungsgegenstand der sozialen Beziehung spricht, dass eine vorherige Beziehung zwischen den Beteiligten in den klassischen deliktsrechtlichen Fällen, zum Beispiel einem Verkehrsunfall, gerade nicht besteht.[624] Das zufällige, ungeplante Zusammentreffen der Beteiligten ist im Deliktsrecht

620 *Hoffmann*, Koordination, S. 218 ff.; für eine solche Lösung schon *Binder*, RabelsZ 20 (1955), 401, 478 ff.

621 So insbesondere *Looschelders*, Anpassung im IPR, S. 415 ff.

622 *Hoffmann*, Koordination, S. 218 ff.; für eine solche Lösung schon *Binder*, RabelsZ 20 (1955), 401, 478 ff.

623 *Hoffmann*, Koordination, S. 221.

624 *Hoffmann*, Koordination, S. 219.

der Regelfall. Einziger Berührungspunkt ihrer Interessen ist dann der Tatort.[625] Eine „soziale Beziehung" der Beteiligten besteht genau besehen nicht; jedenfalls aber wäre sie notwendig auf den Tatort beschränkt, sodass dieser Ansatz im Ergebnis das Tatortprinzip in sich trägt, ohne sich klar und ausdrücklich dazu zu bekennen. Als allgemeine Grundanknüpfung taugt dieser Lösungsvorschlag somit nicht. Sollten im Einzelfall ein gemeinsamer gewöhnlicher Aufenthaltsort der Beteiligten oder eine sonstige wesentlich engere Verbindung bestehen, so würden das traditionelle Anknüpfungssystem, Art. 4 Abs. 2, 3 Rom II-VO beziehungsweise Art. 4 Abs. 3, 4 Rom I-VO, und die „soziale Beziehung" ebenfalls auf dieselbe Rechtsordnung verweisen.

Ferner ist es zwar das Ziel einer einheitlichen Anknüpfung der Sozialbeziehung, über die Schwierigkeiten der Abgrenzung im Grenzbereich zwischen Vertrag und Delikt hinwegzuhelfen. Darüber wird aber vernachlässigt, dass der Lebenssachverhalt auch Beziehungen zu Rechtsbereichen haben kann, die anderen Rechtsmaterien entstammen, etwa dem Familien- oder Sachenrecht. Die sich hierbei ergebenden Abgrenzungsfragen können weiterhin nicht eindeutig beantwortet werden.[626] Dieser Lösungsansatz scheitert letztlich daran, dass das Grundproblem, wie gezeigt, eine Qualifikationsfrage ist. Eine letztgültige Lösung, die die Qualifikation erübrigen würde, ist aber über Modifikationen des Anknüpfungsgegenstands von Kollisionsnormen nicht möglich. Es werden immer mehrere Normen verbleiben, deren Anwendungsbereich voneinander abgegrenzt werden muss. Andererseits kann keine ernsthafte Lösung darin erblickt werden, *ad infinitum* den Anknüpfungsgegenstand der Kollisionsnormen solange zusammenfassen zu wollen, bis am Ende der Kette eine einzige Kollisionsnorm das ganze IPR ausmacht. Zwar hat man dann zweifelsohne keine Probleme mehr, die passende Kollisionsnorm aufzufinden. Aber welchen Anknüpfungspunkt sollte eine Norm benennen, die alle denkbaren Lebenssachverhalte erfasst? In Betracht käme nur eine *non-rule* des Inhalts, dass stets die engste Beziehung maßgeblich sein solle.

Dieser Gedanke führt zu einem weiteren Kritikpunkt der diskutierten alternativen Lösung. Denn letztlich bleibt der Ansatz eine solche schuldig. Modifiziert wird lediglich der Anknüpfungsgegenstand, ohne dass der Anknüpfungspunkt überdacht würde. Es wird zwar gesagt, *was* angeknüpft werden soll, aber nicht *wie* diese Anknüpfung konkret lauten soll.[627] Gerade im Konflikt zwischen Tatort und dem Ort der charakteristischen Leistung ist aber typischerweise kein

625 Staudinger/*von Hoffmann*, Art. 40 EGBGB, Rn. 96.

626 *Hoffmann*, Koordination, S. 219.

627 *Hoffmann*, Koordination, S. 221.

Gleichlauf ersichtlich. Man müsste sich also entweder für einen dieser beiden Orte entscheiden oder einen neuen Anknüpfungspunkt erdenken. Erstere Option muss dabei von vornherein ausscheiden, wenn man sich vor Augen hält, dass gemäß der Prämisse des Lösungsansatzes alle vertraglichen und deliktischen Schuldverhältnisse von der Anknüpfung erfasst werden. Bei einer klassischen deliktischen Konstellation wie dem Straßenverkehrsunfall macht der Ort der charakteristischen Leistung aber offensichtlich keinen Sinn. Umgekehrt passt der Tatort nicht bei völlig eindeutig vertraglicher Prägung der Sozialbeziehung der Parteien. Es muss also ein neuer Anknüpfungspunkt gefunden werden, wobei die Wahl mangels ersichtlicher Alternativen schlussendlich auf das Prinzip der engsten Verbindung fallen dürfte.[628] Vergleicht man nun den Zweck der Anknüpfung der Sozialverbindung mit dem faktischen Ergebnis dieses Ansatzes, so werden dessen Mängel offensichtlich. De facto entscheidet die engste Verbindung im Sinne der bisherigen Ausweichklauseln, ohne dass in irgendeiner Weise die Konkretisierung dieses Anknüpfungspunkts gefördert würde.[629] Damit würde durch den Vorschlag lediglich die Auflockerung zur Regelanknüpfung erhoben. Insoweit bestehen dieselben Bedenken bezüglich der Vorhersehbarkeit und der Rechtssicherheit wie auch schon gegen eine uferlose Anwendung der Ausweichklausel.[630] Im Ergebnis finden sich auch keine positiven Veränderungen im Vergleich zur *lex lata*, denn bereits jetzt besteht die Möglichkeit, unerwünschte Anknüpfungsergebnisse über die Ausweichklausel zu korrigieren.

Die Lösung über eine Zusammenfassung der Systembegriffe „Vertrag“ und „Delikt“ zum einheitlichen Anknüpfungsgegenstand der Sozialbeziehung muss daher als gescheitert angesehen werden. Faktisch entspricht der einheitliche Anknüpfungsgegenstand ohnehin der Qualifikation des Lebenssachverhalts als Ganzem im Gegensatz zu einzelnen Rechtsfragen. Da es sich aber um ein Problem der Qualifikation handelt und die Lösung im Ergebnis eine Modifizierung des Qualifikationsgegenstands darstellt, sollte man sich auch klar dazu bekennen und nicht mit unklaren und neuen Begrifflichkeiten von der inhaltlichen Aussage ablenken. Schon aus Gründen der Übersichtlichkeit ist es daher überzeugender, nicht zusätzlich einen neuen Systembegriff wie die „soziale Beziehung“ zu verwenden, der inhaltlich keine Abweichung von der bisherigen Rechtslage mit sich bringt und so nur zur Komplizierung einer ohnehin nicht einfachen Materie beiträgt.

---

628 *Hoffmann*, Koordination, S. 221.

629 *Hoffmann*, Koordination, S. 221.

630 Vgl. dazu oben III.6.b.bb.

(2) Einheitliche Qualifikation des Lebensverhältnisses

Den Koordinationskonflikt im Keim ersticken will ein Ansatz, der bereits im Zuge der Qualifikation eine Aufspaltung des Lebensverhältnisses verhindern möchte. Dieses Ziel soll durch eine funktionelle Qualifikation erreicht werden, die dazu führen soll, dass der Sachverhalt umfassend nach einer Rechtsordnung beurteilt wird. Entscheidend soll danach nicht sein, mit welcher rechtstechnischen Konstruktion ein Ordnungsziel verwirklicht wird, sondern lediglich das fragliche Ordnungsziel selbst.[631] Die verschiedenen Ordnungsziele wiederum werden durch die je zugrundeliegende Interessenlage gegeneinander abgegrenzt. Auf diese Weise soll es möglich sein, den Sachverhalt insgesamt als entweder vertraglich oder deliktisch einzustufen.[632]

Im Ergebnis kann dieser Ansatz aber nicht das prägende Koordinationselement zwischen Vertrags- und Deliktsstatut sein. Zu einer umfassenden Bewältigung der Konfliktlage ist die funktionale Qualifikation nicht im Stande.[633] Zuzugeben ist freilich, dass die vorzugswürdige Qualifikationsmethode im Kontext der gemeinschaftsrechtlichen Rom-Verordnungen eine autonom-funktionale ist.[634] Aber auch unter Berücksichtigung jener Methode kann nicht jeder problematische Sachverhalt im Grenzbereich zwischen Vertrag und Delikt einheitlich zugeordnet werden. Dies wurzelt in der Dichotomie der einschlägigen Kollisionsnormen. Die Qualifikation ist eine Form der Auslegung des Kollisionsrechts und kann sich nicht schlechterdings über die Strukturen seines Objekts hinwegsetzen. Aus sich heraus kann die Qualifikation daher keine eigenständigen Wertungen hervorbringen; sie kann nur das vorhandene Normenmaterial interpretieren und gegebenenfalls darin befindliche Wertungen extrapolieren.[635] Den Befehl zu einer zwingend einheitlichen Qualifikation eines Lebensverhältnisses müsste daher das Kollisionsrecht selbst erteilen. Ob und wie dies zu erfolgen hat, sind aber keine Fragen der Qualifikation.[636]

Ferner sprechen auch praktische Erwägungen gegen die vorgeschlagene einheitliche Qualifikation des Lebensverhältnisses. Wollte man nämlich dieses Vorhaben konsequent durchhalten, so würde man im Ergebnis den Versuch un-

---

631 Vgl. *Looschelders*, Anpassung im IPR, S. 151 f.

632 Vgl. *Looschelders*, Anpassung im IPR, S. 331.

633 *Hoffmann*, Koordination, S. 174; *Kadner Graziano*, Gemeineuropäisches IPR, S. 450 f.; *Looschelders*, Anpassung im IPR, S. 333.

634 Bamberger/Roth/*Lorenz*, Einl. IPR, Rn. 62; eine funktionale Betrachtungsweise entspricht auch der in Deutschland herrschenden Meinung siehe nur Münchener Kommentar/*Sonnenberger*, Einl. IPR, Rn. 514 m.w.N.

635 Ebenso *Hoffmann*, Koordination, S. 174.

636 Sondern vorzugsweise Inhalt der akzessorischen Anknüpfung, siehe unter IV.2.a.cc.[4].

ternehmen, eine abstrakte Trennlinie zwischen Vertrags- und Deliktsrecht zu ziehen. Eingedenk des supranationalen Charakters der Rom-Verordnungen ist dies ein utopisches Ziel. Eine gemeineuropäische, autonome Grenze zwischen Vertrags- und Deliktsrecht existiert (jedenfalls noch) nicht.[637]

Schließlich – unterstellt man für den Moment die einheitliche Qualifikation im obenbeschriebenen Sinne – tauscht man nur ein Abgrenzungsproblem mit einem anderen aus. Qualifiziert man einen Lebenssachverhalt stets einheitlich, gelangt man zwangsläufig zu einer „Meta-Abgrenzung" bei der Frage, was noch ein solcher einheitlicher Lebensvorgang ist und was nicht mehr. Auch wird man nicht umhin kommen, gewisse wertungsmäßige Aspekte in jene Abgrenzung einfließen zu lassen. Es kann kaum überzeugen, eine deliktische Schädigung bei bloßer Gelegenheit einer zwischen den Parteien bestehenden Sonderbeziehung einheitlich nach dem Vertragsstatut zu beurteilen, obwohl bei natürlicher Betrachtungsweise ein einheitlicher Lebensvorgang zunächst durchaus nahe liegen könnte. In der Sache ist damit das Zusammenhangskriterium der akzessorischen Anknüpfung angesprochen.[638] Spätestens jetzt wird offensichtlich, dass die funktional-autonome Qualifikation mit der Maßgabe einer stets einheitlichen Anknüpfung nichts anderes ist, als eine akzessorische Anknüpfung, ohne dies auszusprechen.[639] Allerdings besteht der Unterschied, dass die akzessorische Anknüpfung eine vom Gesetzgeber legitimierte, bewusste Entscheidung ist. Die Qualifikation andererseits wird entgegen ihres Charakters als Auslegungswerkzeug zweckentfremdet und ihr eine eigene Wertung entnommen. Es muss aber ausdrücklich klargestellt werden, dass die autonome, funktionale Qualifikation im wohlverstandenen Sinne als Form der Auslegung natürlich ihre Berechtigung und auch Notwendigkeit hat. Sie kann durch ihre funktionale Betrachtungsweise Schein-Konflikten das Konfliktpotenzial nehmen, indem sie die wahre Natur des Qualifikationsgegenstandes herausarbeitet. Bei einem Lebensverhältnis, das aber tatsächlich ambivalent ist, kann auch die Qualifikation nicht weiterhelfen. Man muss aufhören sie als etwas zu sehen, das sie nicht ist.

---

637 *Hoffmann*, Koordination, S. 174; *Kadner Graziano*, Gemeineuropäisches IPR, S. 450 f.

638 Dazu sogleich unter IV.2.a.cc.[4].

639 Ebenso *Hoffmann*, Koordination, S. 156: „Damit rückt die Begründung für eine einheitliche Qualifikation jedoch in die Nähe der akzessorischen Anknüpfung und hat neben dieser keine eigenständige Bedeutung. Das Zusammenhangskriterium kann dort berücksichtigt werden."; vgl. auch Münchener Kommentar/*Sonnenberger*, Einl. IPR, Rn. 516.

(3) Freie Konkurrenz und Anpassung auf Sachrechtsebene

Eine weitere Lösungsalternative besteht darin, die freie Konkurrenz der Statuten zuzulassen und gegebenenfalls mit den Mitteln der Anpassung notwendige Korrekturen vorzunehmen.[640] Von den anderen Optionen unterscheidet sich diese Lösung darin, dass sie gar nicht erst versucht, den Lebenssachverhalt nur einem einzigen Recht zu unterstellen. Sie nimmt die verschiedenen Auslandsberührungen des einen Lebenssachverhalts hin und belässt es bei der Anwendbarkeit von zwei oder mehreren Rechtsordnungen.[641] Die oben aufgezeigten Friktionen bedürfen aber in casu gleichwohl der Auflösung. Die Anpassung ist damit notwendige Folge der freien Konkurrenz der Statuten auf Ebene des IPR.[642]

Gegen ein solches Vorgehen sprechen indes gewichtige Gründe. Die Anpassung kann immer nur ultima ratio sein, wenn sonst keine gangbaren Alternativen ersichtlich sind.[643] Mit den Mitteln der Anpassung werden nämlich nur die Symptome behandelt, nicht aber der zugrundeliegende Konflikt im Kollisionsrecht, der diese auslöst. Bereits *Kropholler*[644] hat festgestellt, dass eine Häufung von Teilfragen, Qualifikations- und Anpassungsproblemen ein sicheres Indiz für eine verfehlte Anknüpfung ist. Das Augenmerk mag daher zuvorderst auf das Kollisionsrecht gerichtet und dort nach einer Koordinationsmöglichkeit gesucht werden, die ein Entstehen von Anpassungsfragen möglichst verhindert.

Die Anpassung als Koordinationsinstrument im Grenzbereich zwischen Vertrag und Delikt steht zudem dem erklärten Ziel der Rom-Verordnungen entgegen, die Vorhersehbarkeit des anwendbaren Rechts zu erleichtern. Sie verlagert die Problematik gänzlich auf den Einzelfall.[645] Der Richter müsste also in jedem Einzelfall die schwierigen Probleme der Feinabstimmung bei der Rekombination verschiedener Sachrechte bewältigen. Bereits auf rein nationaler Ebene wäre das aus dem Blickwinkel der Rechtssicherheit äußerst zweifelhaft. Im Zuge der Kollisionsrechtsvereinheitlichung auf europäischer Ebene muss die Anpassung aber in jedem Fall weitestmöglich vermieden werden. Denn mag das Institut der Anpassung auch ein integraler und notwendiger Bestandteil des Kollisionsrechts sein, so kann beim derzeitigen Stand der Rechtsvereinheitlichung keineswegs

640 So insbesondere *Looschelders*, Anpassung im IPR, S. 415 ff.

641 *Hoffmann*, Koordination, S. 190.

642 *Hoffmann*, Koordination, S. 191. Zu der Methodik der Anpassung im Einzelnen insbesondere *Looschelders*, Anpassung im IPR, S. 164 ff.; ferner etwa *Kropholler*, IPR, § 34 IV, S. 237 ff.

643 *Hoffmann*, Koordination, S. 179.

644 *Kropholler*, RabelsZ 33 (1969), 601, 634.

645 *Hoffmann*, Koordination, S. 179; *Kropholler*, IPR, § 34 II 1, S. 235.

eine gemeineuropäische Einigkeit im Hinblick auf Methodik, Fallgruppen und Anwendung der Anpassung erblickt werden.[646] Offenbar wird die Anpassung sogar als spezifisch deutsches Instrument betrachtet.[647] Es wären somit beträchtliche nationale Unterschiede und Verwerfungen bei der praktischen Handhabung der Anpassung zu besorgen. Gerade das wollen die Rom-Verordnungen aber vermeiden.[648] Insgesamt soll hier nicht der völligen Abschaffung des Instituts der Anpassung das Wort geredet werden. Als primäres Koordinationsmittel des Vertrags- und Deliktsstatuts taugt es aber jedenfalls auf europäischer Ebene nicht.

(4) Akzessorische Anknüpfung

Der letzte Lösungsansatz ist die akzessorische Anknüpfung. Das Deliktsstatut gesteht dadurch bei einem ambivalenten Lebensverhältnis dem Vertragsstatut den Vorrang zu. Konstruktiv wird die Koordination in dieser Variante über die Modifikation des deliktischen Anknüpfungsmoments bei Sachverhalten im Grenzbereich zwischen Vertrag und Delikt erreicht. Auf diesem Wege wird sichergestellt, dass trotz Aufgliederung des Lebensverhältnisses in zwei Sektoren im Ergebnis nur ein Sachrecht anwendbar ist. Die Abstimmungsproblematik zwischen materiellem Vertrags- und Deliktsrecht unterschiedlicher Provenienz „erledigt" sich damit.[649] Schwierige Anpassungsfragen entstehen erst gar nicht.[650] Im Vergleich zu einer Lösung durch eine einheitliche Qualifikation hat diese Variante den Vorteil, dass sie nicht auf methodisch zweifelhaftem Wege den gewünschten Gleichlauf von Vertrags- und Deliktsstatut verwirklichen muss. Zudem pauschaliert die akzessorische Anknüpfung nicht in unzulässiger Weise oder induziert neue Abgrenzungsprobleme, die nur wertungsmäßig entschieden werden können.[651] Sie bietet daher dieselben Möglichkeiten, die rechtliche Parzellierung des einheitlichen Lebensvorgangs zu korrigieren, trägt aber gleichzeitig ihre Beschränkung inzident in ihren Voraussetzungen, namentlich in dem Erfordernis eines Sachzusammenhangs.[652] So nimmt es nicht Wunder, dass

---

646 Ein rechtsvergleichender Überblick findet sich bei *Looschelders*, Anpassung im IPR, S. 23 ff.

647 Vgl. die Nachweise bei *Looschelders*, Anpassung im IPR, S. 23.

648 Erwägungsgrund Nr. 6 Rom II-VO.

649 So die Formulierung von *Hoffmann*, Koordination, S. 199; ähnlich *Spickhoff*, IPRax 2009, 128, 133; *von Walter*, Konkurrenz, S 182.

650 Staudinger/*von Hoffmann*, Art. 41 EGBGB, Rn. 9; *Spickhoff*, IPRax 2000, 1, 2.

651 So aber die Lösung über eine einheitliche Qualifikation, siehe oben unter IV.2.a.cc.[1].

652 Allgemein zu weiteren Vorteilen der akzessorischen Anknüpfung siehe etwa Staudinger/*von Hoffmann*, Art. 41 EGBGB, Rn. 9 ff.; *Hoffmann*, Koordination, S. 200 ff.; *Kad-*

die akzessorische Anknüpfung bereits vor Inkrafttreten der Rom II-Verordnung in Europa weitverbreitet war[653] und auch Eingang in das geltende deutsche Recht gefunden hat, Art. 41 Abs. 2 Nr. 1 EGBGB. Auf europäischer Ebene hat sich die akzessorische Anknüpfung nunmehr ebenso durchgesetzt und wurde in die Ausweichklausel zum Deliktsstatut integriert, Art. 4 Abs. 3 S. 2 Rom II-VO.

Nach der grundsätzlichen Billigung der Lösung über eine akzessorische Anknüpfung müssen nun noch deren Voraussetzungen konkretisiert werden. Anerkanntermaßen sind ein Zusammenhang zwischen dem Delikt und der Sonderbeziehung erforderlich sowie die Identität der Beteiligten.[654] Fraglich ist allerdings wie genau das erstgenannte Kriterium auszufüllen ist. Die Rom II-Verordnung hält gem. ihrem Art. 4 Abs. 3 S. 2 die akzessorische Anknüpfung für möglich bei einer offensichtlich engeren Verbindung des Delikts, die sich „insbesondere aus einem bereits bestehenden Rechtsverhältnis zwischen den Parteien – wie einem Vertrag – ergeben [kann], das mit der betreffenden unerlaubten Handlung in enger Verbindung steht." Bezüglich der Intensität der erforderlichen Verbindung herrscht weitgehend Einigkeit darüber, dass ein sachlicher beziehungsweise innerer Zusammenhang zwischen der deliktischen Handlung und der Durchführung der Sonderbeziehung zwischen den Parteien bestehen muss.[655] Damit werden solche unerlaubten Handlungen von der akzessorischen Anknüpfung ausgenommen, die sich nur bei Gelegenheit der Vertragserfüllung ereignen.[656]

Die seit langem umstrittene Frage, ob eine rechtliche Beziehung zwischen den Parteien notwendig ist, oder ob bereits ein rein tatsächliches Verhältnis ausreichen kann, wird aber auch durch die Rom II-Verordnung noch nicht eindeutig entschieden.[657] Der gewählte Wortlaut mag zunächst darauf hindeuten, dass ein Rechtsverhältnis gegeben sein muss. Allerdings spricht gegen diese Lesart, dass

---

ner Graziano, Gemeineuropäisches IPR, S. 400 ff.; Münchener Kommentar/*Sonnenberger*, Art. 41 EGBGB, Rn. 14.

653 *Hoffmann*, Koordination, S. 199; *Kadner Graziano*, Gemeineuropäisches IPR, S. 394 ff.

654 Siehe nur Staudinger/*von Hoffmann*, Art. 41 EGBGB, Rn. 10.

655 Siehe nur Bamberger/Roth/*Spickhoff*, Anh. zu Art. 42 EGBGB, Rn. 40; zum deutschen IPR Staudinger/*von Hoffmann*, Art. 41 EGBGB, Rn. 11; Münchener Kommentar/*Sonnenberger*, Art. 41 EGBGB, Rn. 21.

656 *Hoffmann*, Koordination, S. 207; Bamberger/Roth/*Spickhoff*, Anh. zu Art. 42 EGBGB, Rn. 40; zur insoweit identischen Problematik des deutschen IPR Staudinger/*von Hoffmann*, Art. 41 EGBGB, Rn. 11; Münchener Kommentar/*Sonnenberger*, Art. 41 EGBGB, Rn. 21; *Stoll*, IPRax 1989, 89, 92.

657 Diese Frage war und ist auch im deutschen Schrifttum umstritten, vgl. Staudinger/*von Hoffmann*, Art. 41 EGBGB, Rn. 10 f.; Münchener Kommentar/*Sonnenberger*, Art. 40 EGBGB, Rn. 69 f.; Art. 41 EGBGB, Rn. 18 f.; *Stoll*, IPRax 1989, 89, 91.

rechtstechnisch die akzessorische Anknüpfung lediglich als Regelbeispiel[658] für eine Auflockerung über die Ausweichklausel ausgestaltet wurde. Die erwähnte Fallgruppe der rechtlichen Sonderbeziehung ist daher nicht zwingend abschließend zu verstehen.[659] Eine teleologische Auslegung der Rom II-Verordnung spricht vorliegend vielmehr für die Einbeziehung tatsächlicher Verhältnisse zwischen den Parteien zur Begründung der akzessorischen Anknüpfung. Wie gezeigt, ist der unterliegende Konflikt die Abgrenzung und Koordinierung von Vertrags- und Deliktsstatut. Um Unsicherheiten und Friktionen dabei zu vermeiden, wurde die akzessorische Anknüpfung als Koordinationsmittel gewählt. Konsequenterweise sollte man sich dieses Mittels in einer Weise bedienen, die dessen Nutzen maximiert. Je weiter daher der Anwendungsbereich, desto geringer sind die verbleibenden Fälle mit einem Koordinationsdefizit. Konkret werden so schwierige Grenzziehungen bei Unklarheiten über das wirksame Bestehen eines Rechtsverhältnisses und damit zusammenhängende Qualifikationsprobleme vermieden.[660] Verschiedenen kontrovers diskutierten Fallgruppen, wie etwa der Gefälligkeitsfahrt[661], wird auf diese Weise die Brisanz genommen.[662] Gerade in Anbetracht der Ziele der europäischen Kollisionsrechtsvereinheitlichung ist daher zugunsten eines weiten Anwendungsbereichs der äußerst klaren und praktikablen akzessorischen Anknüpfung auszulegen. Die Anbindung auch an tatsächliche Sonderbeziehungen gibt dem diffusen Charakter der Ausweichklausel des Art. 4 Abs. 3 Rom II-VO eine greifbarere Struktur und erhöht damit die Rechtssicherheit. Gleichzeitig bietet, wie es vorliegend der Fall ist, die Einbettung der akzessorischen Anknüpfung als Regelbeispiel der allgemeinen Ausweichklausel gewissermaßen eine „Rückversicherung". Sollten überwiegende Gründe im Einzelfall gegen eine akzessorische Anknüpfung sprechen, so können diese immer noch Berücksichtigung finden.

(5) Zwischenergebnis

Insgesamt darf damit festgestellt werden, dass die akzessorische Anknüpfung als Instrument der Koordination von Vertrags- und Deliktsstatut abstrakt die beste

---

658 Münchener Kommentar/*Junker*, Anh. zu Art. 42 EGBGB, Rn. 38; noch einschränkender Bamberger/Roth/*Spickhoff*, Anh. zu Art. 42 EGBGB, Rn. 38.

659 Ebenso *von Hein*, ZEuP 2009, 6, 19; *Heiss/Loacker*, JBl 2007, 613, 627; a.A. *Junker*, JZ 2008, 169, 175; *G. Wagner*, IPRax 2008, 1, 6.

660 *Hoffmann*, Koordination, S. 207; vgl. auch Staudinger/*von Hoffmann*, Art. 41 EGBGB, Rn. 10.

661 Weitere Beispiele für mögliche tatsächliche Sonderbeziehungen etwa bei *Spickhoff*, IPRax 2000, 1, 2.

662 *Hoffmann*, Koordination, S. 207.

Lösungsalternative darstellt. Bei der konkret gewählten Form der Umsetzung in der Rom II-Verordnung handelt es sich auch um eine sachgemäße Ausgestaltung dieser Lösung – jedenfalls dann, wenn man in teleologischer Auslegung auch die akzessorische Anknüpfung an tatsächliche Sonderbeziehungen zulässt.

dd. Insbesondere: Vorvertragliche Schuldverhältnisse

Nach der Betrachtung der allgemeinen Interferenzen zwischen Vertrags- und Deliktsstatut wird nun in concreto eine spezielle Fallgruppe untersucht, die bei der Abgrenzung von Vertrag und Delikt regelmäßig Schwierigkeiten bereitet. Die Rede ist von vorvertraglichen Schuldverhältnissen, in der deutschen Diktion von der *culpa in contrahendo*. Hierbei werden drei Fragenkreise im Zusammenhang mit der neuen deliktischen Grundanknüpfung der Rom II-Verordnung aufgeworfen. Zunächst wird das Qualifikationsproblem betrachtet, also der Frage nachgegangen, ob Schuldverhältnisse aus Verschulden bei Vertragsverhandlungen vertraglich oder deliktisch zu qualifizieren sind. Damit entscheidet sich, welche der beiden Rom-Schwesterverordnungen anwendbar ist. Sodann ist die einschlägige Kollisionsnorm zu ermitteln. Wie zu zeigen sein wird, ist hierbei zwischen Art. 4 und Art. 12 Rom II-VO abzugrenzen. Schließlich wird untersucht, ob die Lösung im neuen, vereinheitlichten Kollisionsrecht auch Auswirkungen auf die Bestimmung der Gerichtsstände nach der EuGVO haben kann.

(1) Außervertragliche Qualifikation

Die Einordnung von vorvertraglichen Schuldverhältnissen im Kollisionsrecht der Gemeinschaft kann nur anhand des systematischen Zusammenspiels der beiden Schwesterverordnungen Rom I und Rom II erschlossen werden. Die Weichenstellung wird dabei im Anwendungsbereich der Verordnungen getroffen. Im Einzelnen lässt die gewählte Regelungstechnik leider immer noch einige Unklarheiten bestehen.

Dabei ist zunächst festzustellen, dass zwischen den beiden Rom-Verordnungen ein Exklusivitätsverhältnis besteht. Die Anwendbarkeit der einen Verordnung bedeutet gleichzeitig die Unanwendbarkeit ihrer Schwesterverordnung und *vice versa*.[663] Dieses Ergebnis wird auch von dem Kohärenzgebot gestützt, welches jeweils in Erwägungsgrund Nr. 7 der beiden Verordnungen niedergeschrieben wurde. Lücken und Überschneidungen der Anwendungsbereiche sind offensichtlich sinnwidrig und daher mittels einer gegenseitigen Ausschließlichkeit zu vermeiden. Für den gegenständlichen Bereich der vorvertraglichen

---

663 *Lüttringhaus*, RIW 2008, 193, 195.

Haftung bringt dies Erwägungsgrund Nr. 10 Rom I-VO sogar *expressis verbis* zum Ausdruck.

In Ansehung der vorvertraglichen Haftung findet sich zunächst in der Rom I-Verordnung der Hinweis, dass „Schuldverhältnisse aus Verhandlungen vor Abschluss eines Vertrags" (Art. 1 Abs. 2 lit. i Rom I-VO) vom Anwendungsbereich der Rom I-Verordnung ausgeschlossen sind. Die Regelung könnte eigentlich klarer kaum sein, denn aufgrund des Ausschließlichkeitsverhältnisses zwischen den Schwesterrechtsakten folgt damit im Umkehrschluss die Anwendbarkeit der Rom II-Verordnung.[664] Jene verwendet in den Vorschriften zu ihrem sachlichen Anwendungsbereich allerdings eine andere Formulierung. Hier ist von Schuldverhältnissen aus „Verschulden bei Vertragsverhandlungen (Culpa in Contrahendo)" die Rede, Art. 2 Abs. 1 Rom II-VO. Es ist bedauerlich, dass hier ohne Not ein weiterer Begriff eingeführt wird, der im Zweifel nur zu mehr Unsicherheit führt. Die in der Rom I-Verordnung verwendete Wendung greift die Rom II-Verordnung indes in ihrem Art. 12 Abs. 1 Rom II-VO erneut auf. Damit steht nun fest, dass „Schuldverhältnisse aus Verhandlungen vor Abschluss eines Vertrags" eben gerade keine „vertraglichen" Schuldverhältnisse im Sinne von Art. 1 Abs. 1 Rom I-VO sind und daher außervertraglich, also deliktisch zu qualifizieren sind. Die logisch folgende Frage ist nun, was genau unter diesem Systembegriff zu verstehen ist. Klar ist dabei, dass hier, wie auch sonst, nicht durch die nationale Brille geblickt werden darf, sondern die Begriffsbildung in gemeinschaftsrechtlich-autonomer Weise zu erfolgen hat.[665]

Aus der deutschen Perspektive fragt sich dabei, ob die hierzulande unter der Kategorie *culpa in contrahendo* diskutierten Konstellationen sämtlich unter den neuen europäischen Begriff der „Schuldverhältnisse aus Verhandlungen vor Abschluss eines Vertrags" fallen, oder ob in gewissen vertragsnahen Bereichen eine Subsumtion direkt unter den Begriff des „vertraglichen" Schuldverhältnisses im Sinne des Art. 1 Abs. 1 Rom I-VO möglich ist. Letztere Alternative ist nicht von vorneherein ausgeschlossen, da, wie gerade festgestellt, die europäische Begriffsbildung nicht notwendig deckungsgleich mit der jeweiligen nationalen sein muss. Teilweise wird eine solche differenzierende Behandlung des Verschuldens bei Vertragsverhandlungen befürwortet.[666] Für besonders vertragsnahe

---

664 Siehe Erwägungsgrund Nr. 10 Rom I-VO.

665 Explizit Erwägungsgrund Nr. 30 Rom II-VO; ferner *Lüttringhaus*, RIW 2008, 193, 195; Bamberger/Roth/*Spickhoff*, Anh. zu Art. 42 EGBGB, Rn. 90.

666 Etwa *Leible*, IPRax 2006, 365, 366; *Leible/Lehmann*, RIW 2007, 721, 733; *Lehmann*, in: Ein neues Internationales Vertragsrecht für Europa, S. 17, 36 ff.; *Mankowski*, IPRax 2006, 101. So auch die überwiegende Auffassung in der Literatur zum deutschen Recht,

Konstellationen wird vertreten, sie würden kraft vertraglicher Qualifikation direkt unter die Rom I-Verordnung fallen. Insbesondere die Verletzung von Aufklärungs- und Beratungspflichten sollen dabei in Frage kommen.[667]

Diese Ansicht hält einer kritischen Würdigung allerdings nicht stand. Das zugrundeliegende Motiv ist dabei durchaus einleuchtend und billigenswert. Es geht darum, vertragsnahe Konstellationen der vorvertraglichen Haftung nach dem hierfür als passend erscheinenden Vertragsstatut zu beurteilen.[668] Allerdings wird dabei verkannt, dass die deliktische Qualifikation allein längst noch nicht bedeutet, dass im Ergebnis *nicht* das Vertragsstatut den Sachverhalt regiert. Die Qualifikation und die konkrete Anknüpfung sind zwei voneinander zu trennende Aspekte.[669] Auch das Kollisionsrecht der außervertraglichen Schuldverhältnisse verfügt nämlich über die Mittel und Werkzeuge, der Nähe des außervertraglichen Schuldverhältnisses zu einem Vertrag ausreichend Rechnung zu tragen. Wie bereits oben gezeigt wurde[670], ist die akzessorische Anknüpfung gerade zu diesem Zwecke geschaffen worden.[671] Trotz deliktischer Qualifikation erfährt das Schuldverhältnis so letztlich eine Beurteilung durch das Vertragsstatut.

Insgesamt ist das Motiv für eine differenzierende Qualifikation der vorvertraglichen Haftung daher zwar nachvollziehbar. Es besteht aber ebenso die Möglichkeit durch die Wahl des Anknüpfungsmoments die Vertragsnähe auch bei ausschließlich deliktischer Qualifikation der vorvertraglichen Haftung zu berücksichtigen. Dieses Konzept hat sich der europäische Gesetzgeber in Form von Art. 12 Rom II-VO zu Eigen gemacht. Wie in Erwägungsgrund Nr. 30 Rom II-VO klargestellt wird, fallen unter Art. 12 Rom II-VO „außervertragliche Schuldverhältnisse, die in unmittelbarem Zusammenhang mit den Verhandlungen vor Abschluss eines Vertrags stehen." Und noch mehr: Ausdrücklich soll Art. 12 Rom II-VO „[...] die Verletzung der Offenlegungspflicht und den Abbruch von Vertragsverhandlungen einschließen". Gerade diese funktional dem Vertragsrecht nahestehenden Konstellationen werden also von einer Kollisionsnorm der Rom II-Verordnung erfasst und müssen daher notwendig zunächst außervertraglich qualifiziert werden.[672] Der Wortlaut der beiden Rom-

---

siehe etwa ausführlich *Hoffmann*, Koordination, S. 244 ff.; *Stoll*, in: FS Georgiades, S. 941, 945 ff.

667 So *Lehmann*, in: Ein neues Internationales Vertragsrecht für Europa, S. 17, 38.

668 *Lehmann*, in: Ein neues Internationales Vertragsrecht für Europa, S. 17, 37 f.

669 So zutreffend *von Hein*, GPR 2007, 54, 58 f.; *Hoffmann*, Koordination, S. 251 f.

670 Siehe oben IV.2.a.cc.[4].

671 *von Hein*, GPR 2007, 54, 59.

672 *Lüttringhaus*, RIW 2008, 193, 195.

Verordnungen ließe zwar, wie *Lehmann* zutreffend bemerkt[673], eine andere Sichtweise zu. Die systematische Stellung des Art. 12 Rom II-VO spricht indes dagegen. Allein die Existenz des Art. 12 Rom II-VO beweist schon, dass der europäische Gesetzgeber die etwaige Vertragsnähe vorvertraglicher Haftung nicht als Qualifikationsproblematik verstanden wissen will. Diese Erkenntnis ist bei der gebotenen rechtsaktübergreifenden, gemeinschaftsrechtlich-autonomen und kohärenten Auslegung des Art. 1 Abs. 2 lit. i Rom I-VO zu berücksichtigen.[674] Eine pauschale, aber auch einfache und praktikable Qualifikation der vorvertraglichen Haftung macht die in den Mitgliedstaaten stark divergierenden Ansichten zur Qualifikation der *culpa in contrahendo* obsolet und trägt so künftig zu mehr Rechtssicherheit und Vorhersehbarkeit bei.[675] Aus systematischen und teleologischen Gründen ist daher eine vertragliche Qualifikation selbst der vertragsnahen Fallgruppen der deutschen *culpa in contrahendo* unter Geltung der Rom I- und II-Verordnungen künftig ausgeschlossen.[676]

(2) Differenzierung innerhalb der Rom II-Verordnung

(a) Art. 4 ff. und 12 Abs. 1 Rom II-VO

Die eben gezeigte Anwendbarkeit der Rom II-Verordnung auf sämtliche Fälle vorvertraglicher Haftung bedeutet noch keineswegs, dass stets das Tatortprinzip auf das anwendbare Recht weist. Vielmehr enthält die Rom II-Verordnung ein differenziertes Instrumentarium zur Bewältigung der Abgrenzung zwischen Vertrags- und Deliktsnähe vorvertraglicher Schuldverhältnisse. Der Anwendungsbereich des Art. 12 Rom II-VO ist dabei von demjenigen der Art. 4 ff. Rom II-VO abzugrenzen. Rückschlüsse auf die Trennlinie zwischen den Normen lassen sich zwar nicht deren Wortlaut entnehmen. Erneut bietet hier aber Erwägungsgrund Nr. 30 Rom II-VO Anhaltspunkte. So sollen „außervertragliche Schuldverhältnisse, die in unmittelbarem Zusammenhang mit den Verhandlungen vor Abschluss eines Vertrags stehen", insbesondere eine Verletzung der Offenlegungspflicht und der Abbruch von Vertragsverhandlungen, nach Art. 12 Rom II-VO beurteilt werden. Dagegen werden Personenschäden nach den allgemeinen Kollisionsnormen für unerlaubte Handlungen angeknüpft.

Diese Abgrenzungsfrage entscheidet darüber, ob grundsätzlich das Tatortrecht (Art. 4 Abs. 1 Rom II-VO) oder infolge einer Akzessorietät das Vertrags-

---

673 *Lehmann*, in: Ein neues Internationales Vertragsrecht für Europa, S. 17, 40.

674 Vgl. Erwägungsgründe Nr. 7 Rom I-VO und Nr. 7 Rom II-VO.

675 *Lüttringhaus*, RIW 2008, 193, 195.

676 Ebenso *von Hein*, GPR 2007, 54, 59; *Lüttringhaus*, RIW 2008, 193, 196; *Martiny*, ZEuP 2008, 79, 85.

statut (Art. 12 Abs. 1 Rom II-VO in Verbindung mit Art. 3 ff. Rom I-VO) berufen wird. Erst an dieser Stelle wird also die eigentliche, materielle Differenzierung zwischen den Fallgruppen vorvertraglicher Haftung getroffen. Im Einzelnen ist leider auch hier noch vieles unsicher. So macht Erwägungsgrund Nr. 30 Rom II-VO zwar darauf aufmerksam, dass „der Begriff des Verschuldens bei Vertragsverhandlungen für die Zwecke dieser Verordnung als autonomer Begriff zu verstehen“ ist. Indes findet sich eben jener Begriff im Text von Art. 12 Rom II-VO nicht wieder, sondern lediglich in dessen Überschrift.[677] Anhand der Beispiele im Erwägungsgrund können allerdings die mit der Norm verfolgten Ziele erschlossen und die Wertung daraufhin extrapoliert werden.[678] Ein funktionaler Ansatz wird dem am besten gerecht. Dem Ausschluss von Personenschäden aus Art. 12 Rom II-VO liegt der Gedanke zugrunde, dass es sich dabei um die Verletzung von absoluten Pflichten gegenüber jedermann handelt, mithin also um die ureigene Kompetenz des Deliktsrechts.[679] Daher sollen Ansprüche daraus auch dem Deliktsstatut unterliegen, Art. 4 ff. Rom II-VO. Dieser Aspekt ist im Sinne einer funktionalen Sichtweise darüber hinaus zur Verallgemeinerung geeignet. Es ist nicht ersichtlich, warum nur und gerade Personenschäden von Art. 12 Rom II-VO ausgenommen werden sollen und nicht etwa auch eine Sachbeschädigung. Letztlich geht es nämlich um die Trennung von Integritätsinteresse und Leistungserwartung.[680] Insofern wird man im Grenzbereich zwischen Art. 4 ff. und Art. 12 Rom II-VO anhand des Transaktionsbezugs, welcher für die Bestimmung des Anwendungsbereichs der Rom II-Verordnung noch außer Betracht bleiben musste, zu differenzieren haben.[681] Im Ergebnis bedeutet dies, dass die *culpa in contrahendo* in der deutschen Diktion zwar einheitlich der Rom II-Verordnung unterliegt. Dort wird allerdings eine Differenzierung notwendig. Etwa der berühmte Salatblattfall[682] betrifft eine Verletzung der Integritätsinteressen und fällt daher nicht unter Art. 12 Rom II-VO, sondern unter Art. 4 Rom II-VO und wird nach der deliktischen Grundanknüp-

---

677 Dies wird vielfach übersehen, vgl. *Lüttringhaus*, RIW 2008, 193, 197.

678 Ebenso *Lüttringhaus*, RIW 2008, 193, 197.

679 *Lüttringhaus*, RIW 2008, 193, 197.

680 Ebenso *Kadner Graziano*, RabelsZ 73 (2009), 1, 64; *Lüttringhaus*, RIW 2008, 193, 197 f.; Bamberger/Roth/*Spickhoff*, Anh. zu Art. 42 EGBGB, Rn. 90; ähnlich *von Hein*, GPR 2007, 54, 59; *Heiss/Loacker*, JBl 2007, 613, 639 f.; *G. Wagner*, IPRax 2008, 1, 13.

681 Über das materielle Differenzierungsmerkmal, namentlich der Transaktionsbezug, herrscht weitgehend Einigkeit. Darauf stellen im Ergebnis auch ab etwa *Junker*, NJW 2007, 3675, 3676; *Kropholler*, IPR, § 53 VII 6, S. 553; *Mankowski*, IPRax 2003, 127, 134 f.; *Staudinger*, AnwBl 2008, 8, 13.

682 BGHZ 66, 57.

fung beurteilt. Demgegenüber werden bei Offenlegungspflichten und dem Abbruch von Vertragsverhandlungen die künftigen Leistungserwartungen tangiert. Folglich ist Art. 12 Rom II-VO einschlägig.[683]

(b) Art. 12 Abs. 2 Rom II-VO

Mithin kommt es trotz einheitlich außervertraglicher Qualifikation der vorvertraglichen Haftung zu einer Zweispurigkeit der Anknüpfung zwischen Art. 12 Abs. 1 Rom II-VO und Art. 4 ff. Rom II-VO. Wie aber Art. 12 Abs. 2 Rom II-VO in das dargestellte Anknüpfungssystem einzuordnen ist, wird erneut unterschiedlich beurteilt. Zum Teil wird in Art. 12 Abs. 2 Rom II-VO eine dritte Spur in der Konzeption der Anknüpfung vorvertraglicher Haftung erblickt.[684] Allerdings wird freilich erkannt, dass eine Dreiteilung der Materie rechtspolitisch nicht sinnvoll erscheint, da es sich bei dem zugrundeliegenden Problem um eine Dichotomie zwischen Vertrag und Delikt handelt.[685] Nun besteht aber erst recht kein Anlass, eine Dreiteilung in Art. 12 Abs. 2 Rom II-VO künstlich hineinzulesen. Vielmehr spricht schon der Wortlaut („Kann das anzuwendende Recht nicht nach Absatz 1 bestimmt werden […]“) der Norm dafür, sie als Ersatzanknüpfung zu Art. 12 Abs. 1 Rom II-VO anzusehen und daher als dazu subsidiär einzuordnen.[686] Mit dieser Feststellung ist aber noch nicht geklärt, welchen Anwendungsbereich und welchen Regelungsgehalt Art. 12 Abs. 2 Rom II-VO hat. Auch hier hat der europäische Gesetzgeber mit Blick auf die Regelungstechnik keine glückliche Hand bewiesen. Um überhaupt relevant zu werden, dürfte das anwendbare Recht nach Art. 12 Abs. 1 Rom II-VO in Verbindung mit dem (hypothetischen) Vertragsstatut nicht bestimmbar sein. Allerdings ist das Vertragstatut im Grundsatz immer ermittelbar.[687] Unter Geltung der Rom I-Verordnung, wie auch unter dem früheren EVÜ, weist jedenfalls hilfsweise eine objektive Kollisionsnorm auf die engste Verbindung hin (Art. 4 Abs. 4 Rom I-VO; Art. 4 Abs. 1 EVÜ). Der Anwendungsbereich von Art. 12 Abs. 2 Rom II-VO dürfte damit äußerst schmal sein.[688] Denkbar erscheint allenfalls eine Verhandlungssi-

683 Münchener Kommentar/*Junker*, Band 10, 5. Aufl., Art. 1 Rom II-VO, Rn. 18; Bamberger/Roth/*Spickhoff*, Anh. zu Art. 42 EGBGB, Rn. 92.

684 *von Hein*, GPR 2007, 54, 59, der freilich rechtspolitisch einer solchen Dreiteilung entschieden entgegentritt; wohl auch Bamberger/Roth/*Spickhoff*, Anh. zu Art. 42 EGBGB, Rn. 93.

685 *von Hein*, GPR 2007, 54, 59; *Lüttringhaus*, RIW 2008, 193, 197.

686 Ebenso *Kadner Graziano*, RabelsZ 73 (2009), 1, 64; *Lüttringhaus*, RIW 2008, 193, 197 f.; *Volders*, YbPrivIntL 2007, 127, 134; *G. Wagner*, IPRax 2008, 1, 12.

687 *Heiss/Loacker*, JBl 2007, 613, 640; *G. Wagner*, IPRax 2008, 1, 12.

688 *Garcimartín Alférez*, EuLF 2007, I-77, I-89.

tuation, in welcher der Vertragsinhalt noch nicht ausreichend Gestalt angenommen hat, um das Anknüpfungsmoment zu bestimmen.[689] Inhaltlich scheint Art. 12 Abs. 2 Rom II-VO eine Wiederholung der Grundregel des Art. 4 Rom II-VO darzustellen. Im Detail finden sich jedoch unterschiedliche Formulierungen. So sind die drei Alternativen in Art. 12 Abs. 2 Rom II-VO im Gegensatz zur Grundregel des Art. 4 Rom II-VO je mit einem „oder“ verknüpft. Daraus wird teilweise der Schluss gezogen, dass die Alternativen folglich keine Anknüpfungsleiter bilden, sondern nebeneinander und gleichrangig anwendbar sein sollen.[690] Diese Sichtweise begegnet indes Bedenken. Zunächst wirft sie nämlich als Folgeproblem die Frage auf, ob dem Geschädigten dann ein Wahlrecht zustehen soll, oder ob das Gericht von Amts wegen das Recht zu ermitteln hat.[691] Des Weiteren weicht auch der Wortlaut von Art. 12 Abs. 2 Alt. b Rom II-VO von Art. 4 Abs. 2 Rom II-VO ab. Ersterer stellt auf den „Zeitpunkt des Eintritts des schadensbegründenden Ereignisses“ ab, während Letzterer dagegen den „Zeitpunkt des Schadenseintritts“ heranzieht.[692] Sachliche Gründe für diese Abweichung lassen sich nicht erblicken. Die Vermutung, dass es sich bei der Formulierung des Art. 12 Abs. 2 Rom II-VO schlicht um ein Redaktionsversehen handelt und inhaltlich lediglich Art. 4 Rom II-VO wiedergegeben werden sollte, liegt daher mehr als nahe. Aufgrund dieser Zweifel und der unpraktikablen Ergebnisse sollte deshalb Art. 12 Abs. 2 Rom II-VO in verständiger Auslegung wie eine inhaltlich identische Bezugnahme auf Art. 4 Rom II-VO und also als eine Anknüpfungsleiter gelesen werden.[693]

---

689 Vgl. *von Hein*, RabelsZ 73 (2009), 461, 502; *Heiss/Loacker*, JBl 2007, 613, 640 f.; *Lüttringhaus*, RIW 2008, 193, 198; *G. Wagner*, IPRax 2008, 1, 12. Zu bedenken ist aber, dass auch in dieser Konstellation eine „engste Verbindung“ ermittelt werden kann. Notfalls ist diese am Ort der Verhandlungen zu lokalisieren. Endlich könnte man bei der ausschließlichen Verwendung von Fernkommunikationsmitteln von einer Patt-Situation und damit einem Scheitern der Anknüpfung ausgehen.

690 So *Lüttringhaus*, RIW 2008, 193, 197.

691 Vgl. *Lüttringhaus*, RIW 2008, 193, 197 unter Fn. 42.

692 Dies erwähnt auch *Volders*, YbPrivIntL 2007, 127, 134 f.

693 Ebenso *von Hein*, RabelsZ 73 (2009), 461, 501; ähnlich *Garcimartín Alférez*, EuLF 2007, I-77, I-89. Auf die Differenzen im Wortlaut wird meist ohnehin nicht eingegangen und Art. 12 Abs. 2 Rom II-VO im Ergebnis entsprechend der hier vertretenen Ansicht gelesen, vgl. etwa *Kadner Graziano*, RabelsZ 73 (2009), 1, 64; Bamberger/Roth/*Spickhoff*, Anh. zu Art. 42 EGBGB, Rn. 93; *G. Wagner*, IPRax 2008, 1, 12.

(c) Kritik an Art. 12 Rom II-VO

Es wurde gezeigt, dass entgegen dem ersten Anschein aufgrund der Art. 1 Abs. 2 lit. i Rom I-VO, 2 Abs. 1 Rom II-VO Schuldverhältnisse aus Verschulden bei Vertragsverhandlungen nicht einer einfachen, einheitlichen und praktikablen Anknüpfung unterliegen. Vielmehr handelt es sich um ein im Einzelnen komplexes Zusammenspiel von Art. 4 ff., 12 Abs. 1 und 12 Abs. 2 Rom II-VO, deren jeweiliger Anwendungsbereich wechselseitiger Abgrenzung bedarf. Dieser Befund legt die Frage nahe, ob die Mühen[694] bei der Rechtsanwendung durch die Überzeugungskraft ihrer Ergebnisse aufgewogen werden. Insbesondere könnte Art. 12 Rom II-VO insgesamt für mehr Verwirrung sorgen, anstatt die Rechtssicherheit voranzutreiben.[695]

Erhebt man seinen Blick über die vielfältigen Details der Abgrenzungsproblematik, so stellt sich letztlich immer dieselbe Grundfrage: Trotz all der verschiedenen Kollisionsnormen und deren Alternativen läuft es für die vorvertragliche Haftung immer auf eine Entscheidung zwischen einer Akzessorietät[696] und dem Tatortprinzip hinaus.[697] Beide Möglichkeiten hält aber schon die Grundregel in Art. 4 Abs. 1 und 3 Rom II-VO vor. Fraglich ist daher, ob man auf Art. 12 Rom II-VO nicht besser insgesamt verzichtet hätte.[698] Zur Klärung mag es zu-

694 *von Hein*, GPR 2007, 54, 59, spricht in Ansehung dieser Abgrenzungsproblematik sogar von einer „gewaltigen Herausforderung".

695 Dies wäre angesichts des in Erwägungsgrund Nr. 6 Rom II-VO zum Ausdruck gebrachten Ziels der Erhöhung der Voraussehbarkeit und Rechtssicherheit ein wenig überzeugendes Ergebnis.

696 Freilich darf der Begriff der Akzessorietät nicht in einem streng formalen, engen Sinn verstanden werden. So fehlt im Rahmen des Art. 12 Abs. 1 Rom II-VO nämlich „ein bereits bestehendes Rechtsverhältnis zwischen den Parteien" (so die Formulierung des Art. 4 Abs. 3 Rom II-VO), an das akzessorisch angeknüpft werden könnte. Vielmehr werden für das fragliche vorvertragliche Schuldverhältnis lediglich die Anknüpfungsregeln des internationalen Schuldvertragsrechts entsprechend herangezogen. Das Ergebnis ist jedoch identisch; man könnte daher von einer erweiterten Akzessorietät sprechen (siehe auch *Lüttringhaus*, RIW 2008, 193, 196, unter Fn. 39). Für die folgende Diskussion ist deshalb auch diese Konstellation unter dem Begriff der Akzessorietät zu verstehen.

697 Ähnlich *Lüttringhaus*, RIW 2008, 193, 196.

698 Die Frage liegt auch insofern nahe, als eine eigene Kollisionsnorm für die Haftung aus Verschulden bei Vertragsverhandlungen im ursprünglichen Kommissionsentwurf zur Rom II-Verordnung noch fehlte und erst im Laufe des Verfahrens eingefügt wurde. Nach Ansicht der Kommission wäre eine Abwicklung der vorvertraglichen Haftung allein über die Grundanknüpfung und deren Ausweichklausel möglich, siehe KOM (2003) 427 endg., S. 14.

nächst hilfreich sein, sich das Anknüpfungsergebnis unter dem Regime der Rom II-Verordnung in den verschiedenen möglichen Konstellationen vorvertraglicher Haftung vor Augen zu führen. Zunächst werden alle Fälle deliktisch qualifiziert, also der Rom II-Verordnung unterworfen.[699] Bei einer vertragsfernen Konstellation ist Art. 12 Rom II-VO gar nicht erst einschlägig. Es wird nach Art. 4 Rom II-VO angeknüpft.[700] Bei vertragsnahen Fällen, die in „unmittelbarem Zusammenhang mit den Verhandlungen vor Abschluss eines Vertrags stehen"[701], kommt es zu einer akzessorischen Anknüpfung nach Art. 12 Abs. 1 Rom II-VO. Dasselbe Ergebnis wäre ohne die Existenz von Art. 12 Abs. 1 Rom II-VO aber auch über die Ausweichklausel des Art. 4 Abs. 3 Rom II-VO erreicht worden. Art. 12 Abs. 2 Rom II-VO entspricht in richtiger Lesart[702], einmal ganz abgesehen von dessen kaum vorhandenen Relevanz, ohnehin Art. 4 Rom II-VO. Ganz gleich also, welche Fallgestaltung man auch betrachtet, läuft es trotz der Existenz des Art. 12 Rom II-VO immer auf eine der Grundregel des Art. 4 Rom II-VO entsprechende Anknüpfung hinaus. Es kommt somit nie zu einem von Art. 4 Rom II-VO inhaltlich abweichenden Ergebnis. Art. 12 Rom II-VO scheint deswegen keinen eigenen materiellen Regelungsgehalt zu besitzen. Vielmehr scheint nur die systematische Stellung der Akzessorietät in der Anknüpfungshierarchie von der Grundregel abzuweichen. Art. 12 Rom II-VO beschränkt sich damit in seinem Regelungsgehalt darauf, die akzessorische Anknüpfung von dem Range einer Ausweichklausel direkt zu einer Primäranknüpfung zu erheben.[703]

Art. 12 Abs. 1 Rom II-VO bekennt sich also ohne Umschweife über eine Ausweichklausel schon als Regelanknüpfung zur Akzessorietät. Dadurch, so könnte man argumentieren, wird der Prüfungsaufwand für den Rechtsanwender „abgekürzt" und es erhöht sich die Rechtssicherheit und die Vorhersehbarkeit des anwendbaren Rechts. Konsequenterweise, gerade mit Blick auf Erwägungsgrund Nr. 6 Rom II-VO, könnte dies die Existenz des Art. 12 Rom II-VO rechtfertigen. Doch genau besehen greift dieser Gedanke zu kurz. Art. 12 Abs. 1 Rom II-VO vermag den Prüfungsaufwand für die Praxis nämlich erst dann zu verringern, wenn seine eigene Anwendbarkeit bereits positiv festgestellt wurde. Dafür muss zunächst nach den oben[704] dargestellten Grundsätzen die Abgrenzung zur Grundregel des Art. 4 Rom II-VO getroffen werden, also insbesondere ein „un-

---

699 Art. 1 Abs. 2 lit. i Rom I-VO, 2 Abs. 1 Rom II-VO.

700 Siehe Erwägungsgrund Nr. 30 Rom II-VO, sowie oben unter IV.2.a.dd.[2].[a].

701 Erwägungsgrund Nr. 30 Rom II-VO.

702 Dazu soeben unter IV.2.a.dd.[2].]b].

703 *Lüttringhaus*, RIW 2008, 193, 196.

704 Siehe oben unter IV.2.a.dd.[2].[a].

mittelbarer Zusammenhang mit den Verhandlungen vor Abschluss eines Vertrags“[705] festgestellt werden. Der Sache nach geht es hierbei um die Abgrenzung des Integritätsinteresses (Art. 4 Rom II-VO) von prospektiven Leistungserwartungen. Man wird folglich um überhaupt von der einfach zu handhabenden Regelanknüpfung des Art. 12 Abs. 1 Rom II-VO profitieren zu können, vorab dessen Einschlägigkeit prüfen müssen. Der Prüfungsumfang dieser Vorabprüfung deckt sich aber de facto mit den Voraussetzungen einer Auflockerung nach Art. 4 Abs. 3 Rom II-VO, wonach eine „offensichtlich engere Verbindung“ festzustellen ist. Es ist kaum denkbar, dass die Abgrenzung bezüglich der Anwendbarkeit des Art. 12 Rom II-VO und die Prüfung hinsichtlich einer Auflockerung im Rahmen des Art. 4 Abs. 3 Rom II-VO zu unterschiedlichen Ergebnissen kommen. Mit dieser Feststellung aber bestehen an der Existenzberechtigung des Art. 12 Rom II-VO erhebliche Zweifel. Es ist nämlich gleichgültig, ob die Entscheidung zwischen Akzessorietät und der Tatortregel inzident und vorab bei der Prüfung der Anwendbarkeit des Art. 12 Rom II-VO erfolgt, oder im Falle der Streichung jenes Artikels bei der in jedem Fall zu prüfenden Möglichkeit einer Auflockerung im Rahmen des Art. 4 Rom II-VO.

Relevanz hat Art. 12 Abs. 1 Rom II-VO aber insoweit, als er eine weitere akzessorische Anknüpfung zulässt als die allgemeine Ausweichklausel. Nach ihm ist kein „bereits bestehendes Rechtsverhältnis zwischen den Parteien“[706] erforderlich, sondern es wird ausdrücklich auch die Anknüpfung an eine bloß hypothetische Vertragsbeziehung ermöglicht.[707] Freilich könnte man aber eine solche erweiterte Akzessorietät falls erforderlich auch in Art. 4 Abs. 3 Rom II-VO hineinlesen.[708] Das Erfordernis eines bereits bestehenden Rechtsverhältnisses ist nämlich lediglich Gegenstand des nicht abschließend zu verstehenden Regelbeispiels in Art. 4 Abs. 3 S. 2 Rom II-VO.[709]

Endlich scheinen sämtliche Gesichtspunkte, die in Art. 12 Rom II-VO einen greifbaren Regelungsgehalt erkennen ließen, entwertet oder widerlegt zu sein. Die Norm wäre damit neben der Grundregel des Art. 4 Rom II-VO redundant und daher zu streichen. Für die Lösung über eine Sonderkollisionsnorm für die vorvertragliche Haftung können aber praktische Erwägungen sprechen. Der

---

705 Erwägungsgrund Nr. 30 Rom II-VO.

706 So aber der Wortlaut des Art. 4 Abs. 3 Rom II-VO.

707 *von Hein*, RabelsZ 73 (2009), 461, 501; *ders.*, VersR 2007, 440, 450; *ders.*, GPR 2007, 54, 59; *Kadner Graziano*, RabelsZ 73 (2009), 1, 64; *Lüttringhaus*, RIW 2008, 193, 196.

708 So auch explizit die Ansicht der Kommission zur entsprechenden Fassung der Grundregel in ihrem Vorentwurf, der keine Sonderkollisionsnorm für die vorvertragliche Haftung enthielt, siehe KOM (2003) 427 endg., S. 14.

709 Siehe bereits oben unter IV.2.a.cc.[4].

Grenzbereich zwischen Vertrag und Delikt und insbesondere das Verschulden bei Vertragsverhandlungen stellen das Kollisionsrecht vor schwierige Abgrenzungsfragen. Wie gezeigt lässt sich dieses Kernproblem nicht durch die pauschalen Normen[710] zum Anwendungsbereich der beiden Rom-Verordnungen bewältigen. Durch eine solche „Lösung mit der Brechstange" kann sich der Qualifikationsproblematik nicht einfach entzogen werden, wie sich sogleich innerhalb der Rom II-Verordnung und dort bei der Abgrenzung von Art. 4 und Art. 12 Rom II-VO herausgestellt hat. Gerade weil Art. 12 Rom II-VO aber als Sonderkollisionsnorm Eingang in die Verordnung gefunden hat, wird der Blick für die Qualifikationsproblematik der vorvertraglichen Haftung geschärft. Die Ausgliederung in eine eigene Kollisionsnorm vermag die wissenschaftliche Diskussion zu kanalisieren und zu konzentrieren. Andernfalls bestünde die Gefahr, dass sich die Abgrenzungsproblematik und die Begriffsbildung in diesem Bereich in der diffusen Unbestimmtheit der allgemeinen Ausweichklausel neben deren weiteren Fallgruppen verlieren könnten. Die Durchdringung der Problematik bis hin zur Bildung anerkannter Fallgruppen durch den EuGH kann im Ergebnis so erleichtert werden. Nicht ohne jede Bedeutung ist ferner, dass die Möglichkeit des Eingreifens der Ausweichklausel in der Praxis wohl leichter übersehen werden könnte, als das Eingreifen einer speziellen Sonderkollisionsnorm.

(d) Zwischenergebnis

Als Resultat lässt sich daher festhalten, dass gegenüber der Regelungstechnik der Rom II-Verordnung hinsichtlich des Verschuldens aus Vertragsverhandlungen durchaus berechtigte Zweifel geltend gemacht werden können. Es entsteht der Eindruck, dass die zugrundeliegende Dichotomie zwischen Vertrag und Delikt vom Verordnungsgeber unterschätzt wurde. Der tatsächliche, inhaltliche Mehrwert des Art. 12 Rom II-VO gegenüber der Grundregel tendiert gegen Null. Allein praktische Erwägungen im Zusammenhang mit der Begriffsbildung, sowie eine Isolation der Problematik in dem Interesse, störende „Beeinflussungen" durch andere Fallgruppen zu vermeiden, rechtfertigen die Lösung über eine Sonderkollisionsnorm.

---

710 Art. 1 Abs. 2 lit. i Rom I-VO, 2 Abs. 1 Rom II-VO.

(3) Auswirkungen auf die EuGVO

(a) „Auseinanderfallen von Rom und Brüssel"

Nachdem die Behandlung der vorvertraglichen Haftung unter dem Regime der Rom-Schwesterverordnungen dargestellt wurde, soll nun der Blick auf die daraus folgenden Implikationen für die Regeln über die internationale Zuständigkeit, namentlich für die EuGVO, gelenkt werden. Die in den beiden Rom-Verordnungen gewählte Regelungstechnik steht ersichtlich unter dem Eindruck der neueren EuGH-Rechtsprechung zur Abgrenzung zwischen dem Vertrags- und Deliktsgerichtsstand der EuGVO (Art. 5 Nr. 1 bzw. Nr. 3 EuGVO).[711] Die pauschale Zuweisung sämtlicher Fälle vorvertraglicher Haftung zu der Rom II-Verordnung gem. den Art. 1 Abs. 2 lit. i Rom I-VO, 2 Abs. 1 Rom II-VO ist im Zusammenhang mit der Entscheidung *Tacconi/Wagner*[712] des EuGH zu sehen.[713] In jenem Urteil hatte der EuGH eine vertragliche Qualifikation der *culpa in contrahendo* auf Fälle einer freiwillig eingegangenen Verpflichtung beschränkt.[714] Mit diesem Freiwilligkeitskriterium bestand bislang unter der EuGVO noch ein gewisser Spielraum zugunsten des Vertragsgerichtsstands.[715] Auf kollisionsrechtlicher Ebene entwickeln die beiden Rom-Verordnungen diesen Ansatz nun aber zu einer ausschließlich deliktischen Qualifikation der vorvertraglichen Haftung fort. Obwohl es also jeweils um die Zuordnung der vorvertraglichen Haftung angesichts der Dichotomie zwischen Vertrag und Delikt geht, kommen die fraglichen Rechtsakte, die Rom-Verordnungen einerseits und die EuGVO andererseits, nicht zu einem identischen Ergebnis. Insofern mag man von einem „Auseinanderfallen von Rom und Brüssel" sprechen.[716]

(b) Anpassung auf Ebene der EuGVO erforderlich?

Dieser Befund darf aber noch nicht das Ende der Überlegungen darstellen. Denn genauso wie die Rechtsprechung zum EuGVO die Weichen gestellt hat für die Gestaltung der Regelungen der Rom-Verordnungen, so können die nun Realität gewordenen Rechtsakte ihrerseits Einfluss auf die EuGVO haben. Ausdrücklich

---

711 *von Hein*, RabelsZ 73 (2009), 461, 501; Bamberger/Roth/*Spickhoff*, Anh. zu Art. 42 EGBGB, Rn. 89.

712 EuGH 17.9.2002, Rs. 334/00, *Tacconi*, Slg. 2002, I-7357. Dazu etwa *Mankowski*, IPRax 2003, 127 ff.; *Schmidt-Kessel*, ZEuP 2004, 1021 ff.; *Stoll*, in: FS Georgiades, S. 941 ff.

713 So ausdrücklich die Kommissionsbegründung zum Entwurf der Rom I-Verordnung, KOM (2005) 650 endg., S. 5.

714 EuGH 17.9.2002, Rs. 334/00, *Tacconi*, Slg. 2002, I-7357, Rn. 23.

715 *Max-Planck-Institut*, RabelsZ 71 (2007), 225, 238; *Lüttringhaus*, RIW 2008, 193, 199.

716 Zum Ausdruck vgl. *Schmidt-Kessel*, ZEuP 2004, 1021, 1031.

wurde dies in den Erwägungsgründen Nr. 7 beider Rom-Verordnungen festgehalten. Diesem Harmonie- und Kohärenzgebot entspricht es, im IPR und im IZVR ein einheitliches Begriffsverständnis zugrunde zu legen, soweit dies nicht aufgrund unterschiedlicher Zielsetzungen zwischen den beiden Rechtsgebieten ausgeschlossen ist.[717] In der Sache geht es bei der Verortung der vorvertraglichen Haftung um den Vertragsbegriff und spiegelbildlich auch um denjenigen des Delikts. Es ist aber nicht ersichtlich, dass in Ansehung dieser Begriffe im IPR und im IZVR divergierende Zwecke verfolgt werden, die eine Übertragbarkeit der Wertungen verbieten könnten. Bereits die verwendete, identische Wortwahl deutet darauf hin, dass auch inhaltlich dasselbe gemeint sein soll.[718] Zudem ist dieses Ergebnis aus praktischer Sicht unbedingt geboten[719], ebenso wie auch in Anbetracht einer möglichen Zusammenführung der partikularen Rechtsinstrumente der Gemeinschaft auf dem Gebiet des Kollisionsrechts im weiteren Sinne zu einer Gesamtkodifikation.

Fest steht damit, dass die hier betrachteten Rechtsakte jeweils nicht im Vakuum analysiert werden dürfen, sondern vielmehr verordnungsübergreifende Themenkomplexe in ihrem Sinnzusammenhang erfasst werden müssen.[720] In den verschiedenen Phasen des Gesetzgebungsprozesses der beiden Rom-Verordnungen wurde daher vielfach eine Übertragbarkeit der *Tacconi/Wagner*-Rechtsprechung auf das Kollisionsrecht erwogen.[721] Die sich in den Rom-Verordnungen letztlich durchsetzende Lösung nahm aber, wie gesehen, diese Rechtsprechung nur als Richtungszeiger und ging davon inspiriert noch einen Schritt weiter. Diese Entscheidung des Gesetzgebers ist eindeutig und zu akzeptieren. Wie man auch zur Übertragung der *Tacconi/Wagner*-Rechtsprechung auf das Kollisionsrecht gestanden haben mag: Dieser Weg ist nun versperrt. Es besteht aber weiterhin die Möglichkeit, den Betrachtungswinkel zu ändern. Eine genau umgekehrte Einflussnahme der Rom-Verordnungen auf die EuGVO ist zu

---

717 *Lehmann*, in: Ein neues Internationales Vertragsrecht für Europa, S. 17, 25 f.; *Lüttringhaus*, RIW 2008, 193, 199.

718 *Lehmann*, in: Ein neues Internationales Vertragsrecht für Europa, S. 17, 26; a.A. *Schmidt-Kessel*, ZEuP 2004, 1021, 1032.

719 *Lehmann*, in: Ein neues Internationales Vertragsrecht für Europa, S. 17, 26.

720 Siehe die Kommissionsbegründung, KOM (2003) 427 endg., S. 8 f.; ebenso *Lüttringhaus*, RIW 2008, 193, 199; ferner Palandt/*Thorn*, Vorbem. Rom II-VO, Rn. 4; Vorbem. Rom I-VO, Rn. 3; Münchener Kommentar/*Junker*, Anh. zu Art. 42 EGBGB, Rn. 8.

721 Etwa *Lehmann*, in: Ein neues Internationales Vertragsrecht für Europa, S. 17, 27; *Leible/Engel*, EuZW 2004, 7, 8 f.; *Schmidt-Kessel*, ZEuP 2004, 1021, 1031 f.

erwägen.[722] Entsprechend dem Gedanken der Erwägungsgründe Nr. 7 Rom I- und Rom II-VO könnte die *Tacconi/Wagner*-Rechtsprechung nun von den Rom-Schwesterverordnungen in verordnungsübergreifender, systematischer Auslegung überholt, sogar „überschrieben" werden. Die jüngere Entscheidung des Gemeinschaftsgesetzgebers auf der Ebene des IPR ergänzt und – soweit abweichend – verdrängt die ältere Lösung auf Ebene des IZVR.[723] Man wird deshalb künftig in systemgerechter Auslegung auch auf der Ebene des internationalen Verfahrensrechts nach der EuGVO die vorvertragliche Haftung in allen Fallgruppen einheitlich deliktisch einordnen müssen.[724] Freilich dürften die praktischen Auswirkungen dieser Anpassung auf der Ebene der EuGVO überschaubar sein, denn auch bisher war über das Freiwilligkeitskriterium sichergestellt, dass der ganz überwiegende Teil vorvertraglicher Schuldverhältnisse deliktisch eingeordnet und daher nach Art. 5 Nr. 3 EuGVO gelöst wird.

ee. Ergebnis zum Zusammenspiel mit dem Vertragsstatut

Die Abstimmung und Abgrenzung von Vertrags- und Deliktsstatut stellt die Kollisionsrechtswissenschaft vor schwierige Aufgaben. Was die Koordination beider Bereiche betrifft, so wurde dargelegt, dass die akzessorische Anknüpfung die beste Lösung darstellt. Sie war bisher bereits im national-autonomen deutschen Recht anerkannt und wird von den Rom-Schwesterverordnungen nahtlos fortgeführt.

Bezüglich der Grenzziehung zwischen Vertrag und Delikt im Kollisionsrecht wurde vertieft auf die besonders problematischen Fälle der vorvertraglichen Haftung eingegangen. Es stellte sich heraus, dass die eigentliche, inhaltliche Lösung dieses Problems allein über die Vorschriften des Anwendungsbereichs der beiden Rom-Verordnungen nicht zu erreichen ist. Vielmehr muss trotz pauschal außervertraglicher Qualifikation innerhalb der Rom II-Verordnung weiter entlang des Transaktionsbezugs ausdifferenziert werden, um die konkret einschlägige Kollisionsnorm zu ermitteln. Die Regelungstechnik des Gemeinschaftsrechtsakts überzeugt dabei allerdings nicht an allen Stellen. Mit dem inhaltlichen Ergebnis wird man freilich gut leben können; es entspricht ferner der bislang herrschenden Meinung im autonomen deutschen Recht.

---

722 Denselben methodischen Weg der Einflussnahme der Rom II-Verordnung auf die EuGVO vertritt auch *Spickhoff*, in: FS Kropholler, S. 671, 678. Dort freilich konkret in Bezug auf die Produkthaftung.

723 So im Ergebnis ebenfalls *Lüttringhaus*, RIW 2008, 193, 199.

724 Ebenfalls *Lüttringhaus*, RIW 2008, 193, 199.

Schließlich wurde festgestellt, dass die Lösung der Rom-Schwesterverordnungen zwar von der EuGH-Rechtsprechung zur EuGVO inspiriert wurde, jenen Ansatz indes noch fortentwickelt. Nach der hier vertretenen Ansicht kann die neue kollisionsrechtliche Grenzziehung zwischen Vertrag und Delikt im Wege verordnungsübergreifender Auslegung auch auf das Recht der internationalen Zuständigkeit nach der EuGVO übertragen werden.

b. Verhältnis zu anderen kollisionsrechtlichen Rechtsakten, Art. 27, 28 Rom II-VO

Die Abgrenzung von Vertrags- und Deliktsstatut ist zweifelsohne die praktisch bedeutendste Konstellation des Zusammenspiels mehrerer kollisionsrechtlicher Rechtsakte. Allerdings muss ebenfalls das Verhältnis der Rom II-Verordnung zu weiteren Instrumenten des Kollisionsrechts geklärt werden. Bezüglich anderer Gemeinschaftsrechtsakte und internationaler Übereinkommen enthalten die Art. 27, 28 Rom II-VO „Meta-Kollisionsnormen". Dieser Regelungskomplex gab schon seit dem ursprünglichen Kommissionsentwurf Anlass zu Diskussionen.

aa. Gemeinschaftsrechtsakte

Art. 27 Rom II-VO[725] spricht nunmehr deklaratorisch aus, was ohnehin als allgemeiner Grundsatz gilt: Als *lex generalis* geht die Rom II-Verordnung spezielleren Kollisionsnormen im Gemeinschaftsrecht nach.[726] Der Hintergrund der Norm wird durch Erwägungsgrund Nr. 35 Abs. 1 Rom II-VO verdeutlicht. Der Gesetzgeber ist demzufolge der Ansicht, dass eine Aufteilung von Kollisionsnormen auf zahlreiche Rechtsakte zwar zu vermeiden ist, dass aber gleichzeitig für einzelne, besondere Gegenstände ein Bedürfnis nach Sonderkollisionsnormen bestehen kann.[727]

bb. Insbesondere: Herkunftslandprinzip nach der e-commerce Richtlinie

Art. 27 Rom II-VO könnte in seinem Regelungsinhalt einfacher und verständlicher kaum sein. Unsicherheiten drohen aber in Zusammenschau mit Erwä-

725 Die Rom I-Verordnung enthält in ihrem Art. 23 eine entsprechende Vorschrift.

726 *Kreuzer*, in: Europäisches Kollisionsrecht (2004), S. 13, 54; *Mankowski*, RIW 2004, 481, 482; *Sonnenberger*, in: FS Kropholler, S. 227, 232.

727 Bamberger/Roth/*Spickhoff*, Anh. zu Art. 42 EGBGB, Rn. 145; Palandt/*Thorn*, Art. 27 Rom II-VO, Rn. 1.

gungsgrund Nr. 35 Abs. 2 Rom II-VO und dem Gesetzgebungsverfahren. Eine Regelung zu Gunsten von Bestimmungen, die zum reibungslosen Funktionieren des Binnenmarkts erforderlich sind, enthält die vorliegende, endgültige Fassung der Verordnung – anders als noch der Kommissionsentwurf[728] – nicht mehr. In Erwägungsgrund Nr. 35 Abs. 2 Rom II-VO findet sich jedoch nach wie vor eine Bezugnahme auf gewisse Binnenmarktprinzipien und die Freiheit des Waren- und Dienstleistungsverkehrs, welche durch die Rom II-Verordnung nicht beschränkt werden sollen.[729] Durch diese etwas kryptischen Formulierungen ist in der Sache das Herkunftslandprinzip der e-commerce Richtlinie[730] angesprochen, welches in Deutschland in § 3 TMG[731] (früher § 4 TDG[732]) umgesetzt wurde.

Problematisch und bis jetzt noch ungeklärt ist allerdings die genaue Einordnung der Rechtsnatur besagten Herkunftslandprinzips.[733] In Betracht kommen ein sachrechtliches oder ein kollisionsrechtliches Verständnis, oder aber die Qualifikation als Regel *sui generis*.[734] Im Ergebnis ist die streitige Frage aber ohne Belang. Faktisch hat das auf die e-commerce Richtlinie zurückgehende Herkunftslandprinzip gegenüber den Anknüpfungen der Rom II-Verordnung den Vorrang. Entweder hat das Prinzip schon keinen kollisionsrechtlichen Gehalt. Dann handelt es sich um eine zwingende materiell-rechtliche Vorgabe und die Rom II-Verordnung ist nicht berührt (vgl. Art. 16 Rom II-VO).[735] Bejaht man hingegen das Vorliegen einer Kollisionsregel[736], so wird man jedenfalls aufgrund des Erwägungsgrunds Nr. 35 Abs. 2 Rom II-VO das Herkunftsland-

728 Vgl. Art. 23 Abs. 2 des ursprünglichen Kommissionsentwurfs, KOM (2003) 427 endg.

729 Erwägungsgrund Nr. 35 Abs. 2 Satz 2 Rom II-VO.

730 Richtlinie 2000/31/EG des Europäischen Parlaments und des Rates vom 8.6.2000 über bestimmte rechtliche Aspekte der Dienste der Informationsgesellschaft, insbesondere des elektronischen Geschäftsverkehrs, im Binnenmarkt („Richtlinie über den elektronischen Geschäftsverkehr" - „e-commerce Richtlinie"); ABl. EG Nr. L 178 vom 17.7.2000, S. 1-16.

731 Gesetz vom 6.2.2007, BGBl. I 2007, S. 179; in Kraft seit dem 1.3.2007, BGBl. I 2007, S. 251.

732 Gesetz vom 22.7.1997, BGBl. I 1997, S. 1870.

733 Bamberger/Roth/*Spickhoff*, Anh. zu Art. 42 EGBGB, Rn. 145; Palandt/*Thorn*, Art. 27 Rom II-VO, Rn. 2. Allgemein zum Herkunftslandprinzip im Gemeinschaftsrecht siehe die Beiträge in Reichelt (Hrsg.), Das Herkunftslandprinzip im Europäischen Gemeinschaftsrecht.

734 Zum Streitstand und mit m.w.N. siehe Staudinger/*Fezer/Koos*, IntWirtschR, Rn. 501 ff., insb. 514, 547; Münchener Kommentar/*Sonnenberger*, Einl. IPR, Rn. 205 f.; *Spickhoff, in:* IPR im Zeitalter der neuen Medien, S. 89, 117 ff.

735 Vgl. Palandt/*Thorn*, Art. 6 Rom II-VO, Rn. 3.

736 So *Spickhoff*, in: IPR im Zeitalter der neuen Medien, S. 89, 117 ff.

prinzip als *lex specialis* im Sinne von Art. 27 Rom II-VO der Rom II-Verordnung vorgehen lassen müssen.[737] Dieser Vorrang des Herkunftslandprinzip der e-commerce Richtlinie ist im Hinblick auf eine Aufsplitterung der Rechtsquellen des Kollisionsrechts zwar bedauerlich, doch darf nicht vergessen werden, dass die tatsächliche Relevanz des Herkunftslandprinzips an enge Grenzen gebunden ist. Sein Anwendungsbereich, beziehungsweise derjenige der e-commerce Richtlinie, unterliegt einer ganzen Reihe einschränkender Kriterien.[738] Er ist von vornherein begrenzt auf den ausschließlich elektronischen Geschäftsverkehr innerhalb des Binnenmarkts und wird von der Parteiautonomie, gegebenenfalls auch im Rahmen einer vertragsakzessorischen Anknüpfung des Deliktsstatuts, verdrängt.[739] Im Ergebnis lässt sich daher festhalten, dass das Herkunftslandprinzip der e-commerce Richtlinie, unabhängig von den Querelen bei der Bestimmung seiner Rechtsnatur, der Rom II-Verordnung vorgeht. Im Übrigen gilt gem. Art. 27 Rom II-VO der allgemeine Grundsatz: *lex specialis derogat legi generali*. Diesbezüglich kann die Rom II-Verordnung auch gar nicht mehr aussagen. Vielmehr ist zu fordern, dass die jeweiligen *leges speciales* sich klar und deutlich als solche zu erkennen geben.

cc. Internationale Übereinkommen

(1) Nachrang der Rom II-Verordnung gem. Art. 28 Rom II-VO

Das Verhältnis zu internationalen Übereinkommen regelt Art. 28 Rom II-VO[740]. Danach lässt die Rom II-Verordnung internationale Übereinkommen, die den Anwendungsbereich der Rom II-Verordnung tangieren, grundsätzlich unberührt. Zweck dieser Norm ist es, die Mitgliedstaaten davor zu schützen, ihre durch völkerrechtliche Verträge begründeten Pflichten aufgrund eines Hineinwirkens der Rom II-Verordnung verletzen zu müssen.[741] Zur Erfüllung dieses Zwecks ist eine besondere Konkurrenzregel auch zwingend erforderlich, denn Konventionen leiten ihren Geltungsanspruch immer aus den jeweiligen nationalen Rechten der teilnehmenden Staaten ab; sie bedürfen der Ratifikation. Im Verhältnis zum

---

737 Bamberger/Roth/*Spickhoff*, Anh. zu Art. 42 EGBGB, Rn. 145; Palandt/*Thorn*, Art. 6 Rom II-VO, Rn. 3.

738 Siehe etwa Bamberger/Roth/*Spickhoff*, Art. 27 EGBGB, Rn. 8 ff.

739 Bamberger/Roth/*Spickhoff*, Art. 27 EGBGB, Rn. 8 ff.

740 Für die Rom I-Verordnung enthält deren Art. 25 eine identische Regelung.

741 Siehe Erwägungsgrund Nr. 36 Rom II-VO; ferner *Garriga*, YbPrivIntL 2007, 137, 143; Münchener Kommentar/*Junker*, Band 10, 5. Aufl., Art. 28 Rom II-VO, Rn. 26, 29; *Sonnenberger*, in: FS Kropholler, S. 227, 233; Bamberger/Roth/*Spickhoff*, Anh. zu Art. 42 EGBGB, Rn. 146; Palandt/*Thorn*, Art. 28 Rom II-VO, Rn. 1.

durch die Rom-Verordnungen neu geschaffenen, europäischen IPR geht es damit letztlich um die Frage nach dem Konkurrenzverhältnis von mitgliedstaatlichem Recht und Gemeinschaftsrecht. Hier gilt bekanntermaßen der Grundsatz des Anwendungsvorrangs des Gemeinschaftsrechts. Es liegt damit allein in den Händen des jeweiligen Gemeinschaftsrechtsakts, sein Konkurrenzverhältnis zu staatsvertraglichen Abkommen zu bestimmen.[742]

Im Laufe des Gesetzgebungsverfahrens wurde Art. 28 Rom II-VO um einen zweiten Absatz ergänzt, wonach die Rom II-Verordnung im Verhältnis „zwischen den Mitgliedstaaten Vorrang vor den *ausschließlich* zwischen zwei oder mehreren Mitgliedstaaten geschlossenen Übereinkommen [Hervorhebung durch den *Verf.*]" hat. Um den Anwendungsbereich der Rom II-Verordnung nicht zu sehr auszuhöhlen, fand diese Regelung zur Begrenzung des Vorrangs von Staatsverträgen im Binnenverhältnis zwischen den Mitgliedstaaten Eingang in die Verordnung.[743] Fraglich ist aber, welche Konventionen von dieser Ausnahme überhaupt erfasst sein sollen. Die wichtigsten Konventionen in dem betreffenden Gebiet, die Haager Übereinkommen zu Straßenverkehrsunfällen[744] und zur Produkthaftung[745], wurden jedenfalls nicht *ausschließlich* zwischen Mitgliedstaaten geschlossen.[746] Die Norm beschränkt sich daher auf Kollisionsnormen in praktisch eher weniger bedeutenden Konventionen, wie den Verträgen zum Schutz geografischer Herkunftsangaben mit Frankreich[747], Griechenland[748], Italien[749], der Schweiz[750] und Spanien[751].[752]

Der Nachrang der Rom II-Verordnung gegenüber den Haager Übereinkommen ist insbesondere vor dem Hintergrund des erklärten Ziels einer Kollisionsrechtsvereinheitlichung[753] bemerkenswert, denn aufgrund Art. 28 Abs. 1 Rom

742 *Kreuzer*, RabelsZ 70 (2006), 1, 50.

743 Bamberger/Roth/*Spickhoff*, Anh. zu Art. 42 EGBGB, Rn. 148.

744 Haager Übereinkommen vom 4. 5. 1971 über das auf Verkehrsunfälle anzuwendende Recht.

745 Haager Übereinkommen vom 2. 10. 1973 über das auf die Produkthaftung anzuwendende Recht.

746 Ausführlich *Staudinger*, in: FS Kropholler, S. 691 ff.; ferner *Garriga*, YbPrivIntL 2007, 137, 142; *von Hein*, ZEuP 2009, 5, 32; Bamberger/Roth/*Spickhoff*, Anh. zu Art. 42 EGBGB, Rn. 148.

747 Abkommen vom 8.3.1961, BGBl. II 1961, S. 23.

748 Abkommen vom 16.4.1964, BGBl. II 1965, S. 77.

749 Abkommen vom 23.7.1963, BGBl. II 1965, S. 157.

750 Abkommen vom 7.3.1967, BGBl. II 1969, S. 139.

751 Abkommen vom 11.9.1970, BGBl. II 1972, S. 109.

752 Beispiele bei *Handig*, GRUR Int. 2008, 24, 30.

753 Vgl. die Begründung des Kommissionsentwurfs, KOM (2003) 427 endg., S. 2.

II-VO kommt es im Anwendungsbereich der Haager Übereinkommen gerade zu einer Zersplitterung des Kollisionsrechts.[754] Das Problem spitzt sich mit Inkrafttreten der Rom II-Verordnung sogar noch zu, da unter ihrem Regime der Renvoi ausgeschlossen ist, Art. 24 Rom II-VO. Dies hat zur Folge, dass in den Konventionsstaaten das jeweilige Übereinkommen Anwendung findet und nur in den nicht daran beteiligten Mitgliedstaaten die Rom II-Verordnung maßgeblich ist. Wegen des Ausschlusses des Renvoi können die Gerichte der nichtbeteiligten Staaten die Verträge – anders als nach den bisherigen nationalen Kollisionsregeln, vgl. Art. 4 Abs. 1 EGBGB – selbst dann nicht berücksichtigen, wenn auf einen Vertragsstaat verwiesen wird.[755] Das anwendbare Recht kann damit sogar bei einem innergemeinschaftlichen Sachverhalt je nach angerufenem Gericht divergieren. Dieser Umstand ermöglicht also weiterhin ein *forum shopping* und widerspricht einer Förderung des internationalen Entscheidungseinklangs.[756]

Der Beweggrund hinter Art. 28 Abs. 1 Rom II-VO, namentlich die Respektierung von staatsvertraglich übernommenen Pflichten der Mitgliedstaaten, wird zwar gesehen. Angesichts der Zielsetzung des Projekts „Rom II" besteht aber weitestgehend Einigkeit darüber, dass aus rechtspolitischer Perspektive der Rom II-Verordnung gegenüber internationalen Übereinkommen, jedenfalls im Verhältnis zwischen den Mitgliedstaaten, der Vorzug zu geben ist.[757] Um eine wirkliche Vereinheitlichung des (inner-)europäischen Kollisionsrechts zu erreichen, ist dieser Schritt unabdingbar.[758] Anders gesagt: Eine Verordnung, die nur geschaffen wird, um Kollisionsrecht zu vereinheitlichen, sollte eine bestehende Zersplitterung zwischen den Mitgliedstaaten keinesfalls perpetuieren.[759]

Fraglich ist indes, wie dieser rechtspolitische Konsens praktisch verwirklicht werden kann. Bestrebungen, die auf eine Änderung oder Streichung des Art. 28 Rom II-VO *de lege ferenda* hinauslaufen, dürften dabei kaum realistische Er-

---

754 *von Hein*, ZVglRWiss 2003, 528, 561; Münchener Kommentar/*Junker*, Anh. zu Art. 42 EGBGB, Rn. 31; *Kreuzer*, in: Europäisches Kollisionsrecht (2004), S. 13, 58; *Leible/Engel*, EuZW 2004, 7, 17.

755 *von Hein*, ZVglRWiss 2003, 528, 561; Münchener Kommentar/*Junker*, Anh. zu Art. 42 EGBGB, Rn. 31; *Mankowski*, IPRax 2010, 389, 398.

756 *Garriga*, YbPrivIntL 2007, 137, 142 f.; *Kadner Graziano*, RabelsZ 73 (2009), 1, 26; *Kreuzer*, in: Europäisches Kollisionsrecht (2004), S. 13, 58; mit einem Fallbeispiel *Thiede/Kellner*, VersR 2007, 1624 ff.

757 Siehe etwa *von Hein*, ZVglRWiss 2003, 528, 561; *Kreuzer*, in: Europäisches Kollisionsrecht (2004), S. 13, 59; *Staudinger*, in: FS Kropholler, S. 691, 709 f. Einen Vorrang der Haager Übereinkommen hält *Herkner* gar für „untragbar", Die Grenzen der Rechtswahl im internationalen Deliktsrecht, S. 253.

758 *Staudinger*, in: FS Kropholler, S. 691, 709 f.

759 *Kreuzer*, in: Europäisches Kollisionsrecht (2004), S. 13, 58.

folgsaussichten haben. Die Rom II-Verordnung trat erst jüngst in Kraft, sodass eine alsbaldige Reform nicht zu erwarten ist. Eine punktuelle Ausnahme könnte allenfalls hinsichtlich des Haager Übereinkommens zu Straßenverkehrsunfällen in Betracht kommen, da diesbezüglich aufgrund der Überprüfungsklausel des Art. 30 Abs. 1 lit. ii Rom II-VO eine Reevaluation durchzuführen ist.

Bevor auf eine Lösung *de lege ferenda* zurückgegriffen werden muss, ist allerdings zu klären, ob nicht schon *de lege lata* mit den Mitteln der Auslegung das gewünschte Ziel erreicht werden kann. Es geht darum, der Rom II-Verordnung Vorrang vor internationalen Übereinkommen einzuräumen, wenn es sich um einen rein innergemeinschaftlichen Sachverhalt handelt und ein besonderes Interesse eines Dritt-Konventionsstaates an diesem Fall nicht ersichtlich ist. Der bloß formale Verstoß gegen die Konvention soll dann im Interesse eines gemeinschaftsintern einheitlichen Kollisionsrechts unbeachtlich sein.[760] Methodisch bieten sich dafür zwei denkbare Lösungsalternativen an. Einerseits könnte eine teleologische Reduktion des Art. 28 Abs. 1 Rom II-VO[761], andererseits eine weite Auslegung beziehungsweise analoge Anwendung des Art. 28 Abs. 2 Rom II-VO in diesen Fällen erwogen werden.

Schlüssig erscheint es, den Rechtsgedanken des Art. 28 Abs. 2 Rom II-VO zu extrapolieren. Nach seinem Wortlaut greift die Norm, wenn eine Verletzung völkerrechtlicher Pflichten der Mitgliedstaaten ausgeschlossen ist, da ausschließlich EU-Mitglieder an der fraglichen Konvention beteiligt sind. Eine vergleichbare Interessenlage ergibt sich aber bei einer bloß formalen Verletzung der Vertragspflichten im rein innergemeinschaftlichen Verkehr. Durch das zusätzlich einschränkende Kriterium des Fehlens eines Interesses von an der Konvention beteiligten Drittstaaten an dem Sachverhalt wird sichergestellt, dass die Mitgliedstaaten nicht über Gebühr belastet werden, wenn sie bestehende Staatsverträge nicht aufkündigen. Dies steht auch in Einklang mit dem Gedanken des Erwägungsgrunds Nr. 36 Rom II-VO. Entsprechend seinem Telos ist Art. 28 Abs. 2 Rom II-VO daher weit auszulegen, sodass er auch Sachverhalte rein innergemeinschaftlicher Art erfasst, an denen kein außenstehender Konventionsstaat ein nachvollziehbares Interesse hat.[762] Einer Analogie bedarf es nach dieser Ansicht also nicht. Eine teleologische Reduktion des Art. 28 Abs. 1 Rom II-VO scheidet ebenfalls aus, da hierin der Grundsatz im Verhältnis zu Konventionen

---

760 So *Sonnenberger*, in: FS Kropholler, S. 227, 233 f.

761 Dies würde ausreichen, da dann ohne weiteres der Grundsatz des Anwendungsvorrangs des Gemeinschaftsrechts eingreifen würde, vgl. *Kreuzer*, RabelsZ 70 (2006), 1, 50.

762 Ähnlich *Sonnenberger*, in: FS Kropholler, S. 227, 234; im Ergebnis zustimmend *Kreuzer*, in: Europäisches Kollisionsrecht (2004), S. 13, 59; noch weitergehender *de lege ferenda Staudinger*, in: FS Kropholler, S. 691, 712 f.

festgelegt wird. In der Sache handelt es sich bei vorstehenden Überlegungen aber um eine Ausnahme von diesem Grundsatz, weshalb eine weite Auslegung der schon bestehenden Ausnahmeklausel des Art. 28 Abs. 2 Rom II-VO vorzugswürdig ist.

Damit lässt sich festhalten, dass sich schon *de lege lata* über eine teleologische Auslegung des Art. 28 Abs. 2 Rom II-VO ein angemessenes Ergebnis zum Verhältnis der Rom II-Verordnung zu bestehenden Staatsverträgen, insbesondere den beiden Haager Übereinkommen zu Straßenverkehrsunfällen und zur Produkthaftung, erzielen lässt. Einer übermäßigen Zersplitterung der Rechtsquellen kann im Interesse einer möglichst weitgehenden Kollisionsrechtsvereinheitlichung auf diese Weise entgegen gewirkt werden.

(2) Exkurs: Rechtsaktübergreifende Konkurrenz von Kollisionsnormen

Ob sich aber die eben geschilderte Sichtweise zum Rangverhältnis zwischen der Rom II-Verordnung und den Haager Übereinkommen durchsetzen wird, ist derzeit noch nicht absehbar. Ist dies nicht der Fall, so können schwierige rechtsaktübergreifende[763] Konkurrenzfragen im Einzelfall auftreten. Folgendes Beispiel soll dies veranschaulichen: Wie schon oben soll angenommen werden, dass ein exportiertes oder im Ausland erworbenes Pflanzenschutzmittel aufgrund einer fehlerhaften Zusammensetzung trotz ordnungsgemäßer Verwendung des Abnehmers eine Kontamination des Grundwassers verursacht. Für die Zwecke der hiesigen Problematik soll nun aber davon ausgegangen werden, dass der Sachverhalt in einem Mitgliedstaat spielt, der ein Unterzeichnerstaat des Haager Übereinkommens über das auf die Produkthaftpflicht anzuwendende Recht vom 2. 10. 1973[764] ist, also etwa in Frankreich, Spanien oder den Niederlanden. Erneut existiert im Fallbeispiel in Form des vergifteten Grundwassers nur ein Primärschaden, für den Schadensersatz vom Produzenten verlangt wird. Für die kollisionsrechtliche Anknüpfung kommen hier zwei Kollisionsnormen in Betracht. Einerseits die entsprechende Norm des Haager Übereinkommens (Art. 4, 5 oder 6 HaagÜProdH), welches entsprechend der obengenannten Prämisse wegen Art. 28 Abs. 1 Rom II-VO anwendbar ist. Andererseits steht Art. 7 Rom II-VO im Raume, denn für den Bereich einer Umweltschädigung existiert gerade kein vorrangiger Staatsvertrag, sodass die Rom II-Verordnung anwend-

763 Zu derselben Problematik innerhalb der Rom II-Verordnung siehe oben unter III.4.c.dd.[1].

764 Eine deutsche Fassung des Übereinkommens ist abgedruckt bei Staudinger/*von Hoffmann*, 13. Auflage, Art. 38 EGBGB, Rn. 472.

bar bleibt. Wie bereits oben[765] gezeigt, entsteht im Beispielsfall ein Konflikt, der aufgelöst werden muss. Die Möglichkeit des Offenlassens besteht grundsätzlich nicht, da die in Art. 7 Rom II-VO eröffnete Wahlmöglichkeit in allen Konstellationen jedenfalls *ein* anderes Recht als die Vorschriften des Haager Übereinkommens bezeichnen kann.

Eine direkte gesetzliche Regelung für das aufgeworfene Konkurrenzproblem existiert nicht, insbesondere sind die Art. 27, 28 Rom II-VO für das hier interessierende Problem nicht direkt einschlägig. Daraus ergibt sich nämlich nur, dass in Ansehung der Produkthaftung nicht auf Art. 5 Rom II-VO, sondern auf die Art. 4 ff. HaagÜProdH abgestellt werden muss. Für die ebenfalls tangierte Umwelthaftung enthält das Haager Übereinkommen keine Norm und geht deshalb der Rom II-Verordnung auch nicht vor.

Die Lösung des Konflikts durch die Auslegungsmethoden erscheint zunächst nicht einfach. Aus Wortlaut und Entstehungsgeschichte lässt sich für den hier interessierenden Aspekt nichts ableiten. Systematische Argumente fallen ebenfalls schwer, da die Rom II-Verordnung und das Haager Übereinkommen nicht Teile eines abgestimmten Systems sind und dem jeweils internen System der beiden Rechtsakte keine zwingenden Schlüsse zu entnehmen sind. Es verbleiben nach allem letztlich nur zwei Alternativen: Entweder man entnimmt Art. 28 Abs. 1 Rom II-VO, dass nach Sinn und Zweck dieser Norm ein Rechtsakt, der danach Vorrang vor der Rom II-Verordnung hat, auch in seiner praktischen Anwendung diesen Vorrang erhalten soll. Die Rom II-Verordnung würde damit insgesamt zurücktreten, sobald ein Sachverhalt (auch) unter ein internationales Übereinkommen subsumiert werden könnte. Die zweite Möglichkeit käme über das europarechtliche Effizienzgebot, den *effet utile*, zur alleinigen Anwendung der einschlägigen Kollisionsnorm der Rom II-Verordnung, im aufgezeigten Beispielsfall also zu Art. 7 Rom II-VO. Gegen diesen Gedanken lässt sich aber anbringen, dass der *effet utile* in diesem konkreten Fall problematisch ist. Denn ebenso gut könnte man damit eine größtmögliche Effizienz des Art. 28 Rom II-VO begründen, mit der Folge, dass weitestgehend dem Haager Übereinkommen Vorrang zu gewähren ist. Auch Art. 28 Rom II-VO ist nämlich eine Norm des sekundären Gemeinschaftsrechts, die im Lichte des Effizienzgebots ausgelegt werden muss. Dass es inhaltlich gerade um die mögliche Nichtanwendung von Gemeinschaftsrecht geht, vermag daran nichts zu ändern. Der Wille des Gemeinschaftsgesetzgebers zur weitgehenden Respektierung der staatsvertraglichen Verpflichtungen der Mitgliedstaaten ist die Aussage des Art. 28 Rom

765 Siehe oben unter III.4.c.dd.[1].

II-VO, die effizient umgesetzt werden muss.[766] Es ist methodisch auch sauberer bei Art. 28 Rom II-VO anzusetzen, weil jene Norm als Konkurrenzregel für die vorliegende „Meta-Kollision“ zwischen zwei Rechtsakten auf dem Gebiet des IPR gleichsam die Rolle einer Meta-Kollisionsnorm übernimmt. Die Lösung sollte daher ihren Ansatzpunkt bei der teleologischen Auslegung derjenigen Norm nehmen, die grundsätzlich derartige Konflikte regelt. Im Übrigen geht die Argumentation mit dem Ansatzpunkt bei Art. 7 Rom II-VO bei dem Verweisungs*objekt* der Meta-Kollision aus. Diese Denkweise entspricht aber faktisch einem statutentheoretischen Ansatz bei der Lösung auf der Meta-Ebene, nämlich der Argumentation von der Rechtsnorm aus, und bedarf daher zumindest gesonderter Begründung. Auf eine solche Logik sollte daher in Ermangelung stichhaltiger Gründe auch in diesem Zusammenhang nicht rekurriert werden. Im Ergebnis ist daher der ersten Lösungsalternative zu folgen, da bei der zweiten Alternative die Berufung auf den *effet utile* zumindest indifferent ist und in beiderlei Richtungen bemüht werden könnte. Es wurde zudem gezeigt, dass es methodisch angezeigt wäre, den *effet utile* auf Art. 28 Rom II-VO zu beziehen, was im Ergebnis ebenfalls zu der ausschließlichen Maßgeblichkeit des Haager Übereinkommens führen würde.

Rechtsaktübergreifende Konkurrenzen von Kollisionsnormen sind daher durch eine teleologische Auslegung der „Meta-Kollisionsnormen“ der Rom II-Verordnung, mithin der Art. 27, 28 Rom II-VO, zu lösen.

dd. Nationales IPR: Art. 288 Abs. 2 AEUV (ex-Art. 249 Abs. 2 EGV)

Was schließlich das Verhältnis zu den jeweiligen nationalen Kollisionsnormen angeht, so enthält sich die Rom II-Verordnung einer expliziten Regelung. Dies ist konsequent, bedenkt man, dass sie gem. Art. 288 Abs. 2 AEUV (ex-Art. 249 Abs. 2 EGV) in ihrem Anwendungsbereich unmittelbar in allen Mitgliedstaaten gilt.[767] Ihr kommt deshalb Anwendungsvorrang gegenüber den mitgliedstaatlichen Regelungen zu. Die Art. 38-42 EGBGB werden damit weitestgehend verdrängt.[768] Aufgrund der Bereichsausnahme nach Art. 1 Abs. 2 lit. g Rom II-VO

766 Vgl. Erwägungsgrund Nr. 36 Rom II-VO; ferner Bamberger/Roth/*Spickhoff*, Anh. zu Art. 42 EGBGB, Rn. 146; Palandt/*Thorn*, Art. 28 Rom II-VO, Rn. 1.

767 *Sonnenberger*, in: FS Kropholler, S. 227, 229.

768 Staudinger/*Fezer/Koos*, IntWirtschR, Rn. 380; Erman/*Hohloch*, vor Art. 38 EGBGB, Rn. 8; Münchener Kommentar/*Junker*, Anh. zu Art. 42 EGBGB, Rn. 33; *Kropholler*, IPR, § 53 VII vor 1, S. 547.

bleiben die nationalen Kollisionsregeln deshalb vor allem bei Persönlichkeitsrechtsverletzungen relevant.

3. Zusammenspiel mit dem materiellen Recht

Neben der internationalen Zuständigkeit und anderen kollisionsrechtlichen Rechtsakten muss auch das materielle Recht bei der Beurteilung der deliktischen Grundanknüpfung der Rom II-Verordnung im Gesamtgefüge Beachtung finden. Das IPR kann nicht völlig losgelöst von seinem Objekt, nämlich dem Sachrecht, betrachtet werden. Auch in der Rom II-Verordnung nehmen sich bestimmte Regeln dieser Verzahnung an. Vor allem geschieht dies in Art. 26 Rom II-VO[769] in Bezug auf den *ordre public*, aber auch in Gestalt des Art. 16 Rom II-VO[770], welcher einen Vorbehalt zugunsten international zwingender Vorschriften der *lex fori*, den sogenannten Eingriffsnormen, vorsieht. Welche Auswirkungen sich hierbei aus der gemeinschaftsrechtlichen Provenienz der Rom II-Verordnung im Vergleich zum vormals nationalen Recht ergeben, soll im Folgenden beleuchtet werden.

a. Ordre Public, Art. 26 Rom II-VO

Art. 26 Rom II-VO enthält einen allgemeinen *ordre public*-Vorbehalt. Danach kann die Anwendung einer Norm der berufenen Rechtsordnung versagt werden, wenn diese mit der öffentlichen Ordnung des Forumstaates offensichtlich unvereinbar ist. Ein solcher Vorbehalt entspricht dem gängigen Standard und ist deshalb unverzichtbar.[771] An der konkreten Ausgestaltung des *ordre public*-Vorbehalts ergaben sich allerdings im Laufe des Gesetzgebungsverfahrens einige Veränderungen. In früheren Fassungen wurde noch eine Mehrzahl spezieller, über die Verordnung verteilter Normen zum *ordre public* verwendet[772], bis sich schließlich in der Fassung des Gemeinsamen Standpunkts die Regelungstechnik einer allgemein formulierten, umfassenden Einzelklausel durchsetzen und Einzug in die endgültige Verordnung finden konnte.[773] Insbesondere eine Abwehr-

769 Entspricht Art. 21 Rom I-VO.

770 Ähnlich, aber weitergehender Art. 9 Rom I-VO.

771 *Sonnenberger*, in: FS Kropholler, S. 227, 244.

772 Spezielle Vorbehaltsklauseln enthielten Art. 6 Abs. 1, 22, 23 Abs. 1 3. Spiegelstrich, 24, des ursprünglichen Kommissionsentwurfs; Art. 3 Abs. 1 lit. c des revidierten Kommissionsentwurfs.

773 *Heinze*, in: FS Kropholler, S. 105, 121.

klausel[774] speziell gegen *punitive damages*, d.h. gegen Schadensersatzansprüche mit abschreckender Wirkung, die über das zur Entschädigung erforderliche Maß hinausgehen, wurde nicht mehr für erforderlich gehalten. Dem Unbehagen und Misstrauen gegenüber suprakompensatorischen *punitive damages* US-amerikanischer Provenienz wurde dagegen Rechnung getragen, indem diese in Erwägungsgrund Nr. 32 S. 2 Rom II-VO ausdrücklich als mögliche Fallgruppe eines *ordre public*-Verstoßes erwähnt werden.[775] Auf diese Weise werden nicht generell Schadensersatzsanktionen mit abschreckender Wirkung von der Vorbehaltsklausel erfasst. So wird auch die Rechtsprechung des EuGH im Hinblick auf das gemeinschaftsrechtliche Effektivitätsprinzip berücksichtigt, wonach eine gewisse pönale Wirkung des Schadensersatzes im Einzelfall erforderlich sein kann.[776] Insofern entspricht die Regelungstechnik der Rom II-Verordnung der nahezu einhelligen Meinung im Schrifttum.[777]

Seinem Wesen nach ist der *ordre public* als Einfallstor für die materiellrechtliche Gerechtigkeit konzipiert.[778] Der *ordre public* schützt den materiellrechtlichen Grundkonsens der *lex fori*.[779] Vorliegend besteht die Besonderheit aber darin, dass die zu untersuchende Vorbehaltsklausel zum sekundären Gemeinschaftsrecht zählt. Indes bezeichnet Art. 26 Rom II-VO ausdrücklich nur die öffentliche Ordnung „des Staates des angerufenen Gerichts“ und folglich im Umkehrschluss nicht eine etwaige öffentliche Ordnung der Gemeinschaft selbst als den relevanten Vergleichsmaßstab.[780] Es handelt sich damit nur um eine ihrer Herkunft nach gemeinschaftsrechtliche *ordre public*-Klausel. Inhaltlich richtet sich der Vorbehalt aber, ebenso wie die bislang geltenden nationalen Klauseln[781], zu Gunsten der jeweiligen materiellen *lex fori*. Eine besondere gemeinschaftsrechtliche Dimension kommt der *ordre public*-Klausel nicht zwingend zu. Freilich darf das Sachrecht der Gemeinschaft im Ergebnis dennoch nicht au-

---

774 Vgl. noch Art. 24 Kommissionsentwurf, Art. 24 Abs. 3 Parlamentsentwurf.

775 *Heinze*, in: FS Kropholler, S. 105, 124.

776 Siehe etwa EuGH 20.9.2001, Rs. C-453/99, *Courage*, Slg. 2001, I-6297, Rn. 27; EuGH 13.7.2006, verb. Rs. C-295/04 bis C-298/04, *Manfredi*, Slg. 2006, I-6619, Rn. 93 f.

777 Siehe *Fuchs*, GPR 2003-2004, 100, 105; *von Hein*, ZVglRWiss 2003, 528, 550; Münchener Kommentar/*Junker*, Anh. zu Art. 42 EGBGB, Rn. 92; *Kreuzer*, in: Europäisches Kollisionsrecht (2004), S. 13, 53; *Mörsdorf-Schulte*, ZVglRWiss 2005, 192, 219 f. und 254; *Renfert*, Ordre public Klausel, S. 154; *G. Wagner*, IPRax 2006, 372, 389.

778 *Schurig*, Kollisionsnorm, S. 214 und 250.

779 *Schurig*, Kollisionsnorm, S. 251.

780 Ebenso *Garcimartín Alférez*, EuLF 2007, I-77, I-91; *Heinze*, in: FS Kropholler, S. 105, 121 f.; *Leible/Lehmann*, RIW 2007, 721, 734.

781 Vgl. Art. 6 EGBGB.

ßer Acht gelassen werden, wie die folgenden beiden Konstellationen veranschaulichen sollen. Für den Fall, dass die Rom II-Verordnung auf das Sachrecht eines Mitgliedstaates verweist, ist zu beachten, dass sich das materielle Gemeinschaftsrecht kraft seines Anwendungsvorrangs eo ipso in der *lex causae* Geltung verschafft.[782] Der *ordre public* ist damit gar nicht erst berührt. Wird andererseits das Recht eines Drittstaates zur Anwendung berufen, so scheint sich der Vorbehalt gem. Art. 26 Rom II-VO zunächst nur auf die nationale öffentliche Ordnung der *lex fori* zu beziehen. Gleichwohl kann auch hier das materielle Gemeinschaftsrecht über die Normenhierarchie Einfluss entfalten. Der nationale *ordre public* wird über das europäische Recht mitgeprägt, soweit jenes im Gerichtsstaat unmittelbar anwendbar ist. Das Gemeinschaftsrecht kann also gewisse Vorgaben in Bezug auf den Vergleichsmaßstab der nationalen *lex fori* enthalten.[783] Aber auch hier ist die Vorbehaltsklausel nur ein methodisches Werkzeug, keine eigene europäische Wertung. Sie setzt nur die *lex fori* durch, gleich ob sich jene aus nationalen oder gemeinschaftlichen Rechtsquellen speist. Letztlich ist damit festzuhalten, dass in beiden Fallvarianten die gemeinschaftsrechtliche Abstammung der Vorbehaltsklausel der Rom II-Verordnung keine spezifischen Auswirkungen auf die rechtliche Beurteilung hat. Vielmehr handelt es sich, wie schon im bisherigen nationalen Deliktskollisionsrecht, allein um eine Frage des allgemeinen Rangverhältnisses zwischen nationalem Recht und Gemeinschaftsrecht.

Freilich beinhaltet eine Vorbehaltsklausel zugunsten der jeweiligen *lex fori* immer auch die Möglichkeit gewisser Unterschiede bei ihrer Anwendung. Mit Blick auf die Rechtspraxis gilt nämlich zwar in allen Mitgliedstaaten dieselbe Klausel, nicht aber gelten dieselben Maßstäbe, die die jeweiligen nationalen Gerichte bei der Frage anlegen, ob der *ordre public* verletzt wurde.[784] Aus dreierlei Gründen ist diese Folge aber hinzunehmen und sogar erwünscht. Zum einen liegen Unterschiede in Bezug auf die Auslegung des *ordre public* der verschiedenen Mitgliedstaaten in der Natur der Sache einer Kollisionsrechtsvereinheitlichung. Im Gegensatz zu einer Vereinheitlichung des Sachrechts gesteht das Vorhaben der Rom II-Verordnung die Eigenständigkeit und Unterschiedlichkeit

---

782 *Martiny*, in: Europäisches Gemeinschaftsrecht und IPR (1991), S. 211, 239 ff.; *Renfert*, Ordre public Klausel, S. 155; *Sonnenberger*, ZVglRWiss 1996, 3, 42.

783 *Heinze*, in: FS Kropholler, S. 105, 122; *Kreuzer*, in: Europäisches Kollisionsrecht (2004), S. 13, 53; *Leible/Lehmann*, RIW 2007, 721, 734; *Mörsdorf-Schulte*, ZVglRWiss 2005, 192, 201 f.; *Sonnenberger*, in: FS Kropholler, S. 227, 244.

784 *Sonnenberger*, in: FS Kropholler, S. 227, 244.

materiell-rechtlicher Wertungen der Mitgliedstaaten gerade ein.[785] Die Verbundenheit der betroffenen Rechtsysteme ist eben noch nicht soweit gediehen, dass einander völlig blind vertraut werden kann. Solange es aber noch eigenständige Sachrechte gibt, werden sich diese auch im Hinblick auf die öffentliche Ordnung unterscheiden.

Zweitens kann aus der Vielgestaltigkeit des Begriffs der öffentlichen Ordnung sogar ein positiver Effekt in Bezug auf die Qualität künftiger Gemeinschaftsrechtsakte gewonnen werden. Die praktische Erfahrung mit der Rom II-Verordnung kann gleichsam als Katalysator für eine Konvergenz der materiellrechtlichen Wertungen fungieren. Die verschiedenen nationalen Entscheidungen auf Basis der gemeinsamen Rechtsquelle, nämlich der Rom II-Verordnung, werden künftig viel einfacher zu vergleichen sein. Die Unterschiede – und damit auch die Gemeinsamkeiten – in den materiellen Rechten werden besser als bisher vor Augen geführt. Überlegene Lösungen können so ihre normative Überzeugungskraft effektiver über die jeweiligen nationalen Grenzen ausstrahlen, wodurch langfristig eben jener Konvergenzeffekt eintreten kann.[786] Korrespondierend dazu gilt, dass angesichts der fortschreitenden Harmonisierung der mitgliedstaatlichen Rechte künftig immer mehr Bereiche von unmittelbar anwendbarem Gemeinschaftsrecht beherrscht werden, sodass der Bedarf nach einer Korrektur über den *ordre public* kontinuierlich abnehmen dürfte.[787] Gerade in Ansehung des *ordre public* können rechtsvergleichende Analysen einen wertvollen Beitrag liefern, welcher nicht notwendig auf die oben beschriebenen, sehr langfristigen Effekte beschränkt ist, sondern auch konkret bei der Ermittlung des Inhalts der öffentlichen Ordnung relevant sein kann.[788]

Endlich dürften die erwähnten Diskrepanzen bei der Auslegung der jeweiligen öffentlichen Ordnung der Mitgliedstaaten auch sehr überschaubar sein, da der EuGH naturgemäß auch über die Auslegung des Art. 26 Rom II-VO wacht. Zwar wird die öffentliche Ordnung von dem jeweiligen Mitgliedstaat selbst geprägt. Der EuGH überprüft aber die Grenzen dieses Begriffs.[789] Ferner steht dem Gerichtshof bezüglich der Implikationen durch das europäische Recht die allei-

785 *Martiny*, in: Europäisches Gemeinschaftsrecht und IPR (1991), S. 211, 229; ähnlich *Sonnenberger*, in: FS Kropholler, S. 227, 244.

786 Angedeutet bei *Sonnenberger*, in: FS Kropholler, S. 227, 244.

787 *Renfert*, Ordre public Klausel, S. 173.

788 Bamberger/Roth/*Spickhoff*, Anh. zu Art. 42 EGBGB, Rn. 144; sowie besonders deutlich schon *ders.*, Der ordre public im IPR, S. 291; ferner *Sonnenberger*, in: FS Kropholler, S. 227, 244.

789 Siehe EuGH 28.3.2000, Rs. C-7/98, *Krombach*, Slg. 2000, I-1935, Rn. 23; EuGH 11.5.2000, Rs. C-38/98, *Renault*, Slg. 2000, I-2973, Rn. 28.

nige Auslegungsbefugnis zu.[790] Bereits aus dieser Tatsache dürfte sich eine gewisse Zurückhaltung der nationalen Gerichte bei der Bejahung eines *ordre public*-Verstoßes ergeben.

b. Eingriffsnormen, Art. 16 Rom II-VO

Neben dem *ordre public*-Vorbehalt bietet Art. 16 Rom II-VO eine weitere Möglichkeit, zwingende Normen der *lex fori* gegenüber der davon abweichenden *lex causae* durchzusetzen.[791] Die Ausgestaltung dieser Norm ist augenfällig an Art. 7 Abs. 2 EVÜ angelehnt.[792] Bemerkenswert ist jedoch, dass in der endgültigen Fassung der Rom II-Verordnung nunmehr eine dem Art. 7 Abs. 1 EVÜ entsprechende Regelung fehlt, anders als noch in den Vorentwürfen der Kommission und des Parlaments.[793] Die Grundlage für die Streichung der Regel zu Gunsten forumsfremder Eingriffsnormen findet sich ebenfalls im EVÜ. Denn schon dort stand die entsprechende Norm, Art. 7 Abs. 1 EVÜ, unter einer Vorbehaltsmöglichkeit.[794] Deutschland und andere Staaten[795] haben in der Folge von diesem Vorbehalt auch Gebrauch gemacht. Dem Einfluss dieser Vertragsstaaten ist die Streichung einer entsprechenden Norm in der Rom II-Verordnung zuzuschreiben.[796] Damit sind jetzt fremde Eingriffsnormen, also solche, die nicht der *lex fori* oder der *lex causae* entstammen, auf der Ebene des Kollisionsrechts unbeachtlich.[797] Art. 16 Rom II-VO entspricht damit inhaltlich dem hiesigen Art. 34 EGBGB, sodass auf die diesbezüglichen Grundsätze zurückgegriffen werden kann.

---

790 Siehe EuGH 1.6.1999, Rs. C-126/97, *Eco Swiss*, Slg. 1999, I-3055, Rn. 39; EuGH 11.5.2000, Rs. C-38/98, *Renault*, Slg. 2000, I-2973, Rn. 34; EuGH 26.10.2006, Rs. C-168/05, *Mostaza Claro*, Slg. 2006, I-10421, Rn. 35.

791 Bamberger/Roth/*Spickhoff*, Anh. zu Art. 42 EGBGB, Rn. 114.

792 *Huber/Bach*, IPRax 2005, 73, 82; *Leible/Engel*, EuZW 2004, 7, 16; *G. Wagner*, IPRax 2006, 372, 388.

793 Art. 12 Abs. 1 ursprünglicher Kommissionsentwurf; Art. 14 Abs. 2 Parlamentsentwurf.

794 Art. 22 Abs. 1 lit. a EVÜ.

795 Siehe nach Art. 22 Abs. 1 lit. a EVÜ.

796 Vgl. *House of Lords*, European Union Committee, Session 2003-2004, HL 66, Nr. 146; *Leible/Engel*, EuZW 2004, 7, 16.

797 Bamberger/Roth/*Spickhoff*, Anh. zu Art. 42 EGBGB, Rn. 117; a.A. *Heiss/Loacker*, JBl 2007, 613, 644.

c. Zwischenergebnis

In Bezug auf die Verzahnung mit dem materiellen Recht ergeben sich damit trotz der europäischen Basis des Deliktskollisionsrechts keine wesentlichen neuen Aspekte. Dies liegt letztlich daran, dass das materielle Recht nach wie vor national-autonom geprägt ist. Ob dagegen der Anwendungsbefehl, also die Norm, nach der ein gewisses Sachrecht oder Teile davon zu berücksichtigen sind, seine Quelle im Gemeinschaftsrecht (Art. 16, 26 Rom II-VO) oder im national-autonomen Recht (Art. 6, 34 EGBGB) hat, ist hierbei gleichgültig.

d. Ausblick: Sachrechtsvereinheitlichung?

Wie gezeigt wurde, ergeben sich aus dem Inkrafttreten der Rom II-Verordnung im Zusammenspiel mit dem materiellen Recht keine revolutionären Umbrüche. Umgekehrt stellt sich aber die Frage, inwiefern Projekte, die letztlich auf eine Harmonisierung oder Vereinheitlichung des materiellen Rechts abzielen, ihrerseits Auswirkungen oder Vorwirkungen auf das internationale Deliktsrecht haben können. Zwar liegt, wie sich an der Existenz einer Vielzahl diesbezüglicher Projekte ermessen lässt, der Schwerpunkt der Harmonisierungsbemühungen auf den Gebieten des Vertrags- und des Verbrauchervertragsrechts.[798] Für den Bereich des materiellen Deliktsrechts existieren indes ebenfalls nunmehr zwei wissenschaftliche Modellgesetze. Einerseits gibt es die „Principles of European Tort Law" der *Group on European Tort Law* in der Fassung von 2005.[799] Andererseits liegt nach einer Outline Edition des sogenannten Draft Common Frame of Reference[800] nunmehr auch die endgültige Full Edition[801] des Modellgesetzes vor, welche neben dem Vertragsrecht in den Büchern V-VII auch außervertragliche Schuldverhältnisse behandelt. Das Projekt eines DCFR konnte dabei von Anfang an ein reges Interesse der Fachöffentlichkeit wecken und gab Anlass zu

798 Siehe dazu im Überblick *Zimmermann*, EuZW 2009, 319 ff.

799 Group on European Tort Law (Hrsg.), Principles of European Tort Law: Text and Commentary; dazu *Koziol*, ZEuP 2004, 234 ff.; *Zimmermann*, in: European Tort Law 2003, S. 2 ff.; *Jansen*, RabelsZ 70 (2006), 732 ff.

800 von Bar/Clive/Schulte-Nölke (Hrsg.), Draft Common Frame of Reference, Outline Edition.

801 von Bar/Clive/Schulte-Nölke (Hrsg.), Draft Common Frame of Reference, Full Edition (2010). Allgemein zur Entstehungsgeschichte des DCFR siehe von Bar/Clive/Schulte-Nölke (Hrsg.), Draft Common Frame of Reference, Outline Edition, S. 3 ff.; *Schulze*, in: Common Frame of Reference and Existing EC Contract Law, S. 3, 5 ff.

zahlreichen Stellungnahmen.[802] Diese Tatsache sowie die Aussicht, dass sich aus dem DCFR durch eine mögliche Aufnahme in den Willen des Gemeinschaftsgesetzgebers ein rechtlich verbindliches Instrument entwickeln könnte, rechtfertigen es, die Untersuchung auf den DCFR zu fokussieren.

aa. Fragestellung

Entsprechend der oben aufgeworfenen Frage soll es im Folgenden nicht um den materiellen Inhalt des DCFR im Detail gehen, sondern vielmehr um die Implikationen eines solchen Instruments für das internationale Deliktsrecht. Vor dem Hintergrund der hiesigen Problemstellung hängen mögliche Auswirkungen auf das Kollisionsrecht der außervertraglichen Schuldverhältnisse von einer Reihe von Fragen ab.

Der akademische DCFR soll, wie der Name schon sagt, den Weg bereiten für den Common Frame of Reference („CFR"), welcher als politisches Instrument den Weitergang der Rechtsharmonisierung beeinflussen soll. Dieser CFR muss aber erst noch realisiert werden. Für den hier untersuchten Bereich des außervertraglichen Haftungsrechts ist darüber hinaus noch nicht einmal klar, ob er überhaupt Gegenstand des endgültigen CFR sein wird.[803] Sind diese beiden Hürden überwunden, hängt der Effekt auf das Kollisionsrecht maßgeblich davon ab, welche Rechtsnatur dem CFR zukommt. Diese Frage ist aber derzeit noch völlig offen.[804]

bb. Rechtsnatur des CFR

Eben weil die Rechtsnatur des CFR noch ungeklärt ist, sollen die verschiedenen Möglichkeiten in ihren potentiellen Auswirkungen auf das Kollisionsrecht der

---

802 Vgl. nur die zahlreichen Beiträge in den Sammelwerken von Schmidt-Kessel (Hrsg.), Der Gemeinsame Referenzrahmen, sowie Schulze (Hrsg.), Common Frame of Reference and Existing EC Contract Law; ferner *Eidenmüller/Faust/Grigoleit/Jansen/G. Wagner/Zimmermann*, JZ 2008, 529 ff.

803 Eine Beschränkung des CFR auf das Vertrags- oder sogar das Verbrauchervertragsrecht erscheint nicht ausgeschlossen, *Pinkel*, Das Buch VI des DCFR, S. 6 f.

804 Kommissarin für Justiz, Grundrechte und Bürgerschaft *Reding* hat zuletzt mitgeteilt, dass sie ein mögliches Europäisches Zivilgesetzbuch auf Basis des CFR „entweder in Form eines freiwilligen Instruments zur Verbesserung der Kohärenz, als optionales 28. Vertragsrechtssystem oder als noch ehrgeizigeres Projekt" anstrebe, vgl. Dokument CM\800797DE.doc – PE431.139v02-00 vom 7.1.2010. Ausführlich zur Rechtsnatur des CFR *Hähnchen*, in: Der Gemeinsame Referenzrahmen, S. 147 ff.; ferner *Mankowski*, in: Der Gemeinsame Referenzrahmen, S. 389, 408 ff.; *Stürner/Brinkmann*, IPRax 2008, 366 ff.

außervertraglichen Schadenshaftung alternativ betrachtet werden. Dabei muss bedacht werden, dass ein wie auch immer gearteter CFR in seinem räumlichen Anwendungsbereich auf das Gemeinschaftsgebiet begrenzt ist. Entsprechend kann das Kollisionsrecht *a priori* nur für den intra-gemeinschaftlichen – aber naturgemäß transnationalen – Rechtsverkehr beeinflusst werden. Im Verhältnis zu Drittstaaten bleibt auch mit dem CFR alles beim Alten.

(1) Europäisches Zivilgesetzbuch

Als stärkste denkbare Form könnte der CFR in Gestalt eines europäischen Zivilgesetzbuchs vom europäischen Gesetzgeber erlassen werden. Offensichtlich wird das Kollisionsrecht insgesamt obsolet, soweit eine Totalvereinheitlichung des materiellen Rechts erreicht wird.

Indes verliert sich diese Variante eines CFR noch in einer fernen und ungewissen Zukunft. Die Möglichkeit einer europäischen Zivilrechtskodifikation wurde auch von offizieller Seite angedacht. Die am CFR beteiligten Organe haben das Projekt eines europäischen Zivilgesetzbuchs oder auch „nur" eines europäischen Vertragsgesetzbuchs aber vorerst auf Eis gelegt.[805] Nicht im CFR selbst, und naturgemäß noch weniger im DCFR, kann demgemäß eine echte Vereinheitlichung des materiellen Rechts erblickt werden. Von einem Überflüssigwerden des Kollisionsrechts innerhalb der Gemeinschaft kann deshalb, auch in mittelfristiger Perspektive, noch keine Rede sein.

(2) Optionales Instrument

Der CFR könnte möglicherweise aber als sogenanntes optionales Instrument ausgestaltet werden.[806] Dies bedeutet, dass – ähnlich dem UN-Kaufrecht – das System des CFR im Rahmen der kollisionsrechtlichen Parteiautonomie den Beteiligten als optional wählbare Rechtsordnung für transnationale Verträge zur Verfügung stünde. Im Ergebnis würde ein CFR mit dieser Funktion dann so gestellt, wie die verschiedenen mitgliedstaatlichen Rechtsordnungen.[807] Die technische Umsetzung der Wahlmöglichkeit ließe sich dabei in zwei Varianten gestalten. Zum einen nach einer *opt-in*-Lösung, wonach der CFR nur anwendbar ist, wenn sich die Parteien im Sinne einer Rechtswahl darauf einigen. Andererseits

805 Siehe mit Nachweisen zur schrittweisen Abkehr der Gemeinschaftsorgane von einer europäischen Kodifikation *Hähnchen*, in: Der Gemeinsame Referenzrahmen, S. 147, 148 f.; ferner etwa *Riesenhuber*, in: Der Gemeinsame Referenzrahmen, S. 173, 193.

806 Eingehend dazu, auch unter Berücksichtigung der möglichen Handlungsformen und Rechtsgrundlagen, *Hähnchen*, in: Der Gemeinsame Referenzrahmen, S. 147 ff.

807 *Riesenhuber*, in: Der Gemeinsame Referenzrahmen, S. 173, 192.

würde eine *opt-out*-Lösung nach dem Vorbild von Art. 6 CISG den CFR grundsätzlich für anwendbar erklären, es sei denn, die Parteien sprechen sich übereinstimmend dagegen aus.[808] Letztere Alternative würde sich in ihrer konkreten Wirkungsweise aber sehr nahe an ein europäisches Zivilgesetzbuch annähern. Der CFR gerät zur Regel und den mitgliedstaatlichen Rechten würde lediglich die Rolle einer subsidiären Option verbleiben.[809] Der rechtspolitischen Durchsetzbarkeit einer solchen Lösung dürften demzufolge auf absehbare Zeit dieselben Bedenken gegenüber stehen wie einem europäischen Zivilgesetzbuch selbst.[810] Der Fokus sollte daher auf die *opt-in*-Lösung gerichtet werden. Nach diesem System könnte ein als optionales Instrument ausgestalteter CFR unmittelbar im bestehenden Kollisionsrechtsgefüge gemäß der Rom II-Verordnung relevant werden. Das *opting-in* der Parteien stellt nichts anderes dar, als die Ausübung der parteiautonomen Rechtswahl gem. Art. 14 Rom II-VO. Dies gilt unabhängig von der virulenten Streitfrage[811] um die Wählbarkeit nichtstaatlichen Rechts. Denn auch ein optionaler Rechtsakt ist staatliches – freilich in concreto gemeinschaftliches – Recht.[812] Der nicht zwingende Charakter vermag daran nichts zu ändern.[813] Der CFR als optionales Instrument ist damit taugliche Zielordnung einer Rechtswahl.[814] Natürlich sind die von der Rom II-Verordnung in ihrem Art. 14 Abs. 1 Rom II-VO gesteckten Grenzen zu beachten. So ist insbesondere die vorherige Rechtswahl nur unter kommerziell tätigen Parteien zulässig, Art. 14 Abs. 1 S. 1 lit. b Rom II-VO. Allerdings ist an eine mögliche indirekte Erweiterung der Rechtswahlbefugnis über eine akzessorische Anknüpfung gem. Art. 4 Abs. 3 S. 2 Rom II-VO zu denken. Soweit nämlich das Vertragsstatut auch für außervertragliche Schuldverhältnisse anwendbar ist, schlägt auch eine vorherige Wahl des Vertragsstatuts (Art. 3 Rom I-VO) insofern durch.[815]

---

808 *Mankowski*, in: Der Gemeinsame Referenzrahmen, S. 389, 414.

809 *Ernst*, AcP 208 (2008), 248, 263.

810 *Mankowski*, in: Der Gemeinsame Referenzrahmen, S. 389, 414.

811 Dazu etwa *Leible*, RIW 2008, 257, 261; *Rühl*, in: FS Kropholler, S. 187, 189 ff.

812 Als Handlungsform für ein optionales Instrument drängt sich eine Verordnung auf, vgl. *Hähnchen*, in: Der Gemeinsame Referenzrahmen, S. 147, 159; *Leible/Lehmann*, RIW 2008, 528, 533; *Mankowski*, in: Der Gemeinsame Referenzrahmen, S. 389, 411; *Riesenhuber*, in: Der Gemeinsame Referenzrahmen, S. 173, 197.

813 Besonders deutlich *Mankowski*, in: Der Gemeinsame Referenzrahmen, S. 389, 411.

814 *Leible*, RIW 2008, 257, 261; *Mankowski*, in: Der Gemeinsame Referenzrahmen, S. 389, 428.

815 *Mankowski*, in: Der Gemeinsame Referenzrahmen, S. 389, 429; Bamberger/Roth/*Spickhoff*, Anh. zu Art. 42 EGBGB, Rn. 98.

Sollte der CFR also als ein optionales Instrument mit einer *opt-in*-Lösung erlassen werden, wirkt er sich im bestehenden Kollisionsrechtssystem im Rahmen der subjektiven Anknüpfung aus. Der CFR stellt dann ein taugliches Wahlobjekt einer Rechtswahl dar.

(3) Rechtliche Unverbindlichkeit, „toolbox"

Schließlich besteht noch die Möglichkeit, dass der CFR keine rechtliche Verbindlichkeit erlangt. Er könnte vielmehr als sogenannte „toolbox"[816] als eine begriffliche Grundlage und inhaltliche Anregung bei der Erarbeitung neuer Gesetze fungieren. An der formellen Qualität eines bindenden Rechtsaktes würde es einem CFR in dieser Ausgestaltung fehlen. Diese Lösung scheint die derzeit von offizieller Seite präferierte zu sein.[817]

In ihren Auswirkungen auf das Kollisionsrecht der außervertraglichen Schuldverhältnisse ist diese Variante eines CFR von der vergleichweise geringsten Intensität. Dies liegt daran, dass unter dem Regime der Rom-Schwesterverordnungen die Rechtswahl zugunsten nichtstaatlicher Regelungswerke nicht möglich ist.[818] Infolgedessen können die Parteien, so sie auf die Regeln des CFR verweisen wollen, dies nur materiell-rechtlich tun.[819] Der Unterschied für die Beteiligten liegt darin, dass sie, anders als bei einer kollisionsrechtlichen Rechtswahl, auf diese Weise gleichwohl an zwingendes Recht der *lex causae* gebunden sind.[820] Freilich ist dies nicht eine Frage der kollisionsrechtlichen Parteiautonomie, sondern vielmehr der materiell-rechtlichen Privatautonomie.

Von kollisionsrechtlichem Interesse könnte ein rechtlich unverbindlicher CFR dennoch im Hinblick auf den *ordre public sein.* Die Gerichte könnten ihn

816 Der Ausdruck geht zurück auf eine Mitteilung der Kommission an Parlament und Rat zum europäischen Vertragsrecht vom 11.10.2004, KOM (2004) 651 endg.

817 Siehe mit Nachweisen zu offiziellen Stellungnahmen *von Bar*, in: Der Gemeinsame Referenzrahmen, S. 23, 29; *Hähnchen*, in: Der Gemeinsame Referenzrahmen, S. 147, 152; *Pinkel*, Das Buch VI des DCFR, S. 7.

818 So die ganz h.M.; ausführlich *Mankowski*, in: Der Gemeinsame Referenzrahmen, S. 389, 393-407 (bzgl. der Rom I-VO), 426-428 (bzgl. der Rom II-VO); ferner *von Hein*, ZEuP 2009, 6, 22; *Leible*, RIW 2008, 257, 261; *Rühl*, in: FS Kropholler, S. 187, 189 ff.; a.A. *Kadner Graziano*, RabelsZ 73 (2009), 1, 9 f.

819 Vgl. Erwägungsgrund Nr. 13 Rom I-VO; ferner *von Hein*, ZEuP 2009, 6, 22; *Leible/Lehmann*, RIW 2008, 528, 533; *Mankowski*, in: Der Gemeinsame Referenzrahmen, S. 389, 408.

820 *Leible/Lehmann*, RIW 2008, 528, 533; *Mankowski*, in: Der Gemeinsame Referenzrahmen, S. 389, 411.

als eine Art rechtsvergleichenden Referenzpunkt erschließen.[821] Bei der Ermittlung des Inhalts der öffentlichen Ordnung, beziehungsweise der Frage nach einem Verstoß dagegen, könnte der CFR als *tertium comparationis* einen wichtigen Vergleichsmaßstab bieten.[822] Nationale Eigenheiten würden insofern öfter bewusst vor Augen geführt und könnten innerhalb der Gemeinschaft schrittweise nivelliert werden.

cc. „Vorwirkungen" des DCFR

Sollte schließlich ein CFR überhaupt scheitern und es mit dem DCFR sein Bewenden haben, so gelten die zuletzt gemachten Ausführungen entsprechend. Der DCFR ist ein rein privates Modellgesetz.[823] Folglich kommt ihm – ebenso wie den „Principles of European Tort Law" – keinerlei rechtliche Verbindlichkeit zu. Damit sind beide Regelungssysteme nichtstaatliches Recht und als solches unter den beiden Rom-Schwesterverordnungen nach herrschender Auffassung nicht taugliches Objekt einer Rechtswahl. Allenfalls materiell-rechtliche Verweisungen auf die genannten Rechtskörper sind möglich.[824]

Was aber die eben erwähnte Funktion als rechtsvergleichender Vergleichsmaßstab angeht, so dürfte der DCFR bereits mit seinem Erscheinen in der Full Edition von sich Reden machen. Die endgültige Version enthält nämlich eine umfangreiche Kommentierung und vor allem rechtsvergleichende Anmerkungen, sodass sie sich in besonderem Maße für die beschriebene Funktion eignet.

dd. Ergebnis

Im Ergebnis kann der CFR sich je nach seiner Rechtsnatur und Funktion an unterschiedlichen Stellen auf das internationale Deliktsrecht auswirken. Entweder könnte das Kollisionsrecht für intragemeinschaftliche Sachverhalte insgesamt überflüssig werden. Oder es findet eine Berücksichtigung als taugliches Objekt einer Rechtswahl im Rahmen von Art. 14 Rom II-VO statt. Endlich könnte der CFR, ebenso bereits der DCFR, im Rahmen der *ordre public*-Klausel (Art. 26 Rom II-VO) eine Hilfsfunktion als Vergleichsmaßstab ausfüllen. Eine Modifikation der deliktischen Grundanknüpfung selbst ist aber nicht ersichtlich. Das Tatortprinzip in der Ausprägung des Art. 4 Abs. 1 Rom II-VO wird damit auch mit

---

821 *von Bar*, in: Der Gemeinsame Referenzrahmen, S. 23, 32.

822 Vgl. *Spickhoff*, Der ordre public im IPR, S. 291, der die Rolle der Rechtsvergleichung bei der Anwendung des *ordre public* besonders betont.

823 von Bar/Clive/Schulte-Nölke (Hrsg.), Draft Common Frame of Reference, Outline Edition (2009), Introduction Rn. 4, S. 6.

824 Siehe dazu bereits oben unter IV.3.d.bb.[3].

fortschreitender Harmonisierung der materiellen Rechte innerhalb der Gemeinschaft seine prominente Stellung behalten.

V. Ergebnisse und Schlusswort

Abschließend werden die wesentlichen Ergebnisse der vorliegenden Arbeit in Thesenform zusammengetragen. Sodann beschließt ein kurzer Ausblick die Untersuchung.

1. Thesenhafte Zusammenfassung der Ergebnisse

Die Thesen der Arbeit lassen sich wie folgt zusammenfassen:

1. Die Anknüpfung an den Tatort ist der unausweichliche Grundgedanke im IPR der außervertraglichen Schuldverhältnisse, wie auch bei der Bestimmung des deliktischen Gerichtsstandes. Überzeugende Alternativen sind nicht in Sicht.

2. Auf der Ebene des Kollisionsrechts überzeugt bei Distanzdelikten die Konkretisierung des Tatorts auf den Erfolgsort. Zu Recht findet sich diese Lösung nun in der Rom II-Verordnung.

3. Auch bei Streudelikten sollte an der Erfolgsortanknüpfung festgehalten werden. Dies führt zu einer kollisionsrechtlichen Mosaikbetrachtung.

4. Gewisse Auflockerungen und Modifizierungen der strikten Tatortregel sind notwendig. Dazu eignet sich ein Zusammenspiel aus der Ausweichklausel, eines Vorbehalts zugunsten der *lex communis domicilii* und sachbereichsspezifischer Sonderkollisionsnormen.

5. Gerade im supranationalen Kontext sind solche Sonderanknüpfungen erforderlich. Die Nachteile einer Mehrzahl von Kollisionsnormen werden von den Vorteilen verdrängt.

6. Im IZVR ist der Tatort, anders als im Kollisionsrecht, zu Recht ubiquitär auszulegen. Dies liegt in den Wertungsunterschieden zwischen diesen beiden Rechtsgebieten begründet.

7. Die bisherige Rechtsprechung zu Streudelikten auf der Ebene des IZVR (*Shevill*-Doktrin) ist im Lichte des gemeinschaftsweit vereinheitlichten Kollisionsrechts aufzugeben. Unter den geänderten Umständen kann eine Beschränkung der Kognitionsbefugnis der Gerichte an den Erfolgsorten nicht länger gerechtfertigt werden. Sofern also das Kollisionsrecht der Rom II-Verordnung entnommen wird, sollte allen Erfolgsortsgerichtsständen eine unbeschränkte Kognitionsbefugnis zuerkannt werden.

8. Im Zusammenspiel des Deliktskollisionsrechts der Rom II-Verordnung mit dem Vertragsstatut ist eine Abstimmung zwingend erforderlich. Dabei ist die akzessorische Anknüpfung im internationalen Deliktsrecht unter den in Betracht kommenden Lösungen zu bevorzugen.

9. Was die Fälle vorvertraglicher Haftung betrifft, so ist unter dem Regime der Rom-Schwesterverordnungen nunmehr stets einheitlich außervertraglich zu qualifizieren.

10. Diese pauschale Abgrenzung sollte im Interesse einheitlicher Begriffe auch auf das Zuständigkeitsrecht übertragen werden. Dies ist bereits *de lege lata* im Wege systematischer, verordnungsübergreifender Auslegung möglich. Die *Tacconi/Wagner*-Rechtsprechung des EuGH ist damit überholt.

11. Innerhalb der Rom II-Verordnung findet in Ansehung der vorvertraglichen Haftung allerdings weiterhin eine Differenzierung anhand des Transaktionsbezugs statt. In Betracht kommen dabei entweder Art. 12 Rom II-VO in vertragsnahen Fällen oder andernfalls die Art. 4 ff. Rom II-VO.

12. Im Verhältnis zu internationalen Übereinkommen kommt der Rom II-Verordnung gem. Art. 28 Rom II-VO grundsätzlich der Nachrang zu. Über eine weite Auslegung des Art. 28 Abs. 2 Rom II-VO kann aber schon *de lege lata* bei rein intragemeinschaftlichen Sachverhalten die Rom II-Verordnung zur Anwendung kommen.

13. Sollte im Einzelfall eine Kollisionsnorm sowohl der Rom II-Verordnung als auch eines Staatsvertrags einschlägig sein, so ist in dieser „Meta-Kollision" über eine teleologische Auslegung des Art. 28 Rom II-VO der staatsvertraglichen Vorschrift Vorrang einzuräumen.

14. Die Art. 16 und 26 Rom II-VO tragen der Verzahnung des Kollisionsrechts mit dem materiellen Recht Rechnung. Beim *ordre public*-Vorbehalt und der Berücksichtigung von Eingriffsnormen ergeben sich allerdings aus der gemeinschaftsrechtlichen Provenienz der Rom II-Verordnung keine wesentlichen Unterschiede im Vergleich zur vorherigen Rechtslage.

15. Die Auswirkungen eines künftigen CFR auf das Kollisionsrecht der außervertraglichen Schuldverhältnisse hängen maßgeblich von der Rechtsnatur des CFR ab. Derzeit scheint ein rechtlich unverbindlicher CFR die wahrscheinlichste Entwicklung zu sein. In diesem Falle wäre der Effekt auf das Kollisionsrecht äußerst beschränkt. Bei der Prüfung eines *ordre public*-Verstoßes könnte ein solcher CFR dann als Vergleichsmaßstab fungieren. Die gleiche Funktion kann bereits heute der akademische DCFR erfüllen.

2. Schlusswort

Die Arbeit hat gezeigt, dass das Deliktskollisionsrecht ohne radikale Brüche auf die europäische Ebene überführt wurde. Die „Fesseln nationalrechtlicher Herkunft"[825] wurden abgelegt, der Vorwurf eines strukturellen Defizits, gar eines

825 Vgl. *Schwander, in:* FS Siehr, S. 673, 680.

„Krebsschadens“[826], überwunden. Neben den allgemeinen positiven Effekten eines vereinheitlichten Kollisionsrechts, ist auch die inhaltliche Ausgestaltung der deliktischen Grundanknüpfung in der Rom II-Verordnung überzeugend. Zusammen mit der Rom I-Verordnung und der EuGVO stellt die Rom II-Verordnung ein abgestimmtes Gesamtsystem des Europäischen Kollisionsrechts der Schuldverhältnisse dar.

Bedenklich stimmt indes die gegenwärtige Vielzahl (delikts-)kollisionsrechtlicher Rechtsquellen. Der *status quo* ist gekennzeichnet von einer unübersichtlichen Gemengelage aus EG-Verordnungen, Staatsverträgen und Restbereichen national-autonomen Rechts.[827] Die Zersplitterung der Rechtsquellen findet aber nicht nur vertikal, d.h. auf den verschiedenen Ebenen des Gemeinschaftsrechts, des Konventionsrechts und des national-autonomen Rechts statt. Vielmehr besteht selbst innerhalb des Gemeinschaftsrechts oft ein Nebeneinander von Richtlinien- und Verordnungsrecht[828], welches insbesondere durch das oben dargestellte Verhältnis der Rom II-Verordnung zur e-commerce Richtlinie illustriert wird.[829] Diese Situation stellt eine schwierige Herausforderung für die Praxis dar und scheint so gar nicht zu Erwägungsgrund Nr. 35 Rom II-VO zu passen, wonach es eine „Aufteilung der Kollisionsnormen auf zahlreiche Rechtsakte sowie Unterschiede zwischen diesen Normen“ gerade zu vermeiden gilt. Noch deutlicher formuliert es *Siehr*: „Dieses Rechtsquellenchaos ist fast nur noch von spezialisierten ‚Chaosberatern‘ zu durchdringen, zu ordnen und zu bewältigen.“[830]

Allerdings ist diese Bestandsaufnahme nur eine Momentaufnahme. Es mehren sich die Anzeichen, dass das maximale Ausmaß der Rechtsquellenzersplitterung erreicht ist und diese künftig abklingen wird. Dafür sprechen folgende Erwägungen:

Einmal sind keine neuen partikularen Staatsverträge im Deliktskollisionsrechts mehr zu erwarten, da die Außenkompetenz für neue Staatsverträge auf diesem Gebiet nunmehr der Gemeinschaft zusteht und nicht wie bislang den

---

826 Vgl. *Kegel*, IPR, 7. Auflage 1995, S. 112.

827 *Kropholler/Blobel*, in: FS Sonnenberger, S. 453; *Staudinger*, in: FS Kropholler, S. 691.

828 *Kreuzer*, RabelsZ 70 (2006), 1, 81 f.

829 Siehe oben unter IV.2.b.bb.

830 *Siehr*, in: FS Kropholler, S. 211, 226. Ähnlich *Kreuzer/R. Wagner*, in: Dauses (Hrsg.), Hdb. EU-Wirtschaftsrecht, R. 1., Rn. 45 mit der fast resignierenden Feststellung: „So bestehen die in der EG vergemeinschafteten Vorschriften im Bereich des Kollisionsrechts aus einem selbst für den Spezialisten kaum mehr übersehbaren Regelungsdschungel.“

einzelnen Mitgliedstaaten.[831] Ferner dürfte die Bereichsausnahme der Rom II-Verordnung bezüglich der Persönlichkeitsdelikte in Zukunft wegfallen. Durch diese Lückenschließung tritt das national-autonome IPR gänzlich in den Hintergrund und spielt als Rechtsquelle des Deliktskollisionsrechts nahezu keine Rolle mehr. Außerdem könnten längerfristig in einem europäischen Gesetzbuch zum IPR und IZVR[832] *alle* Regeln über die Zuständigkeit und die Rechtsanwendung in internationalen Fällen gebündelt werden.[833] Schließlich mögen auch die Bestrebungen zu materiell-rechtlicher Vereinheitlichung dazu beitragen, dass die Relevanz des IPR aufgrund harmonisierten oder vereinheitlichten Sachrechts innerhalb der Europäischen Union abnimmt. Im Verhältnis zu Drittstaaten wird aber auf unabsehbare Zeit das Deliktsstatut mittels Kollisionsnormen bestimmt werden müssen. Die entscheidende inhaltliche Weichenstellung hierfür wurde mit der deliktischen Grundanknüpfung der Rom II-Verordnung getroffen.

---

831 Sog. Schluss von der Innen- auf die Außenkompetenz, vgl. dazu bereits oben unter II.1.h.aa. Die mögliche Ausnahme „sektorspezifischer Fragen", vgl. Erwägungsgrund Nr. 37 Rom II-VO, erhielt jüngst erste Gestalt in einem Vorschlag für eine Verordnung zur Einführung eines Verfahrens für die Aushandlung und den Abschluss sektorspezifischer bilateraler Abkommen zwischen Mitgliedstaaten und Drittländern, die Fragen des auf vertragliche und außervertragliche Schuldverhältnisse anzuwendenden Rechts behandeln, KOM (2008) 893 endg.

832 Vgl. *Kreuzer*, RabelsZ 70 (2006), 1, 32; *Kreuzer/R. Wagner*, in: Dauses (Hrsg.), Hdb. EU-Wirtschaftsrecht, R. 1., Rn. 83.

833 *Siehr*, in: FS Kropholler, S. 211, 226.

Schriften zum Verfahrensrecht

Herausgegeben von Peter Gottwald und Ulrich Haas

Band 1 Matthias Rauscher: Die neue Berufung in Zivilsachen. 2002.

Band 2 Jörn-Christian Schulze: Grenzen der objektiven Schiedsfähigkeit im Rahmen des § 1030 ZPO. Eine Betrachtung des Rechts der Schiedsfähigkeit nach der Schiedsverfahrensrechtsform. 2003.

Band 3 Roman Rodloff: Das vereinfachte Verfahren zur Festsetzung von Kindesunterhalt nach §§ 654 ff. ZPO. Zugleich ein Beitrag zur Unterhaltsannexklage nach § 653 ZPO und zum vereinfachten Abänderungsverfahren nach § 656 ZPO. 2003.

Band 4 Helia-Verena Daubach: Kammer oder Einzelrichter? Ist die Kammer ein Qualitätselement des Zivilprozesses? 2003.

Band 5 Thomas Gemmeke: Beweisverwertungsverbote im arbeitsgerichtlichen Verfahren. 2003.

Band 6 Wolfgang Kreißig: Der Sportverein in Krise und Insolvenz. 2004.

Band 7 Alexander M. Krämer: Leasingverträge in der Insolvenz. 2005.

Band 8 Timo Christian Walther: Das Verfahren bei Masseunzulänglichkeit nach den §§ 208 ff. InsO. 2005.

Band 9 Henning Müller: Die Lebensversicherung in der Zwangsvollstreckung. 2005.

Band 10 Oliver Hilsbos: Die Mitwirkungspflicht von Personenstandsbehörden in Nachlassverfahren. 2006.

Band 11 Matthias Holla: Der Einsatz von Schiedsgerichten im organisierten Sport. 2006.

Band 12 Matthias Hofmann: Die Eigenverwaltung in der Insolvenz. Darstellung eines Rechtsinstituts unter besonderer Berücksichtigung der Gesellschaftsinsolvenz. 2006.

Band 13 Christian Schindler: Rechtskraft und Innenbindung von Beschlüssen nach der ZPO-Reform. 2006.

Band 14 Carola Reimann-Dittrich: Die Finanzierungsfolgenverantwortung des Gesellschafters. 2006.

Band 15 Viktoria Kress: Internationale Zuständigkeit für elterliche Verantwortung in der Europäischen Union. Das neue europäische Familienverfahrensrecht in Fragen der elterlichen Verantwortung im Kontext der Haager Abkommen. 2006.

Band 16 Frank Martin Herget: Die internationale Zuständigkeit im Electronic Commerce in der Europäischen Union. 2006.

Band 17 Cornelia Drenckhahn: Urkundsvorlagepflichten im Zivilprozess und im arbeitsgerichtlichen Verfahren nach der ZPO-Reform unter besonderer Berücksichtigung der Neufassung des § 142 ZPO. 2007.

Band 18 Walter Boeckh: Beschwerde und Rechtsbeschwerde im Zivilverfahren. 2007.

Band 19 Gökçe Nazar Uzar: Rechtsmittel gegen Schiedssprüche nach dem neuen deutschen und türkischen Schiedsverfahrensrecht. 2007.

Band 20 Christa Kraemer: Eigenkapitalersatz und Insolvenz. Klassische und moderne Fallgruppen. 2007.

Band 21 Martin Beckmann: Statutarische Schiedsklauseln im deutschen Recht und internationalen Kontext. 2008.

Band 22 Ulf Pechartscheck: Entgeltansprüche aus Altersteilzeitarbeit in der Arbeitgeberinsolvenz. Analyse gegenwärtiger Sicherungsmodelle in Deutschland. 2008.

Band 23 Thomas Baumann: Patentstreitigkeiten vor Schiedsgerichten. Eine rechtsvergleichende Betrachtung ausgewählter Probleme nach deutschem und schweizerischem Recht. 2008.

Band 24 Désirée Cimmino: Das UNCITRAL-Modellgesetz über internationale ADR-Verfahren in Wirtschaftsstreitigkeiten. 2008.

Band 25 Ralf Burkhard: Der Einfluss der Schuldrechtsreform auf von § 103 InsO erfasste Kaufverträge. 2010.

Band 26 Stefan Roßkopf: Die Aufrechnung im deutschen und englischen Insolvenzrecht. Eine rechtsvergleichende Untersuchung. 2008.

Band 27 Thomas Rothammer: Die insolvenzrechtliche Restschuldbefreiung – Probleme und Lösungen. 2008.

Band 28 Franziska Schmalenberg: Anerkennung von Patenten in Europa. 2009.

Band 29 Michael Schaumann: Reform des Eigenkapitalersatzrechts im System der Gesellschafterhaftung. Unter Berücksichtigung der Änderungen durch das MoMiG. 2009.

Band 30 Hengliang Shen: Das Absonderungsrecht in der Insolvenz. Erfahrungen aus Deutschland und die Praxis in China. 2009.

Band 31 Alexander Panier: Der Grundsatz der Schadenseinheit. 2009.

Band 32 Ming-Sheng Liu: Die richterliche Hinweispflicht. Dogmatik und Rechtskultur. 2009.

Band 33 Lothar Czaja: Umsetzung der Kooperationsvorgaben durch die Europäische Insolvenzverordnung im deutschen Insolvenzverfahren. 2009.

Band 34 Stefanie Reiche: Die prozessualen Folgen eines Betriebsübergangs nach § 613a BGB. 2009.

Band 35 Christoph Stieber: Der gesicherte Geld- und Warenkredit in der Insolvenz. Das Insolvenzverwalterwahlrecht nach § 103 InsO und dessen Wirkungen auf die Sicherungsübereignung und den Eigentumsvorbehalt. 2009.

Band 36 Miguel Teixeira de Sousa: Die Zulässigkeitsprüfung im Zivilprozess. 2010.

Band 37 Michael Schulze: Das Besteuerungsverfahren der Personengesellschaft bei Insolvenz. 2010.

Band 38 Ulrich Hönle: Die deliktische Grundanknüpfung im IPR und IZVR. Auswirkungen der Kollisionsrechtsvereinheitlichung auf europäischer Ebene. 2011.